부동산 세금에도 '절세의 기술'이 필요하듯, 좋은 대출에는 상황에 맞는 전략과 노하우가 중요하다. 이때 좋은 대출이란 자산을 증식하도록 하고 더 나아가 안전하게 자신의 부를 지키는 대출을 뜻한다. 이런 능력을 두고 저자는 '대출력'이라고 명명한다. 대출력을 활용하는 사람은 가진 자본이 많지 않아도 부동산 입지를 상급지로 갈아탈 수 있다. 지금까지 대출에 대해 이렇게 깊이 있으면서 차별화된 전략을 정리한 책은 없었다. 이 책 한 권으로 대출에 대한 모든 전략을 자신의 것으로 만들 수 있길 바란다. 투자자들에게는 너무나 소중한 한 권이 될 것이다.

_ 유튜브 〈채널 제네시스박〉 운영자 제네시스박(박민수)

은행원 출신 금융 전문가 플팩 저자의 대출 노하우가 이 한 권에 모두 담겼다. 부동산 입문자부터 고수 투자자까지 무릎을 치게 만드는 대출 최적화 전략서다. 내가 가진 자본으로 강남으로 가는 가장 빠르고 안전한 길을 꼼꼼히 알려준다. 이제 강남은 막연한 꿈이 아니다. 이 책은 대출이 두려워 결정을 망설이는 모든 이들에게 숨겨진 대출력을 끌어내고 대출이 '빚'이 아닌 인생의 '빛'으로 활용하도록 돕는 길잡이가 될 것이다.

_《입지 센스》 저자 월월(박성혜)

플팩의
상급지로 가는
대출력

인서울 인강남을 위한 최고의 부동산 전략

플팩의
상급지로 가는
대출력

플팩 (강연옥) 지음

한국경제신문

부자가 되려면 돈이 아닌
대출력이 있어야 한다

대한민국 부동산 투자 시장에서 단순히 '좋은 입지를 선점하면 된다'라는 공식은 이제 더 이상 통하지 않는다. 자본주의의 핵심이 금융이라면, 부동산 시장에서 승부를 가르는 것은 '대출력'이다. 그리고 지금, 대한민국 최고의 부동산 대출 전문가가 이를 명확하게 증명하는 책을 세상에 내놓았다.

챗GPT가 평가하는 대한민국 최고의 부동산 전문가이자 스마트튜브 부동산조사연구소 소장인 빠숑 김학렬이 인정하는 최고의 대출 멘토, 플팩 강연옥. 나뿐만이 아니라 대한민국 부동산 전문가들은 대출 분야에서 그를 가장 먼저 꼽을 것이다. 스마트튜브 최다 수강생 이력만 봐도 전문가는 물론 개인 투자자와 대중에게도 많은 사랑을 받고 있음을 알 수 있다. 그의 이번 책은 단순히 대출받는 법을 설명하는 것이 아니다. 부동산 투자에서 가장 중요한 전략적 사고, 즉 대출을 활용하는 능력을 어떻게 키울 것인가에 대한 본질적인 해답을 제시한다.

이 책을 읽다 보면 대출이 단순한 '빚'이 아니라, 자산을 증식시키는 '무기'가 될 수 있음을 명확히 깨닫게 된다. 책 속에는 플팩이 직접 경험한 실패와 성공의 과정이 담겨 있다. 벼락거지로 추락했던 그가 다시 부를 쌓아 올린 비결이 무엇이었을까? 바로 '대출을 공부한 것'이었다. 단순한 정보의 나열이 아니라 시장을 꿰뚫는 인사이트와 현실적인 실행 전략이 집약된 이 책은 대한민국 부동산 시장에서 성공하고 싶은 모든 이들에게 필독서가 될 것이다.

책을 펼치는 순간, 당신은 대한민국에서 부자가 되기 위한 새로운 관점을 가지게 된다. 우리는 흔히 돈이 있어야 투자할 수 있다고 생각한다. 그러나 플팩은 이를 정면으로 반박한다. 돈이 아니라 대출력이 있어야 한다. 같은 연봉, 같은 나이, 같은 조건이어도 어떤 사람은 강남에 집을 사고 어떤 사람은 평생 무주택자로 남는다. 그 차이를 만드는 것이 바로 대출을 다루는 힘이다.

대출을 활용할 줄 아는 사람과 그렇지 못한 사람의 인생은 완전히 다르게 펼쳐진다. 대한민국의 금융 시스템을 깊이 이해하고 이를 적극적으로 활용하는 방법을 익힌다면, 누구나 최상의 입지를 선점하고 부를 키울 수 있다. 저자는 은행원으로 일하며 쌓은 지식과 수많은 실전 경험을 바탕으로, 가장 효과적인 대출 활용법을 이 책에 담아냈다. 책을 읽다 보면 그가 왜 대한민국 최고의 부동산 대출 전문가로 불리는지, 왜 유튜브와 강연에서 수많은 이들에게 극찬을 받는지 단번에 이해할 수 있다.

특히 이 책이 강력한 이유는 실제 성공 사례와 실전 전략이 가득 담겨 있다는 점이다. 내 집 마련을 위해 대출을 어떻게 활용해야 하는지, 1주택자가 대출을 이용해 어떻게 상급지로 갈아탈 수 있는지,

다주택자가 대출을 통해 어떻게 자산을 불릴 수 있는지 등 대한민국의 대출 시스템을 가장 효과적으로 활용하는 법을 차근차근 알려준다. 여기에 신용대출, 주택담보대출, 전세자금대출, 사업자대출 등 다양한 대출 상품의 특성과 활용법을 상세히 소개하며, 각 상품의 장단점과 최적의 조합까지 짚어준다.

"대출은 빚이 아니라, 자산을 키우는 무기다."

자본주의 사회에서 '대출력'이라는 핵심 역량을 통해 부의 지도를 바꾸는 혁명 선언문이다. 저자 플팩은 스스로 벼락거지에서 부자로 거듭나며 터득한 생존 전략을 독자들에게 전수한다. 이 책은 돈을 빌리는 기술을 넘어, 빚을 자산으로 변환하는 치트키를 공개한다.

당신이 이 책을 읽어야 하는 이유를 세 가지로 요약하면 다음과 같다.

- 첫째, 현실에서 검증된 전략을 제시한다. 신용대출부터 법인담보대출까지 각종 상품을 입지별·상황별로 해부한다. 예를 들어 '선대출 후전세' 전략은 초기 투자금을 30% 줄이면서 수익률을 2배로 끌어올린다. 경기도 신축단지에서 강남 아파트까지 실제 성공 사례가 뒷받침하는 전략만을 담았다.
- 둘째, 규제를 역이용하는 법을 알려준다. DSR·DTI 등 복잡한 규제를 오히려 발판으로 삼는 방법을 공개한다. "대출력을 갖춘 사람에게는 규제 강화가 오히려 기회다"라는 저자의 주장은 2023년 고금리 시대에 특례보금자리론으로 DSR을 뚫고 플피 구조(잔금을 다 치르고도 오히려 돈이 남는 구조)를 완성한 실제 경험

에서 나왔다.

- 셋째, 자본주의 사회 생존 매뉴얼이다. 단순히 돈 버는 법이 아니라 시스템을 이해하고 그 틈새에서 승부하는 법을 가르친다. 예를 들어 '월세 세팅 → 보증금 활용 → 사업자대출 연계' 같은 3단계 전략은 자본금 0원에서 시작해도 실행 가능하다.

대출을 빚으로만 볼 것인가, 자산을 만드는 도구로 활용할 것인가? 저자가 말하는 바는 명확하다. 대출을 모르는 자는 자본주의 사회에서 도태된다. 이 책은 선택지 뒤에 숨은 기회를 보여준다. 신용점수 관리법부터 스트레스 DSR 극복 전략까지, 11년 차 은행원의 노하우를 이 한 권에 압축했다. 특히 '원리금통장' 활용법은 대출이자의 압박을 무력화하는 혁명적 발상이다. 부동산 투자자, 첫 집 마련 준비생, 자산 증식에 목마른 이들까지! 누구나 이 한 권으로 금융 문해력을 업그레이드할 수 있다. 이 책을 덮고 나면 당신은 더 이상 대출이 두려운 사람이 아니라, 대출을 활용할 줄 아는 사람이 되어 있을 것이다. 이 책을 읽고 대출 전략을 체득한다면 당신의 자산은 지금보다 몇 배 더 빠르게 증가할 것이며, 부자가 되는 시간도 획기적으로 단축될 것이다. 지금 당신의 대출력이 자산의 한계를 결정한다.

부자가 되고 싶다면 지금 당장 이 책을 펼쳐라. 그리고 대한민국 최고의 대출 전문가 플팩이 안내하는 '상위 1%로 가는 대출력'의 세계에 뛰어들어라. 부자가 되는 길, 이제 당신도 걸을 수 있다!

_스마트튜브 부동산조사연구소 소장 빠숑(김학렬)

벼락거지였던 내가
부를 키울 수 있었던 비결, 대출력

아버님의 사업을 돕고자 누구나 부러워하고 살고 싶어 하는 잠실의 아파트를 호기롭게 매도하고 온 날의 기억을 잊을 수가 없다. 물론 내 돈 한 푼 들어가지 않고 선물처럼 주어진 신혼집이었지만, 우리 가정에 안정감과 행복감, 평안함을 선물해주던 울타리가 사라지자 알 수 없는 불안감이 찾아왔다. 이렇게 살기 좋은 곳으로 다시는 돌아오지 못하는 게 아닐까?

불안은 현실이 됐다. 아버님의 사업은 날이 갈수록 어려워졌고 결국 우리 집을 매도한 돈은 내 손에 하루도 머무르지 못한 채 영영 사라졌다. 유일한 자산이었던 집의 소중함, 자가 소유의 가치를 제대로 인식하지 못했던 대가는 생각보다 컸다.

하루가 다르게 상승하는 집값을 하염없이 바라만 보며 돌이킬 수도 어찌할 수도 없는 무기력한 상황에 분노가 치밀어 올랐다. 하지만 내가 할 수 있는 일은 아무것도 없었다. 그저 강남부자에서 벼락거지로 주저앉은 냉혹하고도 차가운 현실을 받아들이는 것뿐.

집을 잃은 후 미래에 대한 불안감과 좌절감으로 시작된 불면증과

어지럼증은 일상의 기쁨을 앗아갔고, 급기야 우울증에 대인기피증까지 겪게 됐다. 날마다 결코 끝나지 않을 것 같은 캄캄한 터널 속을 걷는 기분이었다. 우리 가정의 미래마저 집과 함께 송두리째 날려버린 듯했다.

무엇이든 잃었을 때 소중함을 더 알게 되듯이, 집을 잃어버리고 나서야 집이 주는 유익과 가치를 더 처절히 깨닫게 됐다. 집은 단순히 시세차익을 주는 도구가 아니라, 가정을 지탱하는 단단한 힘이며 미래의 자산이자 현재를 살아내는 동력이라는 것을.

그 근원적 가치인 우리만의 집을 다시 찾아오고 싶었다. 아니, 찾아와야만 했다. 이미 너무 멀어진 듯하지만 한 걸음 한 걸음 꾸준히 나아가다 보면 언젠가는 그곳에 닿으리라는 간절하고도 절실한 믿음으로 말이다.

집을 마련하려면 당연히 자본금이 필요했고 우리 가정의 최대 가용 금액이 얼마인지를 파악하는 것이 급선무였다. 불행히 모아둔 돈은 없었지만, 다행히 빚도 없었다. 말 그대로 0원부터 시작해서 무너진 집을 다시 일으켜야만 했다.

저축을 통해 자본금을 차곡차곡 모아 내 집 마련을 하는 것이 가장 안전하고 좋겠지만, 월급이 오르는 속도로는 집값이 상승하는 속도를 도저히 따라잡을 수 없을 것으로 판단했다. 2011년 잠실 트리지움 25평 아파트로 신혼집을 마련했을 당시 집값은 7억 원가량이었는데, 2025년 현재 그 집의 가격은 3배 가까이 뛰어올라 20억에 육박한다. 월급은 별로 오르지 않았는데 집값은 14년 만에 3배가 올랐으니 월급을 모아 집을 되찾는 건 꿈도 못 꿀 일인 것이다. 이러다

간 영영 집을 못 찾아오리라는 불안감에 휩싸였다.

필요한 시간과 당장 들어갈 투자금을 줄이되 수익은 높일 방법을 찾아야 했다. 지금 소득으로는 부족하니 미래에 얻을 소득을 현재로 가져와 부자 되는 시간을 단축하면서 일정 기간 자본금을 안전하게 사용할 수 있도록 합법적으로 도와주는 곳은 어디 없을까? 물론 사용 금액만큼은 응당의 대가를 지급하면서 말이다.

이럴 때 활용할 수 있는 것이 바로 '은행 대출'이었다! 은행 내 심사를 통해 대출해주기 적법한 차주(대출자)라고 판명되기만 하면 합법적이고도 안전한 방법으로 돈을 빌릴 수 있기 때문이다.

우리 가정은 은행 대출을 적극적으로 활용하기로 했다(그것만이 유일한 방법이기도 했다). 지금 이 시점에 대출을 가장 현명하게 일으키려면 어떻게 해야 할까? 대출의 종류에는 무엇이 있고, 어떤 방법으로 활용해야 가장 수익률이 높을까?

은행원 시절 열심히 배우고 익혔던 여신 규정과 실제 고객들에게 대출을 실행하며 쌓은 지식을 총동원하여 우리 가정에 가장 적절하고도 적법한 대출 활용 능력, 즉 살아 숨 쉬는 대출력을 제대로 발휘해보기로 마음먹었다. 어설프게 업데이트된 대출 정보나 유튜브 블로그 등에 파편적으로 흩어져 있는 대출 지식은 내 자산을 증식시킬 좋은 빚을 만들어내는 데 한계가 있었다. 각 대출의 종류에 따른 특징은 정확히 무엇인지, 대출을 어떻게 활용해야 가장 가성비가 좋은지, 자산을 증식시키기 위해 지금 내게 유리한 대출에는 어떤 것이 있는지 등 보다 치밀한 공부가 필요했다. 이렇게 시간을 들여 대출까지 공부해야 하나 하는 부정적인 생각이 스멀스멀 올라올 때도 많았다. 하지만 마음 다해 공부하고 대출력을 쌓아갈수록 좋은 자산에 스며든 좋은 빚으로 마침내 자본금 내에서 최적의 투자가 가능해짐을 확인할 수 있었다. 대출을 잘 활용할 수 있게 되자 이것이야말로 부자 되는 지름길임을 깨달았다.

우선 신용대출과 사내대출을 통해 확보한 현금으로 저평가된 경기도 신축단지에 분양권 투자를 했다. 중도금대출은 세대당 최대 2건만 사용할 수 있기에 규제지역 이후 비규제지역에 투자하는 방식으로 시간차 전략을 썼다. 그리고 다주택자에겐 1금융권 은행에서 전세자금대출이 나오지 않기 때문에 실거주는 월세로 미리 전환해두고 보증금 중 일부를 투자금으로 활용했다. 법인명의 담보대출과 세입자 전세보증금을 적극 활용하여 개인명의에 국한되지 않는 투자를 이어갔으며, '선대출 후전세' 세팅으로 초기 투자금은 줄이고 수익률은 극대화할 수 있었다(7장 참조). 2년 뒤 이 법인물건의 매도차액으로 2022년과 2023년의 고금리 시대를 견디며 영끌족의 위기 또한 잘 넘겼다.

2023년 경기도 신축 입주 시 잔금은 기존에 신용대출이 많았기에 DSR(Debt Service Ratio, 총부채원리금상환비율)을 극복하는 정책자금대출(특례보금자리론)과 월세 세팅으로 플피 투자로 마무리 짓고, 원리금 통장까지 두둑이 쌓아두었다. 같은 해 비규제지역의 분양권은 입주장(신축 아파트의 첫 입주 시기)이 닫힌 후 전략적으로 월세를 높게 받아 대출이자를 모두 감당하고도 남을 만큼 세팅하여 상환 부담을 걷어냈다. 쇼핑몰 운영 경험이 있었기에 사업자대출을 통해 운영자금을 활용할 수 있다는 사실을 알게 됐고, 추가 여유자금을 확보하여 기존 사업장을 확대하는 데 투자하여 그다음 단계를 도모 중이다.

매일이 현실처럼 어지러운 나였는데 다시 집을 찾아오기 위해 열심히 노력하는 과정에서 오히려 더 건강해지고 활기도 되찾았다. 어쩌면 부자였을 당시 누렸던 것보다 더 평안함을 누리고 보람을 느끼고 있다. 이 모든 것이 가능했던 건 단연코 대출력 덕분이다.

대출을 잘 활용하면 어떤 시장 환경에서도 최소한의 자본금으로 내 집 마련을 위한 최상의 투자 전략을 세울 수 있다. 부족한 자본금에 초점을 두는 것이 아니라 활용 가능한 대출로 시야를 넓혀 현재 시점에 가장 적합한 선택을 할 수 있기 때문이다.

대출을 통해 보통은 생각해내지 못하는 방법으로 종잣돈을 만들기도 하고, 가장 지혜롭고 가성비 넘치는 방법으로 강남에 내 집을 마련하는 생애최초 무주택자도 늘어나고 있다. 지금 시장은 여전히 생애최초 무주택자들에게 특별히 가장 큰 기회를 주고 있다. 대출 규제가 진행되어도 생애최초만큼은 여전히 대출 혜택을 받을 수 있다. 똑똑하고 현명한 젊은 세대는 무작정 집을 싸게 사는 것보다 입지력과 함께 대출력을 기르는 것이 더 중요하다는 사실을 알고 움직인다.

대출 전략은 지역별·입지별로 달라진다. 입지별 대출 전략을 현명하게 펼쳐 내가 가진 자산 안에서 최상의 선택을 한 실제 사례들은 아주 많다. 노원구에서 강남으로 멀리뛰기한 사례, 경기도에서 점프업하여 서울 신축으로 내 집을 마련한 사례, 지방에서 경기도 핵심지로 생활 반경을 바꾼 사례 등 급지의 퀀텀 점프를 이뤄낸 최상의 대출 전략들을 이 책에 모두 담았다. 반대로 입지별 대출 전략을 모르면 잘못된 선택을 하게 될 가능성이 크다. 같은 자본금으로 A급지 신축을 매수할 수도 있고, C급지 빌라를 매수할 수도 있다. 단 한 번의 선택으로 대출력이 있는 자는 상급지에 머무르고 대출력이 없는 자는 하급지로 내려갈 수 있다. 대출을 활용할 줄 아는 자와 모르는 자의 차이는 훗날 자산의 격차로 여실히 드러날 것이다. 한마디로, 대출력의 깊이가 자산의 깊이가 된다.

자금이 넉넉하면 그냥 비싸고 좋은 매물을 선택하여 매수하면 된다. 굳이 대출력을 치열하게 쌓을 필요가 없다. 하지만 자본금은 조금 부족하더라도 한 번의 선택으로 누구보다 빠르게 부자가 되고 싶다면, 금융 자본주의 시대에 대출력은 필수다. 사실 내 집 마련이나 투자에 나서기 전에 가장 먼저 공부해야 하는 영역이기도 하다.

대출규제가 심해질수록 대출 전략은 더욱 필수적인 요소가 된다. 이 책에서는 내가 경험한 각종 대출 활용법과 다양한 실전 사례를 통해 현시점에 대출을 가장 잘 활용할 수 있는 실질적인 방법, 나아가 비법을 알려주고자 한다. 입지에 따른 최상의 대출 전략과 대출력을 활용한 현명한 내 집 마련 사례들을 담았다. 또한 무작정 대출을 받는 것이 아니라 초기 투자금을 신박하게 줄이는 방법, 수익률은 높이고 추가 투자로 이어갈 수 있는 방법까지 꼼꼼히 안내한다. 당신이 부자가 되는 시간을 몇 년은 당겨주리라고 확신한다.

이제부터 빠르게 입지의 퀀텀 점프를 이루는 대한민국 자본주의 결정판, 상위 1%의 대출력을 쌓으러 가보자!

1부   대출력 마인드셋

1장 | 1% 부로 가는 지름길, 대출력을 쌓아라

2장 | 대출은 갚는 것이 아니라 이용하는 것

2부   대출력 워밍업

3장 | 대출의 종류와 기초 용어

4장 | LTV, DTI, DSR, 스트레스 DSR 마스터하기

5장 | 나만의 최적 대출 전략 찾기

3부　　　　　본격 트레이닝으로 부를 키우자

8장 | 다주택자 전략: 다양한 경우의 수를 활용해 부를 늘려라

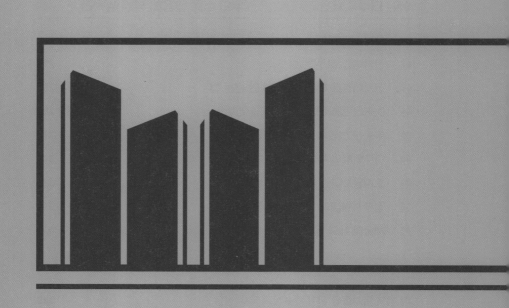

— 1부

대출력
마인드셋

1% 부로 가는 지름길,
대출력을 쌓아라

대출력
바로 알기

대출력은 '대출 활용 능력'의 줄임말이다. 단순히 대출 지식을 뜻하는 것이 아니라 내 자산을 증식시켜줄, 나에게 맞는 최상의 대출을 찾아서 최대한 활용해내는 능력을 뜻한다. 매일 대출 업무를 다루는 은행원이라고 해서 대출력을 가졌다고 단언할 수는 없다. 은행원은 누구보다 은행 내 여신 규정이나 대출 지식 등에 뛰어나지만, 그 지식을 자산을 키우는 데 제대로 활용하지 못한다면 대출력이 있다고 말하기는 힘들기 때문이다.

대출력은 단순히 돈을 빌리는 행위가 아니다. 오히려 돈을 불리는 방법, 자산을 키우는 경제적 지혜로서의 은행 활용법을 의미한다. 즉 내가 활용한 빚이 자산을 증식시키는 징검다리 역할을 했다면 대출력이 있는 것이다. 예컨대 1억의 대출만 더 받으면 강남 3구의 황금 입지 아파트를 매수하여 큰 차익을 거둘 수 있는데, 그 1억 대출이 무서워 그냥 가진 자본금 내에서 경기도 C급지를 매수했다면 대출력이 없는 것이다.

또한 대출을 활용하지 못해 내 집 마련을 포기하거나 기타 투자로 이어나가지 못했다면 대출력이 없는 것이다. 예를 들어 2억이라는 전세보증금을 전세자금대출로 잘 활용했다면 추가로 신용대출을 받아 내 집 마련을 할 수 있는 상황이라고 해보자. 그런데 전세보증금 일부를 전세자금대출이 아닌 신용대출로 받아버려 다른 대출이 더는 안 나온다는 은행 통보를 받고 내 집 마련을 포기해야 했다면, 그것은 자본금이 모자란 것이 아니라 사실은 대출력이 없었던 것이다. 같은 조건, 같은 연봉으로 누군가는 신용대출과 신생아특례대출을 동시에 활용하여 내 집을 마련하는데, 누군가는 대출 순서를 잘못 정해 신용대출을 활용하지 못하게 됨으로써 내 집 마련을 포기한다. 이 경우엔 대출을 실행하는 순서가 잘못된 것인데, 대출력이 없는 사람은 대출 거절의 사유도 알지 못한다.

대출력은 나의 자산 상황, 부동산 입지, 퀀텀 점프할 기회를 종합적이고 현명하게 파악해서 대출받는 것을 말한다. 따라서 리스크를 살피지 못하고 무작정 대출을 받는 건 대출력이 없는 것이다. 매매하려는 집이 향후 가격 상승을 동반할 저평가된 집인지 철저한 공부와 분석 없이 남의 말만 믿고 대출받아 덜컥 매수하는 이들도 간혹 있다. 자산을 증식하는 데 도움되지 못하는 대출은 나쁜 빚이다. 좋은 빚은 반드시 입지력이 전제가 되어야 한다.

자본주의 사회에서 지혜로운 대출 활용법을 익히며 금융지능을 높이는 것은 내 집 마련뿐만 아니라 내 자산과 가정을 지키는 데 필수적인 능력이다. 어차피 은행도 아무에게나 대출해주지 않는다. 돈

빌리는 사람의 상환 능력을 꼼꼼히 따져 대출 승인을 해주기 때문에 대출을 잘 받고 상환할 능력을 기르는 것이 우선이지 대출을 무서워하거나 무작정 배척할 일은 아니다. 부의 징검다리 역할을 해주는 대출의 순기능 자체를 폄하하거나 부인하지 말고 개인의 상환 능력, 리스크 관리 능력 등을 길러 금융 건전성을 높이는 것이 올바른 방향일 것이다.

　대출력은 사고의 전환, 자신의 고정관념을 타파하는 것에서부터 시작한다. 돈을 활용하고 잘 운용하는 능력, 잘 빌리고 잘 갚는 능력이 모두 대출력이다. 대출력이 있는 사람들은 근거 없이 떠도는 불분명한 지식에 흔들리지 않는다. 단편적이고 기본적인 대출 지식에 머무르지 않고 은행원을 설득하는 데까지 나아간다. 은행 업무도 사람이 하는 일이다. 규정과 사람을 설득하는 일도 대출력을 기르면 충분히 할 수 있다. 그럴 때 안 나올 것 같던 대출도 나오고, 실제로 일부 금액 상환 통보를 받은 대출도 상환 없이 연장이 되기도 한다.

입지력 위에
대출력을 얹어라

대출을 잘 활용하여 수익성을 높이고 자산의 가치를 높이는 대출력은 반드시 입지력과 함께 발휘되어야 한다. 대출을 잘 활용하기 이전에 해야 할 일은 좋은 자산, 저평가된 자산을 찾아내는 능력, 즉 입지력을 기르는 것이다. 입지를 제대로 보는 눈을 키워 미래가치가 예정된 저평가된 부동산이라는 확신이 들 때 대출력을 발휘하면, 자산가치도 상승하고 내 빚은 '좋은 빚'이 된다. 빚이 '빛'이 되는 순간이다.

내 자산을 증식시키는 데 도움이 되는 좋은 빚인 대출력을 발휘했다는 확신이 있다면 향후 시장 환경이 안 좋아진다고 해도 오래 버틸 수 있다. 비록 이자는 꾸준히 나가겠지만, 입지가 좋은 곳에 대출을 활용하여 자산을 파킹했다는 자신감이 있으니 그 이자비용을 제하고도 남을 수익의 달콤함을 기대하며 인내할 수 있는 것이다. 반대로 입지가 선행되지 않은 상태에서 대출만 무분별하게 사용하여 마이너스 자산이 되어버렸다면 그 대출은 나쁜 빚이다.

입지력과 대출력이 잘 융합되면 자산은 퀀텀 점프하게 된다. 적은 돈으로 우량 자산을 취득하는 최고의 방법은 입지력 위에 대출력을 얹어 레버리지를 잘 활용하는 것이다.

좋은 빚이 되기 위한 대출력과 입지력은 반드시 함께 키워야 한다. 입지력은 저평가된 자산을 선별해내는 안목과 능력을 의미한다. 다시 말해 현재가치보다 미래가치가 충분하다고 판단이 들었을 때 매수하는 능력을 뜻한다. 저평가된 부동산인지 아닌지를 구분해낼 줄 아는 부동산 지식과 더불어 현시점의 내 가정 상황에 맞는 가성비 있는 투자인지에 대한 분별력, 마침내 집을 살 수 있는 용기까지가 모두 포함된 포괄적인 개념이라고 보면 된다.

보통 입지를 판별할 때 학군, 교통, 일자리, 상품성, 인프라, 환경, 개발 호재 등의 요소를 살피게 된다. 누구나 살고 싶어 하는 편리하고 쾌적한 입지는 이미 개발이 완료되고 가격이 높게 형성되어 있을 가능성이 크다. 하지만 재개발 단지처럼 지금 당장은 가격도 낮고 상품가치가 높아 보이지 않더라도 향후 좋아질 것을 예상하고 미래의 시세차익을 노리며 선점하는 능력이 있다면 그것이 바로 입지력을 갖춘 것이라고 볼 수 있다.

예를 들어 잠실은 강남 3구인 송파구의 대표적인 핵심 지역으로 한강과도 근접한 대단지 평지에 2·8·9호선의 지하철 노선과 각종 버스 노선이 집결된 곳이며 상권과 학군 인프라까지 완벽히 갖춘, 그야말로 대한민국 최상급지 중 한 곳이다. 강남 3구에 송파구를 끼워주지 않는다고 하더라도 '잠실만큼은 강남이다'라는 말이 나올 정도로 잠실의 입지는 기본기가 탄탄한 대한민국의 대표적인 상위 입지다. 이런 황금 입지를 2005년도부터 알아볼 수 있는 안목을 가졌던 사람은 '입지력'이 탁월한 사람이라고 할 수 있다.

잠실의 대장 아파트라고 할 수 있는 잠실동 리센츠 아파트를 2005년에 분양받은 사람은 현재 매도 시 시세차익을 얼마나 거둘 수 있을까? 잠실 주공아파트 2단지를 재건축한 리센츠 아파트는 34평 기준 분양가가 6억 5,000만 원 정도였다. 10년 뒤인 2014년경에는 10억 원을 기록했던 이 아파트는 2024년 28억 5,000만 원으로 최고가를 경신했다. 분양가 대비 무려 4배 이상 상승한 것이다. 10년 전 가격에 비해서는 3배 가까운 상승이다. 강남의 입지가치를 대표적으로 보여주는 단지가 아닐 수 없다.

지금이야 이 아파트의 상승률을 보며 다들 부러워하지만, 당시로 돌아가서 선택의 기로에 놓인다면 과연 그 집을 살 수 있을까? 2005년 분양을 받지 못했다고 하더라도 이 아파트의 상승 여력과 입지가치를 알아본 사람이라면 10년 전 10억 원으로 리센츠에 내 집 마련을 해냈을 것이다. 10년 전 10억 원의 현금으로 이 아파트를 매수해 2024년 최고가에 매도했다고 해도 투자수익이 180%가 넘는다. 그런데 이 경우 5억 원의 대출 레버리지를 활용하여 종잣돈 5억 원으로 매수했다면 투자수익은 더 극대화된다. 즉 5억 원으로 20억 가까운 차익을 거둔 것이니 수익률이 대략 400%에 육박한다(세금과 기타 부대비용은 제외했다).

대출이라는 레버리지를 잘 활용하면 내 집 마련이라는 안정감과 더불어 실제 투입 금액 대비 훨씬 큰 시세차익을 거둘 수 있음을 단적으로 보여주는 예다. 이때 사용된 대출이야말로 입지력 위에 대출력을 잘 활용한, 내 자산을 증식시키는 데 사용된 좋은 빚이다.

상위 1% 부자들의
대출 활용법

햇병아리 행원 시절 나는 1금융권 국책은행, 구체적으로 말하면 서울시 중구의 한 지점에서 근무를 시작했다. 이곳에서 개인고객 업무와 기업고객 업무를 익히며 고객관리 및 영업력도 키워갔는데 업체 대표님들과 사장님들, VIP 고객님들을 만나는 시간이 참 즐거웠다. 부자들의 사고를 배울 기회이기도 했기에 어떤 금융 지식보다 값진 경험이었다고 확신하기 때문이다. 부자들은 같은 돈을 빌려도 대출을 바라보는 관점 자체가 달랐다.

그중 한 중소기업 사장님에게 배운 부자의 마인드는 신선했다. 주변의 도움을 전혀 받을 수 없는 가난한 어린 시절을 거쳐 자수성가한 분이었는데 '부자의 돈은 스스로 일을 한다'라고 알려주셨다. 그 돈에는 스스로 벌고 모은 돈뿐만 아니라 은행 대출도 포함되어 있었다. 돈을 잘 버는 능력도 물론 중요하나 그 돈을 활용하는 능력도 함께 키워야 한다는 것이다.

그분은 돈이 돈을 버는 구조로 일을 하셨는데 열심히 일해서 번 돈으로는 직원들 월급을 주고, 매출이 오르면 더 많은 돈을 은행에서 빌려와 사업체를 확장하는 구조였다. 부동산대출도 적극 활용해 더 큰 사업장을 매입했고, 어느 순간에는 매출액보다 사업장을 팔아 남긴 부동산 차익이 더 커서 부동산에 더욱 관심을 가지게 되셨단다. 그렇게 사업 운영과 동시에 부동산 투자를 하며 '근로소득'과 '자본소득'의 중요성을 깨닫게 됐는데, 이 밑바탕에는 자산과 함께 활용된 대출이 지대한 공헌을 했다고 하셨다. 자신이 쌓아 올린 부는 여러 형태의 대출 레버리지를 잘 활용한 덕분이며, 당신의 자산은 이 대출을 먹고 자랐다고 하셨다.

사실 당시만 해도 나는 돈을 빌리러 오시는 사장님들이 뭐가 저렇게 당당할까 늘 궁금했다. 대출은 돈 없는 사람들만 받는 것이라고 생각했으니 말이다. 난 은행원으로서 대출 지식은 있었으나 사장님들만큼 대출력은 없었던 것이다. 그분은 돈이 없어서 돈을 빌리러 오신 분이 아니라 우리 영업점의 기업대출이 상당히 많았던 분, 즉 지점에 이익을 많이 창출해준 분이었다. 기업대출은 일반 가계대출과 단위 자체가 차이가 날 정도로 원리금 상환액이 컸기에 우리 지점의 최고 VIP이셨던 것이다.

대출을 잘 활용하는 사람들은 돈이 없는 사람보다 오히려 대출을 자산과 연결할 줄 아는 VIP 부자들이었다. 그들은 입지력이 전제된 대출 활용법을 더 잘 알고 움직였다. 내가 만난 부자들은 대부분 최소 자본을 들여 최대 수익을 내게 하는 비법이 대출임을 이미 알고 있었다. 대출을 통해 더 큰 이득을 도모하는 법, 즉 '레버리지 활용

능력'을 제대로 갖추고 몸소 실천했던 것이다.

　그들은 대출을 활용해 '자금 소명'을 하기도 했으며 '부담부증여'로 이용하기도 했다. 자금 소명은 자금의 출처를 밝히는 것을 말하는데, 현금소득이 많았던 한 업체 사장님은 강남의 집을 매매할 때 LTV(Loan To Value ratio, 담보인정비율) 최대한도를 사용하기 위해 대부업체에서 대출을 최대한 일으켜 자금 소명을 한 뒤 현금으로 바로 상환했다. 구입자금대출을 일으킬 때 대부업체에서의 대출은 자금 소명도 가능하기에 현금 부분에 대한 자금출처를 해결해야 하는 부자들 사이에서는 종종 일어나는 대출 형태다. 물론 중도상환 시 금융비용이 들긴 하지만 그 사장님에게 중도상환 수수료 정도는 자금 소명을 위해 기꺼이 지급해야 하는 기회비용이요, 향후 강남 아파트의 자산가치 상승을 생각하면 당연히 투입해야 하는 투자비용과도 같은 것이었다. 또한 자녀에게 부동산을 물려줄 경우 전략적으로 빚과 함께 물려주는 부자도 많았다. 일명 부담부증여를 활용하는 것인데, 부동산을 증여받는 사람이 재산뿐만 아니라 부채도 함께 증여받는 형태를 의미한다. 이때 자녀는 채무 부분을 제외한 나머지에 대해서만 세금을 내면 되기 때문에 증여세 부담을 덜 수 있다.

　이렇게 은행 VIP들도 대출을 활용하여 부자가 되는 만큼, 돈이 부족한 나에게는 더더욱 징검다리 역할을 해줄 대출이 필수였다. 우리 가정에 새로운 미래를 열어주고 부자 될 기회를 선물해줄 '대출'이라는 시스템을 잘 활용하기만 한다면, 내가 가고자 하는 곳으로 더 빨리 갈 수 있다는 확신이 들었다. 현명하고 똑똑한 방법으로 내 집을 마련하고 투자도 이어갈 수 있으리라는 확신 말이다.

| 2장 |

대출은 갚는 것이 아니라
이용하는 것

무이자 대출의 비법, 원리금통장을 만들어라

대출력을 잘 발휘하기 위해서는 대출은 갚는 것이 아니라 잘 이용하는 것이라는 인식의 전환이 반드시 필요하다. 대출은 필요한 기간만큼 잘 사용한 후 은행에 되돌려주면 된다.

은행에 다시 돌려주는 시점도 꼭 대출만기인 40년, 50년일 필요가 없다. 한 집에서 40년 이상 사는 사람은 드물기 때문이다. 국토교통부에서 2022년 조사한 주거 실태 조사 결과를 보면, 평균적으로 아파트는 약 11년 정도 소유하다가 매도한다고 한다. 중도상환 수수료가 면제되는 3년 이후 더 좋은 조건의 대출로 대환을 할 수도 있고 이사를 갈 수도 있다.

대출을 갚아야만 하는 것이라고 생각하면 시장 상황의 변동에 따라 내 멘탈도 흔들리고, 상환 부담이 밀려들기 시작하면 좋은 물건이라도 빨리 매도하고 싶어진다. 갚는다는 부담감에서 벗어나자. 갚지 않고 이용만 한다면 여유롭게 내 집 마련과 투자에 나설 수 있다.

그렇다면 어떻게 해야 대출을 갚지 않고 잘 이용할 수 있을까? 가장 먼저 해결해야 하는 문제가 대출이자에 대한 부담이다.

향후 시장 상황에 대비하고 대출을 갚아야 한다는 부담감에서 벗어나기 위해, **대출받을 때 이자까지 고려한 금액을 받아두기를 강력히 추천한다.** 일명 '원리금통장'을 따로 만들어두라는 의미인데 특히 지금과 같이 부동산 시장이 어떻게 될지 모르는 상황에서는 더더욱 원리금통장으로 세팅해두는 것이 중요하다.

원리금통장이란 대출 실행 시점에 원금과 함께 이자 상환 금액도 함께 대출을 받아 마련해두는 통장을 의미한다. 예를 들어 사업자대출을 3년 만기의 5% 변동금리로 2억 원을 실행했다고 치면, 1년 이자가 1,000만 원 정도 될 것이다. 그럼 3년 동안의 이자가 3,000만 원이 될 것이고, 변동금리에 따른 금리 상승분을 포함하면 3,500만 원 정도가 된다고 가정해보자.

이럴 경우 애초에 2억 원을 대출받았다고 생각하지 말고, 1억 6,500만 원의 원금과 3,500만 원의 이자를 대출받았다고 생각하자. 이 3,500만 원을 원리금통장에 넣어두고 상환기일에 알아서 자동이체로 빠져나가도록 설정해두기만 하면 된다. 그러면 이자도 모두 마련된 상태에서 1억 6,500만 원으로만 투자하게 되니 대출을 갚아야 한다는 부담감에서 벗어날 수 있어 투자할 때 조급해지지 않는다. 이는 이자를 내기 위해 대출을 더 받으라는 의미가 아니라 실행된 총대출금에서 원금과 이자를 모두 사용하자는 의미다. 1억 6,500만 원의 대출을 무이자로 활용하는 것으로 생각해도 무방하다.

사고의 틀 하나만 바꿨을 뿐인데 원리금 상환 부담까지 사라지다니! 이것이 바로 인식의 전환을 통해 원리금도 대출력으로 만들어내는 비법이다. 금리 변동 걱정 없이 내 집을 마련하는 방법이요, 가치 있는 자산이 무르익어 수익을 낼 때까지 오래 기다릴 수 있는 투자 체력을 기르는 방법이기도 하다.

02

시장 상황을 면밀히 분석하여 대응하라

대출력을 기르기 위해 모든 대출의 여신 규정까지 달달 외울 필요는 없다. 다만 현재 금융 시장의 대출정책은 어떻게 되며 대출규제에는 무엇이 있는지, 규제와 정책 사이에 활용 가능한 빈틈은 없는지를 꼼꼼히 살펴 나만의 대출 전략을 세울 수 있으면 된다. 대출규제가 나오면 이 규제의 성격이 어떤 것인지를 다음과 같이 나누어 파악해 보는 것이 좋다.

내부규제인가, 행정지도인가

우선 대출규제가 은행 자체적인 내부규제인지 아니면 전 은행 공통적인 행정지도인지를 구별할 필요가 있다. 예를 들어 차주별 DSR 규제는 전 은행 공통 사항인 행정지도다. 1금융권은 DSR 40%, 2금융권은 50% 식으로 예외 없이 모든 은행에 적용되기 때문이다.

한편, 한 은행에서 전문직에게 3억 원 이상의 신용대출을 해줄 때 모든 지역에서 집을 사면 안 된다는 추가 매수금지 약정을 체결했다고 해보자. 그러면 그 규제는 그 은행에서만 적용하는 내부규제이지 전 은행이 시행하는 행정지도가 아니다. 이런 은행 내부규제를 전 은행 공통 사항인 것으로 잘못 파악하는 사람들이 종종 있는데 둘을 잘 구분해야 한다.

실제로 이러한 차이를 구분하지 못해 내 집 마련의 기회를 놓친 사례가 있다. 내 집 마련을 원했던 한 의사는 자금이 부족해 주거래 은행에서 신용대출 상담을 받았는데, 그 은행에서 의사는 3억 원 이상의 신용대출이 가능하지만 해당 자금으로 집은 사면 안 된다고 안내를 받았다고 한다. 사실 해당 규정은 그 은행에서만 적용되는 규제였는데 모든 은행에서 적용되는 줄 알고 내 집 마련을 포기했다가 그 집의 가격이 이후 엄청나게 올라 아쉬움이 컸다고 한다. 해당 대출규제가 내부규제인지 전 은행에 적용되는 행정지도인지 구분이 되었다면 이런 실수를 하지 않았을 텐데 대출력의 차이가 자산의 차이를 가져온 것이다.

단기적인 봉합책인가, 장기적인 규제책인가

또한 장기적으로 시행되는 규제인지, 일정 기간에 한정하여 시행되는 규제인지를 구분할 필요가 있다. 예를 들어 스트레스 DSR 규제나 디딤돌대출 규제 등은 장기적인 규제일 가능성이 크다. 하지만 LTV 최대한도까지 대출받을 수 있게 해주는 '방공제 면제' 상품인 MCI(Mortgage Credit Insurance, 모기지 신용보험), MCG(Mortgage Credit Guarantee, 모기지 신용보증) 등은 연말에는 막히는 경우가 많다('방공제'는 4장 참조). 그래서 연초보다 연말로 갈수록 대출받기 어려워진다는 말이 나온다.

이렇게 한시적으로 적용되는 규제는 대출총량을 줄이기 위한 단기적인 봉합책이라고 보면 된다. 연말이 되면 은행은 영업을 끝내며 가계부채총량 관리에 돌입하는데, 그때 가장 많이 사용하는 수단이 MCI·MCG 가입을 막아 대출 줄이기에 나서는 것이다. 2024년 말 시중은행들이 대출총량을 줄이기 위해 MCI, MCG 가입부터 중단한 것도 같은 맥락이다. 연초가 되어 은행들이 다시 대출총량을 늘려 영업을 시작하면 보통 MCI, MCG 가입도 재개된다. 실제로 은행들은 2025년 연초가 되자 이러한 모기지 상품을 재개하여 대출한도를 늘려 영업 중이다.

03

대출은 철저히
전략이다

뉴스나 기사 등을 통해 규제의 의도와
내용의 빈틈을 파악하자

신문 기사나 뉴스에서도 빈틈을 찾아 투자 아이디어를 얻을 수 있다. 예컨대 2021년 8월 19일 〈이데일리〉에 "3년간 검증 없는 보금자리론…'대출 받아 갭투자' 속수무책"이라는 기사가 난 적이 있다. 서민 주거 사다리로 등장한 보금자리론이 제대로 된 검증 과정을 거치지 않아 갭투자 통로로 활용되고 있다는 내용이었다. 대출 이후 3년 단위로 검증을 하게 돼 있어서 갭투자 수법으로 악용되는데도 정부는 매년 검증하는 것은 행정비용을 낭비하는 것이라며 난색을 표한다고 기사는 밝혔다.

본래 보금자리론을 실행하고 나면 '추가 매수금지 약정서'를 쓰기에 본 주택 외에 추가로 집을 매수하면 안 된다. 즉 보금자리론을 받은 집만 유지해야 한다는 얘기다. 그러나 집을 추가로 늘린다고 해도 사실상 이를 확인하는 시간은 대출 실행 후 3년 뒤였고, 심지어 추가 주택이 적발돼도 처분기한 1년이라는 시간이 주어졌기 때문에 투자자들은 총 4년의 시간을 벌 수 있었다. 적발됐을 때의 페널티는 기한의 이익 상실로 인한 '보금자리론 회수와 3년간 보금자리론 이용 제한' 정도였다. 그런데 보금자리론 회수는 대환을 통해 향후 다른 대출로 갈아탈 사람들에게는 사실 아무런 제약이 되지 않았다. 물론 지금은 문제 됐던 부분을 보완하여 보금자리론의 추가 주택 검증 시기가 대출 실행 후 1년, 추가 매수 주택 처분 조건은 6개월로 변동됐다.

대부분은 이 기사를 보고 그냥 지나쳐버리겠지만 우리는 여기서 배울 수 있다. 대출 약정을 어기는 방법을 배우라는 것이 아니라 기존 투자자들이 대출 전략을 어떻게 면밀하게 세웠는지, 그들의 사고 체계를 참고하자는 얘기다. 대출은 철저히 전략이기 때문이다.

기회는 여전히 존재한다

2023년 보금자리론은 '특례보금자리론'의 형태로 일반형과 우대형으로 나뉘어 1년간 한시적으로 운영됐는데 이 중 일반형은 조기 종료됐고 우대형은 '보금자리론'의 형태로 여전히 활용 가능하다. 특례보금자리론이 끝난 지금의 보금자리론에는 빈틈이 사라진 것일까?

사실 추가 주택 매수 확인 시기와 처분 시기를 합해 1년 반이란 시간이 있기에, 이 시간 동안 매수·매도가 가능하다면 지금도 대출력을 활용할 수 있다.

관련 규정을 정리하면 다음과 같다.

기존 주택 또는 추가 주택을 처분기한 내에 처분하지 않거나, 주택 소유에 대한 확약 내용이 사실과 다른 것으로 확인된 경우에는 기한이익 상실 처리됨을 반드시 채무자에게 고지 후 대출거래약정서에 자필서명 및 날인토록 함(사전 약정).

● 기존 주택의 처분기한은 대출실행일로부터 3년, 추가 주택의 처분기한은 검증기준일로부터 6개월*

* 분양권(조합원 입주권 포함) 또는 상속으로 추가 주택을 취득한 경우 검증기준일로부터 3년

규정을 자세히 살펴보면 분양권이나 입주권의 경우엔 3년이라는 시간이 더 주어짐을 알 수 있다. 조합원 입주권을 포함한 분양권으로 추가 주택을 취득하더라도 처분기한이 검증기준일로부터 3년이기에 시간이 충분하다. 보금자리론을 사용하면서도 상급지의 분양권을 적극 활용하여 상급지 갈아타기도 여전히 시도해볼 수 있다.

이렇듯 대출의 기본을 잘 알고 그 사이의 빈틈 전략까지 세울 수 있다면 선택의 폭은 훨씬 넓어진다. 누군가에게는 규제로만 보이는 것이 대출력이 있는 사람에겐 기회로 보이기 때문이다. 다만, 대출규

제가 나오면 그 규제책을 면밀히 분석하여 빈틈 전략을 펼칠 수 있어야 한다.

대출력만 있다면 설사 대출규제가 풀리지 않고 더 강화된다고 하더라도 불평할 필요가 없다. 반드시 규제 사이에 빈틈이 있기 때문에 그 빈틈을 합법적으로 활용하기만 하면 된다. 감당 가능한 대출을 최대한 활용하여 원리금과 함께 세팅하면서 말이다. 오히려 대출력을 가진 사람에게만 보이는 기회들이 너무 많다. 남다른 부는 대출력에서 출발한다.

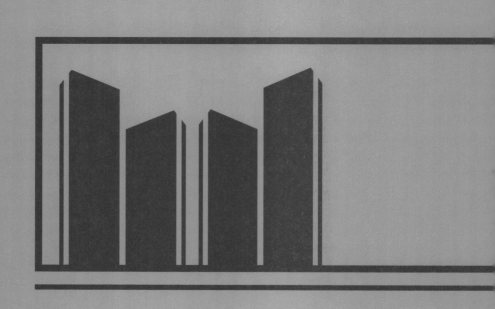

— 2부

대출력 워밍업

| 3장 |

대출의 종류와
기초 용어

대출력
기초 체력 다지기

대출력에서 가장 기본이 되는 기초 용어부터 단단히 다지고 가면 응용까지 나아갈 수 있다. 이 과정이 다소 버겁고 어렵게 느껴지더라도 지레 포기하면 안 된다. 기초공사가 잘되면 입지력부터 대출력까지 빠르게 속도를 낼 수 있기 때문이다.

은행은 돈이 필요한 사람에게 일정한 이자를 붙여 돈을 빌려주는데 이를 '대출' 또는 '부채' 또는 '여신'이라고 한다. 이때 돈을 빌리는 사람을 '대출자'나 '채무자' 또는 '차주'라고 하고, 이자가 붙지 않은 원래의 돈인 대출금을 '원금'이라고 하며, 원금에 이자를 합친 돈을 '원리금'이라고 한다. 이자와 금리는 같은 의미이며 대출이 일으켜지는 것을 대출이 '실행'됐다 또는 '기표'됐다고도 표현한다.

차주는 크게 '개인'과 '사업자'로 나뉘며, 사업자는 '개인사업자'와 '법인사업자'로 분류된다. 개인이 차주가 되어 대출을 실행하는 것을 '개인대출' 또는 '가계대출'이라고 한다. 사업자대출과 기업대출은 같은 의미이며 개인사업자가 차주가 되면 '개인사업자대출', 법인사업자가 차주가 되면 '법인사업자대출'이 된다. 개인사업자대출은 또다시 개인 임대사업자와 일반 사업자대출로 나뉘는데 전월세를 주는 임대 역할을 하는 사업자를 '개인 임대사업자', 직접 사업을 영위하는 실사업자를 '일반 사업자'라고 한다.

개인대출과 기업대출은 다르다

개인대출(가계대출)과 기업대출(사업자대출)은 별개의 개념이므로 다르게 접근해야 한다. 은행에 가면 개인대출 창구와 기업대출 창구가 따로 있는데 대출의 성격 자체가 다르기 때문이다.

'개인대출'은 개인의 주민등록번호를 바탕으로 개인의 신용과 소득·부채·담보 등을 파악하여 대출을 실행한다. 따라서 개인의 신용이 좋지 않거나 소득이 부족하면 대출이 실행되지 않을 수 있다.

'개인사업자대출'은 사업자번호를 바탕으로 거래하되 '임대사업자대출'과 '일반 사업자대출'로 나누어 진행하며, 사업자대출의 용도에 맞게 실행해야 한다. 개인사업자대출을 진행할 때도 대표자의 신분증을 요구하며 신용과 소득을 참고하지만, 개인 대표자의 소득이 부족하다는 이유만으로 개인사업자대출 자체가 거절되진 않는다. 소득을 증빙할 만한 다른 담보나 대체소득이 있으면 참고가 되며 배우자의 소득을 추가하여 진행할 수도 있다.

'법인사업자대출'도 법인 대표자의 신용점수와 소득을 참고하지만, 법인사업자번호를 바탕으로 법인기업의 매출을 더욱 중시하며 법인의 재무구조와 법인기업 자체의 신용등급을 중점에 두고 기업대출의 용도에 맞게 실행된다.

여기서 중요한 사실을 알 수 있다. 가계대출과 기업대출은 대출의 성격 자체가 다르므로 가계대출에 대한 규제가 시행된다고 해서 기업대출에까지 그대로 적용되진 않는다는 점이다. 이는 현재 시행 중인 DSR 규제가 가계대출에만 적용되고 기업대출엔 적용되지 않음을 의미한다. 즉 기업대출을 적절히 활용한다면 강력한 대출규제 속에서도 돌파구를 찾을 수 있다는 의미다.

대출의 종류

우리가 활용할 수 있는 대출에는 어떤 것들이 있을까? 신용대출, 주택담보대출, 전세자금대출, 기업자금대출, 정책자금대출, 비주택대출, 동산대출 등 다양한 대출이 있다. 각 대출의 특징과 사용법을 잘 익혀 우리 가정에 맞는 최상의 대출 활용 능력을 길러야 한다.

예컨대 주택담보대출과 신용대출을 통해 내 집을 마련하고, 추후 담보가치가 상승하면 후순위 대출을 이용하여 사업자금에 보탤 수도 있다. 동산대출과 함께 마련된 사업자금은 매출을 크게 일으켜 기업대출에 긍정적 영향을 미쳐 훗날 정책자금대출의 혜택까지 누리게 해줄 수 있다(3부에서 구체적으로 다루겠다). 각 대출을 적재적소에 활용하면 DSR의 한계를 벗어나 필요한 자금을 자유자재로 융통할 수 있게 되는 것이다.

대출은 크게 신용대출, 담보대출, 보증부대출로 나뉜다.

신용대출은 별다른 담보 없이 신용도와 소득을 기준으로 심사하는 대출 방식으로, 고객의 경제적 상황, 직업, 신용점수 등을 고려하여 대출 금액과 금리를 결정한다. 대표적인 상품으로 마이너스통장과 일반 신용대출이 있다.

담보대출은 경제적 가치를 지닌 자산을 담보 삼아 자금을 융통하는 방식으로, 일반적으로 신용대출보다 한도가 크고 대출금리가 낮다. 주택담보대출과 사업자담보대출이 대표적이며 예·적금담보대출, 보험약관대출, 주식담보대출 등도 담보대출에 속한다. 청약통장이나 보험상품은 중간에 해지를 하면 그동안 쌓아온 혜택을 못 받게 되므로 손해가 크다. 이때 대출을 활용하면 기존의 혜택을 유지하며 현금흐름을 창출할 수 있다. 청약담보대출이나 보험약관대출 자체를 받을 때는 DSR을 보지 않고 금리도 나쁘지 않으니 필요한 경우 비상금으로도 활용할 수 있다.

보증부대출은 공공 금융기관이나 신용기관이 대출 금액의 대부분을 보증하고 자금을 빌려주는 형태의 대출을 의미한다. 보증기관에서 보증서를 발급해주면 은행이 이를 기반으로 보증서 범위 내에서 고객에게 대출을 실행해주는 구조다. 예를 들어 신용보증기금에서 사업자에게 보증서를 발급해주면, 은행에서는 그 보증서를 기반으로 신용보증 정책자금대출을 실행해준다. 전세자금대출도 대표적인 보증부대출이다. 한국주택금융공사(HF)·서울보증보험(SGI)·주택도시보증공사(HUG)가 전세자금대출의 보증기관으로, 은행은 이 기관

중 한 곳으로부터 보증서를 발급받아 전세대출을 실행한다. 전세자금대출이 보증금의 최대 80%까지도 실행될 수 있는 것은 이런 보증기관에서 보증을 해주기 때문이다.

나에게 대출해주는
은행 한 곳을 찾아라

한 수강생이 울면서 상담을 요청했다. 청약에 당첨된 기쁨도 잠시, 잔금대출도 무난할 줄 알았는데 막상 잔금대출을 실행해주는 1금융권 시행사 협약은행에서 DSR 40%가 넘어 대출을 실행해줄 수 없다고 했다는 것이다. 2금융권 시행사 협약으로 가보라고 안내했더니, 기존 대출이 많아 2금융권 은행도 DSR 50%의 문턱을 못 넘어 대출이 안 될 것 같다고 불안해했다. 그래도 2금융권을 꾸준히 찾아본 결과, 다행히 DSR 비율을 200%까지 열어주는 시행사 협약은행을 만나 잔금을 잘 치렀다고 한다.

2금융권도 DSR 50%까지만 대출이 가능한데 어떻게 이 은행은 DSR 200%까지 대출을 해줄 수 있었을까? 그것은 2금융권의 특성 때문이다.

우리나라에는 수많은 은행과 금융기관이 존재한다. 시중은행과 인터넷은행뿐만 아니라 새마을금고·신협·수협·축협·농협 등 단위

조합의 금융기관들도 있고, 카드사·보험사·캐피탈·저축은행 등도 있다.

이렇게 많은 기관 중에 나에게 대출해주는 한 곳을 찾아야 한다. 각 대출자를 은행마다 같은 잣대로 판단하지 않기 때문이다. 예컨대 동일한 조건에서 신협 본점은 대출 부결을 내렸지만 신협 당진지점은 가결해줄 수도 있다. 2금융권은 특성상 지점별로 사업자번호가 모두 다르고 조합별로 독자적으로 운영되는 법인체들이기에, 내부 규정을 달리 적용하여 같은 차주에게 다른 결론을 내릴 수도 있다.

우리는 금융권 각각의 특징과 빈틈을 노려 대출력을 발휘하기만 하면 된다. 어차피 모든 은행에서 대출을 받는 게 아니라 결국 나에게 대출해줄 은행 한 곳만 찾으면 되는 싸움이기 때문이다. 아는 만큼 보이고, 준비된 자에게 기회가 오는 법! 대출력을 키워가다 보면 나에게 대출해주는 그 한 은행이 나에게 가장 적합한 곳인지 분별할 수 있게 되고 은행원도 잘 설득할 수 있게 된다.

금융권의 종류를 알면 대출 방법이 보인다

금융권은 크게 1금융권, 2금융권, 3금융권으로 분류할 수 있다.

1금융권은 은행연합회에 소속되어 은행법 적용을 받는 기관으로, 우리가 흔히 거래하는 시중은행·인터넷은행·지방은행 등이 이에 속한다. 상부 기관인 금융위원회와 금융감독원의 제재를 직접적으로 받기에 대출규제나 금융정책에 가장 민감하게 반응한다. 현재 가계대출에 적용되는 DSR 규제가 1금융권에서 가장 강력하게 적용되는 이유이기도 하다. 2·3금융권보다 대출한도는 적지만 대출금리가 가장 낮다는 이점이 있다.

2금융권은 1금융권 은행처럼 은행 업무는 수행하나 은행법 적용은 받지 않아 규제에 조금은 덜 얽매인다. 카드사, 보험사, 증권사, 캐피탈, 저축은행, 신탁회사 등이 이에 속하며 새마을금고, 신협, 농협, 수협 등의 조합도 포함된다. 외형상으로는 1금융권 은행과 별반 차이가 없어 일반인은 1금융권 은행과 구분하기 어려워하는 경우도 많다.

하지만 앞서 살펴본 것처럼 지점별·조합별 독자 운영 시스템으로 유지되기에 2금융권에는 빈틈이 많다. 예를 들어 2금융권도 DSR 50% 규제를 따라야 하지만 입주 잔금대출일 경우 그 이상까지 허용해주는 곳도 있다. 즉 같은 2금융권 은행이라고 하더라도 DSR 50%에 국한해서 일괄 대출을 실행하는 것이 아니라 영업점장 전결 권한 하에 자율적으로 DSR 200%까지 풀어 대출을 해주기도 한다. 그래도 은행법에 저촉되는 것이 아니기에 대출 실행에서 1금융권보다 유연하다.

이렇듯 2금융권의 특성을 잘 알고 활용하면 1금융권에서는 부족했던 대출한도가 더 나오기도 한다. 심지어 1금융권에서는 아예 안 나오던 대출이 2금융권에서는 실행되기도 한다. 또한 주택담보대출이라면 대출금리가 1금융권과 크게 차이 나지 않는 경우도 많기에 대출의 빈틈 전략을 잘 펼칠 수 있다.

3금융권은 복잡한 절차 없이 몇 가지 요구 사항만 통과하면 별다른 규제나 제한 없이 바로 대출이 실행되는 일종의 사금융으로, P2P

나 대부업체 등이 여기에 속한다. 간혹 불법적이고 위험한 사채를 떠올리기도 하는데 실상은 그렇지 않다. 관할 지자체와 금융감독원에 정식으로 등록되어 정기적으로 감사를 받으며 정상적으로 금융업을 영위하는 제도권 내의 대부업체라면 믿을 수 있다. 물론 관할 지자체에만 등록된 제도권 밖의 소규모 대부업체가 있긴 하지만, 지자체에 등록됐다는 자체가 미등록 불법 업체들과는 달리 정상적인 대부업법을 준수하며 금융 활동을 영위하는 사업체임을 의미한다. 등록대부업체 통합조회(fss.or.kr)에서도 업체 확인이 가능하기에 안심해도 된다.

투자에서 중요한 것 중 하나가 '타이밍'이다. 입지력이 좋은 곳에 내 집 마련을 할 기회가 드디어 왔을 때 조금 부족한 금액을 2·3금융권에서 잠깐 조달하여 해결할 수 있다면 자산 자체가 달라질 것이다. 투자자 또한 적절한 시기가 왔을 때 투자 흐름이 끊기지 않도록 다양한 금융을 활용할 줄 알아야 하며, 이런 능력은 투자에 중요한 승부처가 될 수 있다. 1금융권 은행의 금리상 이점과 2·3금융권의 대출한도 및 편리성을 적재적소에 잘 활용할 수 있다면 이미 대출력으로 무장되어 있는 것이다.

대출력 레벨업을 위한 Q&A

Q 2금융권 대출을 많이 이용하면 1금융권 대출이 안 나온다고 하던데 맞나요?

A 대출의 종류에 따라 다르게 접근하여 살펴보아야 합니다. 예를 들어 주택담보대출 같은 경우엔 2금융권이라고 해도 신용점수를 반영한

금리 차이가 1금융권과 크지 않습니다. 금융위원회에서 마련한 '개인신용평가체계 종합 개선방안'에 따라 2019년 1월부터 2금융권 대출에 대한 신용점수·등급 반영률을 완화했기 때문입니다. 2금융에서 대출을 받아도 바로 고금리로 반영하지 않고, 차주가 현재 몇 퍼센트의 금리로 대출을 이용할 수 있는지를 더 중점적으로 보는 대안 신용평가가 시행되고 있습니다.

하지만 신용대출 같은 경우 2금융권에서 실행하면 신용점수가 급락하여 회복하는 데 시간과 노력이 많이 들기 때문에 신용대출은 되도록 1금융권에서 마무리하는 게 좋습니다. 2금융권 신용대출은 저금리의 사업자 신용대출 정도까지 추천드리며, 급하지 않다면 캐피탈·저축은행 등의 신용대출까진 실행하지 않는 것이 좋습니다.

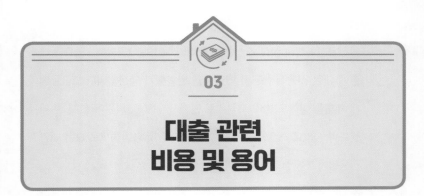

대출 관련
비용 및 용어

대부분 은행에서 대출을 할 때 각종 비용과 수수료가 발생한다. 은행에서 부담하는 부분도 있고 채무자가 지급하는 부분도 있다. 대출 관련 비용과 수수료에는 무엇이 있는지, 그리고 어떤 점을 주의해야 하는지 살펴보자.

근저당권이란

'저당권'이란 채권자가 해당 담보에 대해 다른 채권자보다 먼저 변제받을 수 있는 권리를 뜻한다. '근저당'은 대출자가 대출을 상환하지 못할 때를 대비해 대출을 실행해준 금융기관이 담보에 대한 저당권을 등기부에 미리 설정해두는 것을 의미한다.

근저당 설정액은 보통 대출 신청 금액의 110%부터 150% 정도까지인데, 대출원금뿐만 아니라 이자 금액도 포함하기 때문이다. 예를 들어 4억 원의 대출을 실행할 때 은행은 등기사항전부증명서(등기부등본)에 이자를 합한 금액인 4억 8,000만 원을 설정한다. 주택을 담보로 한 대출에 대해 은행이 이렇게 근저당권을 설정하면 대출자가 대출금을 상환하지 못했을 때 해당 주택을 경매로 넘기고, 이를 통해 생긴 자금을 은행이 먼저 배당받을 권리가 생긴다. 근저당 설정 여부는 등기사항전부증명서 을구에서 확인할 수 있다 .

💰 중도상환 수수료

중도상환 수수료는 대출만기일보다 일찍 대출금을 상환할 때 은행에 지급하는 수수료다. 은행은 고객으로부터 받은 예금으로 대출을 제공하거나 투자를 해 수익을 내는데, 만약 채무자가 만기일보다 이른 시일에 대출금을 상환해버리면 대출이자를 그만큼 적게 받게 되어 수익이 적어지므로 은행의 손실을 방지하기 위해 중도상환 수수료를 받는 것이다. 일반적으로 중도상환 수수료는 3년이 지나면 면제되며, 은행별·상품별로 수수료율이 각각 다르다. 중도상환 수수료는 중도상환 금액의 일정률을 대출만기일까지의 잔여일수에 따라 계산하는데, 대출 종류 및 상품별로 일부 다를 수 있으므로 자세한 내용은 해당 은행에 문의하는 것이 좋다.

주목해볼 것은 2025년 1월 13일 이후 새롭게 체결되는 대출계약부터는 중도상환 수수료가 이전보다 절반 이상 인하되었다는 점이다. 고정금리 주택담보대출인 경우 1.43%에서 0.56%로, 변동금리 신용대출은 0.83%에서 0.11%로 낮아져 금융 소비자들의 부담이 덜어졌다. 예컨대 30년 만기 고정금리 주택담보대출 상품으로 3억 원을 대출받아 1년 이내에 전액 중도상환할 경우 기존엔 중도상환 수수료 280만 원을 내야 했지만 이제는 116만 원만 내면 된다.

다만 해당 중도상환 수수료 감면은 2025년 1월 13일 이후 체결되는 대출계약부터 적용되며, 이전 계약은 대상에 포함되지 않는다. 기존 계약을 갱신하는 경우에도 대출금액, 상환조건 등 대출계약 시의 '주요사항'이 기존 계약과 동일한 경우에는 '사실상 동일한 계약'으로 판단하여 중도상환 수수료 감면이 적용되지 않으니 유의하자.

💰 한도대출 수수료

마이너스통장 같은 한도대출을 사용할 때 발생하는 수수료를 '한도대출 수수료'라고 한다. '한도 약정 수수료'와 '한도 미사용 수수료'가 있으며, '기업 한도대출 수수료'가 이에 속한다.

보통 대출을 받은 후 만기 전에 중도상환을 하면 중도상환 수수료가 발생하는데, '한도 약정 수수료'는 마이너스통장을 개설하는 등 한도대출을 계약하는 초기에 대출 약정 수수료가 미리 발생되는 구조다.

'한도 미사용 수수료'는 대출계약 기간이 만료된 후 대출을 사용하지 않은 부분에 대해 부과되는 수수료다. 예컨대 마이너스통장을 개설한 후 대출한도를 다 사용하지 않고 이후에 통장을 해지할 때 한도 미사용 수수료가 발생한다. 따라서 한도대출에서 실제 대출을 많이 사용하는 대출자는 한도 미사용 수수료를 선택하는 것이 유리하다.

'기업 한도대출 수수료'는 은행의 충당금 적립 부담 및 자금보유로 인한 기회비용으로('충당금'은 8장 참조) 한도대출 약정 시 사전적으로 한도 약정 수수료를 수취하거나 사후적으로 한도 소진율에 따라 차등하여 한도 미사용 수수료를 수취한다. 가계대출의 경우에는 일반 신용대출 금리에 가산금리를 적용하는 등의 방식이므로 해당 수수료는 발생하지 않는다.

💰 기한의 이익

이런 이야기를 들어봤을 것이다. '기한의 이익이 상실되어 본 대출은 회수되며….' 여기서 기한의 이익이란 정해진 기한까지 당사자가 받는 이익을 의미한다. 예컨대 돈을 빌려준 금융기관은 상환 기일까지 채무자로부터 이자를 받을 수 있는 기한의 이익을 누리게 되고, 채무자는 상환 기일까지 대출금을 갚지 않아도 되는 기한의 이익을 가지게 된다. 이 기한의 이익은 서로가 약속을 잘 지키면 계속 유지된다.

하지만 채무자와 은행 간에 약정한 사항이 이행되지 않으면 기한의 이익은 상실된다. 예컨대 기한의 이익 상실 사유가 채무자로 인해 발생하면 은행은 대출금을 즉시 회수한다. 쉽게 말해 은행과의 약속을 어겼으니 대출해준 돈을 다시 갚으라는 얘기다. 또 추가 매수금지 약정서의 내용을 불이행하고 집을 추가로 구매하는 경우에도 기한의 이익이 상실된다. 처분 조건으로 주택담보대출을 실행해놓고 기간 내 처분하지 않는다면 기한의 이익은 상실된다. 파산 등의 사유로 채무자의 신용 상태가 위태로워졌을 때나 채무자가 담보를 손상, 감소 또는 멸실했을 때도 기한의 이익이 상실되니 주의해야 한다.

| 4장 |

LTV, DTI, DSR, 스트레스 DSR
마스터하기

담보를 기준으로 하는 LTV, 상환 능력을 따지는 DTI

대출의 기초를 단단히 다졌다면 이제 본격적으로 대출력을 기를 시간이다. 대출력에서 반드시 다져야 할 개념이 바로 '대출 3형제'로 불리는 LTV, DTI(Debt To Income, 총부채상환비율), DSR이다. 더 나아가 현재 적용되고 있는 '스트레스 DSR'까지 확실히 익혀두면 현재 시점에 내가 받을 수 있는 최대 대출가능금액뿐만 아니라 빈틈 전략까지 세울 수 있다.

 LTV: 담보인정비율

LTV란

LTV는 담보가치에 따른 대출금의 비율, 즉 담보물건 대비 대출을 받을 수 있는 '최대 대출가능한도율'을 뜻한다. 예컨대 '주택담보대출비율'은 내가 집을 살 때 그 집을 담보로 얼마나 빌릴 수 있는지를 나타내는 비율로, 담보가치에만 중점을 두는 개념이다. 쉽게 말해 '물건의 몸값'이라고 보면 된다.

LTV 비율은 차주의 조건이나 지역에 따라 달라진다. 예를 들어 무주택자가 비규제지역의 5억 아파트를 담보로 대출받을 수 있는 금액은 얼마일까? 일반 무주택자가 비규제지역에 집을 살 경우 집값의 70%가 LTV 비율이기에 3억 5,000만 원까지 대출받을 수 있다. 이때 집값의 70%를 'LTV 70%'라고 표현한다. 그에 비해 규제지역 무주택자에게는 LTV가 50%로 적용되어 2억 5,000만 원을 대출받을 수 있다.

같은 무주택자라고 하더라도 서민 실수요자 요건(부부 합산 소득 9,000만 원 이하의 무주택 세대주가 9억 원 이하의 주택을 구매하는 경우)이 충족되면 규제지역, 비규제지역 할 것 없이 LTV 70%가 적용된다. 그

LTV, DTI, DSR 비교(2024년 기준 주택담보대출 취급 시) 단위: %

구분	규제지역		비규제지역		DSR
	LTV	DTI	LTV	DTI	
생애최초	80	60	80	60	40(1금융) 50(2금융)
서민 실수요자	70	60	70	60	
무주택 세대	50	40	70	60	
1주택 세대(처분 조건)	50	40	70	60	
다주택자	30/40	40	60	60	
매매임대사업자	30	-	60	-	×

리고 생애최초(단 한 번도 주택을 구매한 이력이 없는 사람) 실수요자라면 LTV 최대 80%까지 대출받을 수 있다.

다주택자인 경우에도 구매자금 명목으로 대출을 일으킬 경우 규제지역은 LTV 30%, 비규제지역은 LTV 60%까지 대출을 받을 수 있다. 만약 생활안정자금일 경우엔 규제지역에서도 LTV 40%까지 대출을 받을 수 있다.

아파트의 시세 기준, KB시세

대출과 관련해 사례를 설명하려면 기준이 되는 가격이 있어야 하므로 기준 시세 이야기를 잠깐 짚고자 한다. 아파트의 가격 이름에는 호가, 공시가, KB시세 등 여러 가지가 있다. 이 중 은행에서 아파트 대출을 실행할 때는 대부분 국민은행 리브부동산에서 발표하는 KB시세를 기준으로 한다(물론 국토교통부의 최근 실거래가와 한국부동산원 금액도 참고한다). 예를 들어 KB시세상 5억 원짜리 아파트를 그보다 비싼 5억 5,000만 원에 매수한다고 하더라도, 대출 기준은 5억 5,000만 원이 아니라 KB시세 5억 원이 된다. 물론 매매가와 KB시세의 차이가 20% 이상 벌어지면 매매가를 적용하는 금융회사도 있으나 대출의 기준이 되는 시세는 기본적으로 KB시세라고 보면 된다.

같은 아파트라도 KB시세는 층마다 다른데 1층은 하위 평균가를 적용하고, 2층부터는 일반 평균가, 고층이면 상위 평균가를 적용하기에 1층보다 고층일 때 대출이 더 많이 나온다. 만약 1층을 매수하는데 하위 평균가가 아닌 일반 평균가로 적용해주는 은행에서 거래하면 대출이 더 많이 나올 수 있다. 그 은행을 찾아내는 것이 대출력이다.

KB시세 (국민은행 리브부동산)

- 매매, 전세, 월세 시세 파악 가능
- 한국감정원 시세와 비교하여 둘 중 낮은 금액을 적용하여 대출함(보험사
  는 시세와 매매가 간에 차이가 너무 크면 매매가를 적용하는 곳도 있다)
- 1층이어도 일반 평균가를 적용하는 은행: 기업은행, KDB생명, 현대해상 등
- KB시세는 매주 금요일마다 업데이트됨
- '매매가'가 아니라 'KB시세'를 기준으로 대출을 실행함에 유의!

아파트 외 담보물건의 시세 기준은?

아파트가 아닌 담보물건의 LTV 비율은 어떻게 책정될까? 빌라·상
가·공장·토지 등 부동산의 종류와 지역, 낙찰률에 따라 달라진다.
보통 아파트 이외의 물건들은 정해진 시세가 없기 때문에 개별 물건
에 대한 감정평가를 하는데, 같은 물건에 대해서도 은행이나 감정사
마다 감정평가 금액이 천차만별이다. 따라서 감정평가가 필수인 아
파트 이외 물건들의 대출을 잘 받으려면 감정평가 금액을 높이 쳐주
는 금융기관을 찾는 것이 중요하다.

대개는 정식 감정평가를 나가기 전에 은행에서 탁상감정(탁감)이
란 것을 한다. 탁상(테이블)에서 감정평가를 하기에 붙여진 이름인데,
정식 감정평가 전에 대략적인 금액이 이 정도로 나오겠다고 예측해
보는 것이다. 여러 금융기관에 탁감을 넣어본 후 그중에서 평가 금
액이 가장 잘 나온 금융사에서 정식 감정평가를 진행하는 것이 보통

이다. 정식 감정평가를 통해 나온 금액이 해당 물건 가격의 기준이 되어 최종적으로 대출에 적용된다.

빌라의 경우를 살펴보자. 빌라는 종류와 형태가 다양한데 보통 4층 이하의 소형 공동주택을 뜻한다. 연립주택, 다세대주택뿐만 아니라 도시형 생활주택, 타운하우스, 고급빌라 등도 빌라로 취급하여 빌라 주택담보대출을 이용할 수 있다. 등기사항전부증명서의 '건물내역' 부분에 다세대인지 도시형 생활주택인지 등이 표기되어 있어 구분이 가능하다.

다가구는 무조건 주택이라고 생각하는 사람이 많은데, 막상 등기사항전부증명서를 살펴보면 근린생활시설인 경우도 있으니 고정관념을 버리고 접근하는 것이 좋다. 간혹 표제부의 건물내역이 모호하게 표시된 경우도 있으니 건축물대장을 꼭 함께 살펴보는 것이 좋다. 특히 위반건축물인 경우엔 주택담보대출이 안 나올 가능성이 크기에 건축물대장은 잘 살펴봐야 한다.

빌라 주택담보대출 역시 아파트처럼 해당 지역의 LTV, DTI, DSR이 적용된다. 하지만 다세대 빌라는 지역이나 금융기관에 따라 LTV를 몇 퍼센트로 적용해주는지 잘 따져봐야 한다. 일부 금융사에서는 지역에 따라 LTV 한도를 70%로 일괄 적용하지 않고, 60% 또는 65% 등으로 적용하는 곳도 있기 때문이다. 또한 빌라는 반드시 '방공제'를 한다는 점도 기억해야 한다.

대출한도 줄이는, '방공제'

일반 무주택자가 서울의 비규제지역 아파트를 5억 원에 구입할 경우

LTV 70%를 적용하여 총 3억 5,000만 원까지 대출이 실행되는 것이 LTV 개념이라고 했다. 하지만 여기서 한 가지 더 고려해야 할 것이 있다. 바로 소액보증금(대출이 있는 집에 세를 들어가더라도 임차인이 가장 먼저 보장받을 수 있는 최소 금액)만큼을 공제하고 최종적으로 대출이 나온다는 점이다. 소액보증금은 '최우선변제금'이라고도 하며, 이를 공제하는 것을 '방공제' 또는 '방빼기'라고 한다.

방공제를 하는 이유는 무엇일까? 만약 집주인이 대출을 갚지 못해 집이 경매로 넘어갔을 경우, 임차인을 보호하는 차원에서 소액보증금만큼은 낙찰금 중에서 최우선으로 변제하고 나머지 금액을 은행이 배당받는다. 그래서 은행 입장에서는 이런 위험에 대비하기 위해 애초에 집주인에게 대출을 실행할 때 소액보증 금액을 차감하는 것이다.

원칙적으로는 방마다 모두 공제하는 것이 맞지만, 아파트같이 한

구분		지역 구분	우선변제를 받을 임차인의 범위	보증금 중 우선변제를 받을 일정액의 범위
개정	1호	서울특별시	1억 6,500만 원 이하	5,500만 원 이하
	2호	과밀억제권역, 용인, 화성, 세종, 김포	1억 4,500만 원 이하	4,800만 원 이하
	3호	광역시, 안산, 광주, 파주, 이천, 평택	8,500만 원 이하	2,800만 원 이하
	4호	그 밖의 지역	7,500만 원 이하	2,500만 원 이하

주택임대차보호법상 소액임차인 범위 및 최우선변제금 상향

※ 2023년 '주택임대차보호법' 개정을 통해 소액임차인 범위 일괄 1,500만 원 상향, 최우선변제금 일괄 500만 원 상향

건물인데 구분등기가 된 주택들은 예외적으로 방 1개만 공제한다. 다만 금융기관마다 방공제가 달리 적용될 수도 있으니 대출 실행 전 은행에서 확답을 받는 것이 좋다.

소액보증금은 지역별·상품별로 액수가 다른데 대한민국 법원 인터넷등기소(iros.go.kr)에서 확인할 수 있다. 예를 들어 주택인 경우 서울은 방 하나당 5,500만 원을 공제한다. 앞의 사례(일반 무주택자, 서울의 비규제지역 아파트 5억 원에 구입, LTV 70%)에서 방공제까지 적용하면 3억 5,000만 원에서 5,500만 원을 차감한 2억 9,500만 원이 최종 대출 금액이 된다.

방공제를 하지 않는다면 LTV 상한 비율까지 대출을 받을 수 있으므로 대출한도가 늘어날 것이다. 대출 실행 시 MCI, MCG 상품에 가입하면 방공제를 하지 않고 대출을 최대로 받을 수 있다. MCI, MCG 가입 가능 여부는 은행원이 먼저 말을 해주지 않는 경우도 있기에 대출 실행 전 미리 체크하는 것이 좋다.

DTI: 총부채상환비율

LTV는 담보물건의 가치를 기준으로 대출을 실행한다. 하지만 DTI와 DSR이 도입되면서 '소득'이라는 개념이 추가됐다. 차주의 상환능력, 즉 원리금을 갚을 능력이 있는지를 보고 최종적으로 대출을 실행해주겠다는 것이다.

DTI는 연간소득에서 주택담보대출의 연간 원리금 상환액 및 기타 부채의 연간 이자 상환액이 차지하는 비율로, '이자'를 갚을 능력이 있는 차주인지를 살펴보겠다는 개념이다. 주택담보대출 이외의 기타 부채에 대해서는 연간 이자 상환액만을 포함하여 산출하기 때문에 모든 대출의 원리금 상환 능력을 보는 DSR보다는 대출이 상대적으로 수월하다.

여기서 갈아타기의 중요한 변수가 되는 신DTI 개념을 잠깐 짚고 넘어가려 한다. 구DTI 시대에는 주택담보대출을 받은 차주도 이자 상환 능력만 중점적으로 봤는데, 신DTI 시대로 들어선 이후에는 다른 대출은 이자 상환 능력만 보더라도 주택담보대출만큼은 원리금 상환 능력을 중점적으로 보게 됐다. 주택 가격이 폭등하기 시작한 문 정부 때 새롭게 도입된 규제로, 기존에 주택담보대출이 있는 사람이 주택담보대출을 추가로 받으려 할 때 대출한도를 크게 줄였다. 즉, 기존 주택의 주택담보대출이 처분되지 않은 상태에서 다른 주택에 주택담보대출을 추가로 실행할 경우 새롭게 대출받는 물건지의 대출만기는 15년으로 고정되어 대출한도가 대폭 축소된다.

기존 주택이 처분되지 않아 주택담보대출을 상환하지 못한 상태에서 새롭게 이사 갈 집의 주택담보대출을 일으켜야 할 때 대출한도가 많이 나오지 않아 갈아타기를 포기하는 이유가 되기도 한다. 이 경우 기존 집의 주택담보대출을 2년 내에 처분하겠다는 서약을 하면 새롭게 받는 주택담보대출도 30년이나 40년 같은 최장 만기를 사용할 수 있다.

DTI의 매운맛 버전, DSR

DTI가 순한 맛이라면 DSR은 매운맛이다. DSR은 연간소득에서 모든 대출의 연간 원리금 상환액이 차지하는 비율을 뜻한다. 차주가 1년 동안 벌어들인 소득으로 모든 금융기관의 대출 원리금을 상환할 수 있는지를 보는 지표다. 간단히 말해 '소득 대비 대출', 즉 갚을 수 있는 범위 내에서만 대출을 해주겠다는 의미다.

DSR: 총부채원리금상환비율

비율로 치면 1금융권 은행에서는 40%를 넘을 수 없고 2금융권에서도 50%는 넘을 수 없도록 정해둔 것으로, DSR이 높을수록 부채 상환 능력이 낮다고 볼 수 있다.

연봉 1억 원인 차주는 자신의 모든 대출을 합산했을 때 원리금 상환액의 합계가 1금융권 은행에서는 4,000만 원을 넘을 수 없고, 2금융권에서는 5,000만 원을 넘을 수 없다는 얘기다.

DSR에 영향을 주는 세 가지 요소: 만기, 금리, 소득

DSR 규제에서는 소득이 높을수록, 대출만기가 길수록, 금리가 낮을수록 대출받기가 유리해진다. 반대로 소득이 낮을수록, 대출만기가 짧을수록, 금리가 높을수록 대출가능금액이 줄어든다. 즉 대출만기, 대출금리, 차주소득이라는 세 가지 요소를 DTI 활용법과 잘 버무리면 현시점 기준 가장 높은 대출한도를 뽑아낼 수 있다.

　DSR 계산은 '부동산 계산기' 등을 통해서 누구나 손쉽게 할 수 있는데, 신용대출과 같이 만기가 짧은 대출일수록 DSR에서는 굉장히 불리하게 작용한다. 같은 1억이라도 주택담보대출은 대출만기를 30년으로 설정하면 대출총액을 30년 동안 나눠 갚을 수 있는데, 신용대출은 실제 이자만 상환하더라도 DSR 계산 시에는 대출총액을 일괄적으로 5로 나누어버린다. 상환 부담이 확 늘어나 주택담보대출보다 DSR을 훨씬 많이 차지하게 되는 것이다.

　연봉 5,000만 원인 차주가 연봉만큼의 신용대출(금리 5.5%)이 있다고 가정할 때 DSR을 계산해보면, 다른 부채가 없다고 할지라도 DSR 비율이 이미 25%가 넘어 한도의 반 이상을 차지함을 알 수 있다.

　만약 이 차주가 연봉의 1.5배인 7,500만 원의 신용대출(금리 5.5%)을 쓰고 있다면 DSR이 38.25%가 되어 1금융권에서는 더 이상 대출을 받을 수 없다. 따라서 신용대출이 연봉 이상으로 많은 사람은 DSR 40%의 한계에 걸려 주택담보대출 등 기타 대출을 받기가 힘들어진다.

분류	종류		상환 형태	원금	이자
주택 담보 대출	개별 주택담보 대출 및 잔금대출		전액 분할상환	분할상환 개시 이후 실제 상환액	실제 부담액
			일부 분할상환	분할상환 개시 이후 실제 상환액 + 만기 상환액 ÷ (대출 기간 - 거치 기간)	
			원금 일시상환	대출총액 ÷ 대출 기간(최대 10년)	
	중도금·이주비		상환 방식 무관	대출총액 ÷ 25년	

분류	구분		DSR	신DTI	이자
주택담보 대출 이외의 기타 대출	전세자금 대출	상환 방식 무관	불포함(이자만 계산)	불포함	실제 부담액
	전세보증금 담보대출	상환 방식 무관	대출총액 ÷ 4년		
	비주택 담보대출	상환 방식 무관	대출총액 ÷ 8년 (오피스텔은 분할상환의 경우 실제 약정만기로 계산)		
	신용대출	상환 방식 무관	대출총액 ÷ 5년 [분할상환의 경우: 대출총액 ÷ 약정만기(5~10년)]		
	기타 대출	상환 방식 무관	향후 1년간 실제 상환액		
	예·적금 담보대출, 유가증권 담보대출	상환 방식 무관	대출총액 ÷ 8년		

※ 신DTI의 경우 원금 상환액을 반영하지 않음

　구체적으로 신용대출 5,000만 원의 원리금을 이율 5.5%로 계산해보자. 1년 원금은 신용대출일 경우 5로 나누기 때문에 1,000만 원이 되고, 이자는 5,000만 원의 5.5%인 275만 원이 되어 총원리금이

1,275만 원이 된다. 이 원리금을 연봉 5,000만 원으로 나누면 DSR 비율이 25.5%가 됨을 알 수 있다. 그러면 1금융권 은행에서 받을 수 있는 대출 여력은 14.5%에 불과하다. 여기서 대출금리를 7%로 올려 보면 원리금이 1,350만 원으로 늘어나 DSR 비율이 27%가 된다. 즉 대출금리가 오르면 원리금 상환 부담이 늘어나 DSR에서 불리해지 므로 대출받기가 어려워짐을 알 수 있다.

같은 소득이라도 만기를 어떻게 설정하느냐에 따라 대출가능금액 에 큰 차이가 난다.

예컨대 연봉 8,000만 원인 사람이 30년 원리금 균등 주택담보대 출을 변동형으로 3.5%에 받는다고 해보자. 주택담보대출을 만기 20 년으로 받을 때와 40년으로 받을 때 대출한도가 최대 2억까지 차이

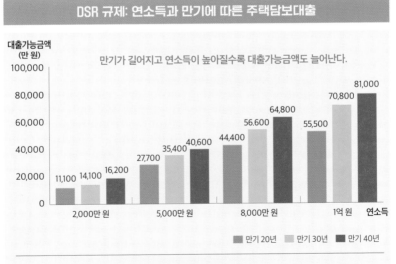

DSR 규제: 연소득과 만기에 따른 주택담보대출

대출가능금액
(만 원)

만기가 길어지고 연소득이 높아질수록 대출가능금액도 늘어난다.

2,000만 원: 11,100 / 14,100 / 16,200
5,000만 원: 27,700 / 35,400 / 40,600
8,000만 원: 44,400 / 56,600 / 64,800
1억 원: 55,500 / 70,800 / 81,000

■ 만기 20년   ■ 만기 30년   ■ 만기 40년

※ 원리금 균등분할상환 방식의 주택담보대출, 대출금리 3.5%, 스트레스 DSR 변동형 적용, 여타 대출은 없는 것으로 가정

난다. 따라서 DSR 규제에서는 소득은 높이고, 대출만기는 최대한 길게 설정하고, 대출금리는 최대한 낮추는 게 은행 대출을 가장 많이 받는 방법이다.

차주별 DSR에
현명히 대응하려면

이제 현 가계대출의 가장 큰 이슈인 '차주별 DSR'에 관해 사례 등을 통해 면밀히 살펴보고 나만의 DSR 전략을 세워보자.

차주별 DSR이 도입되기 전 금융권에서 적용되던 개념은 '금융사별 DSR'이었다. 즉 나라에서 정해주는 일률적인 DSR 40% 또는 50%가 아니라 금융사에 자율적인 권한이 부여됐었다. 1금융권 은행의 금융사별 DSR 한도는 70%였고 본부 승인까지 득하면 90%까지도 가능했다. 이 비율이 차주별 DSR 적용과 함께 40%로 낮아진 것이다.

2금융권의 금융사별 DSR 한도는 차주별 DSR 50%로 맞춰지기 전까진 모두 제각각이었다. DSR 100%가 넘는 곳이 많았고, 최대 200~300%까지도 열어줘서 2금융권이 1금융권보다 대출한도가 더 많이 나올 수 있었다.

차주 단위 DSR이 본격적으로 시행된 것은 2019년 12월 16일부터였다. 이땐 투기과열지구에 9억 원 초과 주택 구매자나 연소득 8,000만 원 초과인 사람이 1억 원 이상의 신용대출을 받을 때 차주 단위 DSR이 적용됐다. 2021년 7월 이후부터는 전 규제지역 6억 원 초과 주택을 구매한 사람과 1억 원을 초과하는 신용대출을 받는 사람이 차주별 DSR 대상자로 편입됐다. 그리고 2022년 1월부터는 총대출액을 기준으로 2억 원이 초과하는 차주는 모두 차주별 DSR 규제 적용을 받았으며, 급기야 2022년 7월부터는 총대출액 1억 원 초과 차주로 강화됐다. 모든 대출의 합계가 1억 원이 넘으면 이제 차주별 DSR 대상자가 되어 대출받기가 상당히 까다로워진 것이다.

1억 원의 마이너스통장 소지자가 6,000만 원 정도의 자동차를 할부로 구매한다면 차주별 DSR 규제를 바로 적용받는다. 총대출액이 1억 원을 초과하기 때문이다. 설사 마이너스통장을 사용하지 않고 있더라도 DSR 계산 시에는 1억 원의 신용대출을 가진 사람으로 파악한다. DSR을 계산할 때는 기존 대출과 신규 대출 신청분까지 모두 합산하여 총대출액 1억 원을 초과하는지를 따진다. 설사 DSR을 보지 않는 대출을 사용 중이라도 전체 DSR 계산에는 다 포함된다.

차주 단위 DSR 계산 시 제외되는 대출

차주 단위 DSR을 계산할 때 제외되는 대출이 있다. 전세자금대출, 중도금대출, 이주비대출, 보험계약대출, 특례보금자리론과 같은 정책 모기지 등이 여기에 속한다. 즉 이 대출을 받을 때는 DSR을 보지 않기 때문에 차주에게 부채가 많거나 소득이 적어도 해당 대출은 실행될 수 있다.

차주 단위 DSR 계산 시 제외되는 대출은 다음과 같다.

- 분양주택에 대한 중도금대출
- 재건축·재개발 주택에 대한 이주비대출, 추가분담금에 대한 중도금대출
- 분양 오피스텔에 대한 중도금대출 등
- 서민금융상품(새희망홀씨, 바꿔드림론, 사잇돌대출, 징검다리론, 대학생·청년 햇살론 등)
- 300만 원 이하 소액신용대출(유가증권담보대출 포함)
- 전세자금대출(전세보증금담보대출은 제외)
- 주택연금(역모기지론)
- 정책적 목적에 따라 정부, 공공기관, 지방자치단체 등과 이차보전 등 협약을 체결하여 취급하는 대출
- 자연재해 지역에 대한 지원 등 정부 정책 등에 따라 긴급하게 취급하는 대출
- 보험계약대출
- 상용차금융
- 예·적금담보대출
- 할부 리스 및 현금서비스

하지만 정확히 말하면 위 명목의 대출금이 실행될 때 차주 단위 DSR

을 적용하지 않는다는 의미이지 총 DSR 계산에서도 배제한다는 의미는 아니다. 기존에 이런 채무들이 많을 때는 기타 부채로서 DSR 계산에는 포함된다. 일테면 중도금대출이 많은 차주가 신용대출이 불가한 경우를 예로 들 수 있다. 중도금대출 자체를 받을 땐 DSR을 보지 않아 중도금대출은 실행된다. 그러나 후에 신용대출을 받을 때는 앞서 중도금대출을 받은 것도 DSR 계산에는 모두 포함되기에 다른 대출을 받을 수 있는 여력이 부족해 신용대출은 나오지 않는 것이다.

 ## 대출받는 순서를 전략적으로 잘 짜야 한다

DSR 시대에는 대출받는 순서, 특히 신용대출과 다른 대출을 함께 받을 때는 대출을 실행하는 순서를 전략적으로 짜는 것이 중요하다. 결론부터 말하면 DSR을 보지 않는 대출을 맨 마지막에 받는 것이 좋다. 기존 대출이 많아도 이 대출을 받을 땐 DSR을 보지 않으니 통과될 것이기 때문이다.

그렇다면 주택담보대출과 신용대출은 어느 것을 먼저 실행해야 할까? 주택담보대출이 DSR을 보는지 아닌지에 따라 달라진다.

통상적으로 일반 은행 주택담보대출은 DSR을 보므로 신용대출보다 먼저 받아야 한다. 만기가 짧은 신용대출이 있을 경우 다른 대출의 한도는 줄어든다. DSR에 불리한 신용대출을 먼저 받으면 향후 주택담보대출이 안 나올 수도 있기 때문에 우선 원하는 만큼의 주택담보대출을 실행한 후 남은 DSR 여력만큼 신용대출을 일으켜야 한다.

만약 신용대출을 이미 연봉 이상으로 소지하고 있는 사람이 주택담보대출이 필요할 경우엔 신용대출을 상환해야 대출한도가 나올 것이다. 그러나 이 경우에도 바로 신용대출을 갚지 말고 주택담보대출 신청 은행에 가서 '신용대출 상환조건부 주택담보대출 승인'을 해달라고 부탁해보자. 원하는 만큼의 주택담보대출을 받으려면 기존의 신용대출을 얼마나 상환해야 하는지 은행원에게 먼저 물어보는 것이다. 당장 신용대출을 갚지 못할 상황일 때 향후 일으켜질 주택담보대출로 기존의 신용대출을 상환해도 되는지 물어보면 된다. 물론 모든 은행이 이렇게 신용대출 상환조건부로 주택담보대출을 진행하지는 않지만 우리는 해당 은행에 가서 대출을 받는 것이 목적이므로 대출력을 최대한 발휘하는 것이 좋다.

디딤돌대출과 같은 DSR을 보지 않는 주택담보대출과 함께 진행할 때는 신용대출을 먼저 받아야 한다. 어차피 신용대출이 많아도 디딤돌대출은 DSR과 상관없이 실행될 것이기 때문이다. 반대가 된다면, 디딤돌대출은 실행되어도 신용대출을 받을 때 디딤돌대출을 받은 것도 DSR 계산에 포함돼 내가 원하는 한도만큼의 신용대출은 실행하지 못할 것이기 때문이다. 전세자금대출이나 중도금대출에서도 순서가 중요하다. 이 대출들과 신용대출을 함께 실행해야 할 경우엔 신용대출을 먼저 받아야 두 대출을 모두 실행할 수 있다.

Q 경기도 6억 원 아파트로 내 집을 마련한, 이제 막 결혼하여 신생아를 키우고 있는 가장입니다. 아내 연봉은 3,000만 원 정도이고 제 연봉은 4,000만 원 정도인데 대출규제로 잔금을 못 치를까 봐 밤잠을 설치고 있습니다. 모아둔 돈이 거의 없어 대출을 5억 원까지 최대한 받아야 하고 세금을 내려면 신용대출도 추가로 받아야 하는데, 은행에선 대출이 5억 원까지 안 나오고 신용대출도 불가할 거라고 합니다. 방법이 없을까요?

A 스트레스 DSR 규제 때문에 두 분의 연봉을 합산해도 은행에서는 5억 원까지 대출받기 어렵습니다. 추후 신용대출도 물론 불가능하고요. 하지만 2023년 이후 출생한 자녀가 있다면 DSR을 보지 않고 DTI만 보는 신생아대출을 활용해보길 권합니다. 연봉이 높은 쪽이 먼저 연봉만큼 신용대출을 받고(예: 4,000만 원, 5.5% 실행), 그다음 DSR을 보지 않는 신생아특례대출을 30년 만기, 2.7%로 부부 합산 소득을 적용하여 받으면 DTI가 40%가 되지 않아 두 대출 모두 실행되어 잔금을 치를 수 있습니다.

반대로 이미 받은 대출을 상환할 때의 순서도 중요하다. 상환 순서에 따라 추후 대출을 새롭게 일으키고자 할 때 대출가능금액이 달라지기 때문이다. DSR에서 불리하게 작용하는 대출을 먼저 상환하는 것이 현명하다. 신용대출처럼 DSR 비율을 많이 차지하는 대출이나 금리가 높은 대출, 만기가 짧은 대출을 먼저 상환해야 다른 대출을 받을 DSR 여력이 생긴다.

Q 입주 잔금대출로 주택담보대출을 받으려고 합니다. 기존에 이미 신용대출과 퇴직금대출(생활안정자금대출)이 있는데 둘 중 일부 상환 후 주택담보대출을 받아야 하는 상황입니다. 무엇을 먼저 갚는 것이 DSR에서 유리한가요?

A 신용대출은 DSR 계산에서 가장 불리한 대출에 속합니다. 원금을 일괄 5로 나누어 계산하기 때문입니다. 주택담보대출 만기에 따라 다르겠지만, 퇴직금이 생활안정자금대출 형태로 실행됐다면 신용대출보다는 DSR 계산에서는 유리한 편입니다. 따라서 둘 중 신용대출을 먼저 상환하는 것이 유리합니다. 참고로 '신용대출 상환조건부 주택담보대출'로 진행할 수 있는지 협약은행에 문의해보세요.

04

가장 강력한 규제,
스트레스 DSR

DSR에 영향을 주는 요인 중 하나인 '금리'를 강화한 규제가 현재 시행되고 있는 '스트레스 DSR'이다. 대출금리가 낮아지면 대출한도가 늘어나고, 대출금리가 높아지면 원리금 상환 부담이 늘어나니 대출한도가 줄어든다.

2024년 2월 말부터 주택담보대출 변동금리를 쓰는 차주에게는 원금과 이자에서 이자 부분에 금리를 좀 더 올려서 계산하기 시작했다. 즉 변동금리는 금리 변동의 위험성이 있기에 당장의 금리보다 향후 금리가 더 오를지도 모른다는 금리 인상 가능성까지 얹어서 대출한도를 계산하기 시작한 것이다. 일명 '스트레스 DSR 제도'라고 하는데, DSR을 계산할 때 실제 대출금리에 가산금리(스트레스 금리)를 더해 원리금 상환비율을 계산함으로써 변동금리 차주의 주택담보대출 한도를 줄였다.

다만 스트레스 DSR은 갑작스러운 대출한도 축소로 인한 시장의

스트레스 DSR 단계별 시행 시기			
구분	1단계	2단계*	3단계
시행 시기	2024년 2월 26일	2024년 9월	2025년 7월(잠정)
은행권	주택담보대출	주택담보대출 + 신용대출	주택담보대출 + 신용대출 + 기타 대출 등
2금융권	-	주택담보대출	주택담보대출 + 신용대출 + 기타 대출 등

* 2단계: 은행권 주택담보대출 적용(2024.9.1)

① 집단대출은 2024년 8월 31일까지 입주자모집공고 등(비주택인 경우 분양광고, 입주자 모집공고/분양광고가 없는 경우 착공신고, 재개발·재건축 사업장조합원인 경우 관리처분인가)을 시행한 경우 종전 규정 적용

② 2024년 8월 31일까지 주택 또는 비주택 부동산의 매매계약을 체결하고 계약금을 납부한 사실을 증명하면 종전 규정 적용

※ 증액 없는 자행대환, 재약정은 2024년 말까지 스트레스 DSR 적용 유예(2025년부터는 전면 적용)

충격을 방지하기 위해 단계별로 시행된다. 금리 인상분을 차츰차츰 적용하여 3단계로 진행하며 단계가 높아질수록 대출한도가 점점 줄어드는 구조다.

스트레스 금리 산정 방식

스트레스 금리는 과거 5년 내 가장 높았던 수준의 가계대출금리와 현시점(매년 5월, 11월 기준)의 금리를 비교하여 결정하되, 일정 수준의 하한금리(1.5%)와 상한금리(3%)를 부여한다. 예를 들어 과거 5년 간 최고 금리가 5.64%(2022년 12월 기준)이고, 최근 금리가 5.04%(2023년 10월 기준)라면 그 차이가 0.6%이기에 최저 하한금리인 1.5%보다

작다. 따라서 최저 하한금리 1.5%를 스트레스 금리로 최종 설정하여 대출한도를 산정하는 것이다.

'스트레스 DSR 1단계'가 도입된 2024년 2월 26일부터 8월까지는 은행권 주택담보대출에만 변동금리 대출에 1.5%의 25%, 즉 0.375%(반올림하여 0.38%)를 더해서 대출한도를 계산했다. 2024년 9월부터는 '스트레스 DSR 2단계'의 가산금리가 수도권과 비수도권에 차등 도입됐다. 비수도권은 예고한 대로 1.5%의 50%, 즉 0.75%를 가산하고, 수도권은 1.5%의 80%, 즉 1.2%를 가산하는 방식이다.

예컨대 연봉 1억 원인 사람이 1금융권 은행에서 변동금리 30년 만기 주택담보대출을 4% 금리로 받았다고 가정했을 때, 1단계 때는

스트레스 DSR 제도 예시

 ● 연소득 **5,000만 원** ● 만기 **30년 분할상환** ● DSR **40% 가정**

A 과거 5년간 최고 금리: 5.64%(2022년 12월) B 최근 금리: 5.04%(2023년 10월 기준) A − B = 0.6% → 하한금리 1.5% 적용	2024년 상반기	2024년 하반기
	- 25% 적용 - 1.5% × 25% = 0.375% - 대출한도 2~4% 감소 예상	- 50% 적용 - 1.5% × 50% = 0.75% - 대출한도 3~9% 감소 예상

구분	기준	2024년 상반기	2024년 하반기
변동금리 한도	3억 3,000 만 원	3억 1,500만 원 (△1,500만 원, 약 △4%)	3억 원 (△3,000만 원, 약 △9%)
혼합형(5년) 한도		3억 2,000만 원 (△1,000만 원, 약 △3%)	3억 1,000만 원 (△2,000만 원, 약 △6%)
주기형(5년) 한도		3억 2,500만 원 (△500만 원, 약 △2%)	3억 2,000만 원 (△1,000만 원, 약 △3%)

플팩의 상급지로 가는 대출력

6억 3,000만 원 정도까지는 대출이 나왔는데, 2단계부터는 비수도권은 6억 원까지, 수도권에서는 6,000만 원이 줄어든 5억 7,000만 원까지만 대출이 나오게 된 것이다.

이런 스트레스 DSR 2단계 산정 방식은 은행권 변동형 주택담보대출뿐만 아니라 1금융권 신용대출과 2금융권 주택담보대출에도 확대 적용되고 있다. 신용대출에 대해서는 신용대출 전체 잔액(신규 대출 + 기존 대출)이 1억 원을 초과할 때 적용한다. 만기 5년 이상의 고정금리로 운용되는 경우에는 스트레스 금리를 적용하지 않되, 만기 3년 이상 5년 미만인 고정금리 대출에는 주택담보대출 변동 스트레스 금리 60%를 적용하고, 그 외 신용대출에 대해서는 변동형 대출에 준하여 스트레스 금리 100%를 부과하는 형태다.

전 금융권 가계대출을 대상으로 스트레스 금리 100%를 적용하는 '스트레스 DSR 3단계'는 2025년 7월부터 본격 시행될 예정인데, 부동산 시장의 상황에 따라 언제든 조기 시행될 가능성도 있다.

스트레스 DSR 시대, 어떤 대출이 유리할까?

스트레스 DSR은 변동형 주택담보대출금리에 가산금리를 부여하기에 적용되는 가산금리가 대출상품별로 다르다. 즉 변동형, 혼합형, 주기형에 따라 적용되는 가산금리가 달라진다.

우리가 은행에서 대출을 받아 이자를 지급할 때 변동금리를 선택할 수도 있고 고정금리를 선택할 수도 있다. 변동금리는 보통 3개월

이나 6개월, 1년마다 금리가 변동하는 상품을 의미한다. 은행의 고정금리는 크게 혼합형과 주기형 상품으로 나뉘는데 혼합형 상품은 5년간 고정금리를 유지하다가 후에는 변동금리로 전환되는 상품을 의미한다. 주기형 상품은 일정 주기로 금리가 변동하되 그 기간에는 고정금리가 적용되는 상품이다. 예를 들어 5년 주기형 상품은 5년간 고정금리, 그 이후는 변동금리, 다시 5년간은 고정금리를 적용하는 상품을 의미한다. 결론적으로 은행권 고정금리는 10년 또는 20년간 지속되는 장기고정의 형태는 없고 변동금리가 적용되는 시기가 일정 부분은 포함되기에 스트레스 DSR과 완전히 무관한 대출은 없다.

그럼 지금과 같은 스트레스 DSR 시대에는 어떤 상품을 선택하는 것이 유리할까?

비수도권에서 주택담보대출을 받을 경우 변동형 대출은 하한금리 1.5%의 50%를 적용하여 0.75%가 가산된다. 혼합형 주택담보대출은 가산금리의 60%만 적용되기에 최종적으로는 0.45%가 적용된다. 주기형 상품은 혼합형보다는 고정금리 기간이 상대적으로 긴 상품이기에 스트레스 금리가 가산되는 비율도 낮다. 즉 가산금리의 30%만 적용하기에 최종 0.225%(반올림하여 0.23%)만 가산되는 구조다.

한편 수도권에서 주택담보대출을 받을 경우에는 하한금리의 50%가 아니라 80%가 적용되므로 변동형 대출은 하한금리 1.5%의 80%인 1.2%가 가산된다. 이에 따라 혼합형은 0.72%, 주기형은 0.36%가 가산된다.

대출상품을 선택할 땐 대출 기간과 한도, 상환 여력 등을 종합적

스트레스 DSR 2단계 가산금리(수도권 예)	
구분	가산금리
변동형	1.2% = (1.5% × 100%) × 80%
혼합형(5년)	0.72% = (1.5% × 60%) × 80%
주기형(5년)	0.36% = (1.5% × 30%) × 80%

※ 상반기 가산금리가 1.5%로 유지된다고 가정했을 때

으로 따져야 한다. 결과적으로 스트레스 DSR에서 대출한도가 가장 적게 줄어드는 것은 주기형 상품이기에 **대출한도가 최대한 넉넉한 것이 가장 중요하다면 주기형 대출을 이용하는 것이 유리하다.** 더욱이 주기형 대출은 변동형과 혼합형 상품보다 낮은 금리를 형성했기에 2024년 가장 선호되기도 했다. 대출한도에 가장 중점을 둔다면 주기형 상품을 선택하되, 중도상환 수수료가 면제되는 3년 이후에는 변동금리 상품과 비교하여 대환 당시 가장 좋은 조건의 대출로 갈아탈 수도 있다.

대출한도보다는 이자를 조금이라도 덜 내는 게 중요하다면 금리 인하가 기대되는 시기에는 변동금리 대출이 유리하다. 한국은행의 점진적인 기준금리 인하 기조는 2025년에도 계속될 가능성이 크기에(5장 참조) 변동금리 상품의 이점이 지속될 것으로 보인다. 하지만 2024년처럼 변동금리가 고정금리보다 높게 형성된 시기에는 금리상 이점이 크지 않으므로, 향후 변동금리가 고정금리보다 확실히 낮아지면 주기형 상품과 비교하여 대출한도와 대출금리 중 자신에게 유리한 상품으로 최종 선택하면 된다.

대출 갈아타기, 즉 대환을 할 때 주의할 점이 있다. 2025년 하반기부터 증액 없는 자행대환, 즉 기존의 대출액 그대로 같은 은행에서 갈아타는 경우에도 예외 없이 스트레스 DSR을 적용한다는 점이다. 만약 내가 지금 3억 원의 대출이 있는데 같은 은행에서 똑같이 3억 원을 더 조건 좋은 상품으로 갈아탄다고 하더라도 스트레스 DSR이 적용되어 대출한도가 줄어들거나 대환 자체가 불가하게 될 수도 있으니 주의해야 한다.

따라서 2024년 주기형 대출을 받았다가 나중에 금리 인하가 본격적으로 시작되면 변동금리로 갈아타는 걸 고려해볼 수는 있겠지만, 이때 대출한도가 줄어들 수 있다는 건 고려해야 한다. 다만 대출을 갈아타는 것이 아니라 같은 상품의 만기만 연장하는 경우라면 스트레스 DSR의 영향을 받지 않는다.

💰 스트레스 DSR 3단계, 비주택 투자는 대출 전략을 신중히 세우자

간혹 하락론자들이 집값이 떨어진다고 말하는 잘못된 근거 중 하나가 스트레스 DSR이 시행되면 가산금리가 부여되는 만큼 실질 대출금리도 오르기 때문이라는 것이다. 결국 고금리를 견디지 못한 영끌족이 싸게 던지는 매물 때문에 하락이 온다는 주장이다.

결론적으로 말하면, 스트레스 금리는 대출한도에만 적용되는 개념이지 실제 대출금리에는 반영되지 않는다. 즉 원래 내 대출 결정금리가 4%라면 대출을 심사할 당시에만 가산금리를 붙여 한도를 낮추는 것이지 대출금리에 하한금리 1.5%가 붙어 최종적으로 5.5%가 되지는 않는다는 얘기다.

오히려 스트레스 금리의 맹점은 이것이다. 스트레스 금리는 향후 금리가 오른다는 가정하에 도입되는데, 만약 변동금리가 상승하지 않고 지금과 같이 유지되거나 하락할 경우엔 효과가 미미해진다는 점이다. 예컨대 시장금리가 4.5%에서 2.5%로 하락할 경우 하한 가산금리인 1.5%를 모두 적용한다고 할지라도 4%의 금리로 대출한도를 계산할 것이기에 지금의 대출한도와 별반 차이가 없다. 따라서 금리가 하락할 경우에는 대출한도가 지금보다 급격히 줄어들지 않을 수도 있으므로 스트레스 DSR에 너무 위축될 필요가 없다.

스트레스 DSR 3단계가 본격적으로 도입되어 모든 변동금리 대출에 스트레스 DSR이 적용된다면 주택보다는 비주택 부분에 확실히 영향을 줄 것이다. 스트레스 금리가 비주택대출의 한도에 영향을 미치면 애초에 대출 레버리지를 이용하여 비주택 투자를 하려 했던 투자자들의 대출이 원하는 만큼 나오지 않아 접근 자체가 어려워질 수 있다.

차주별 DSR이 본격적으로 도입되면 오피스텔이나 상가 등 비주택대출 자체가 어려워져 비주택 투자마저 침체됐던 2022년의 상황이 반복될지도 모른다. 2022년도에는 1금융권 은행 시장금리도 7~8%까지 형성되어 고금리를 견디지 못한 차주들이 매물을 싸게 매도하거나 주택이 경매에 넘어가기도 했다. 대출과 함께 수익을 먹고 자라는 비주택 투자에 대한 접근은 늘 신중해야 하는 이유다.

물론 비주택 투자도 DSR을 보지 않는 사업자대출 등으로 풀면 스트레스 DSR에 얽매이지 않아도 되니 지레 포기할 필요는 없다. 현재 스트레스 DSR은 DSR이 적용되는 대출에만 해당하기 때문에 차주 설정을 누구로 할 것이냐에 따라 대출 가능 여부가 갈린다(3부에서 자세히 다룬다).

스트레스 DSR 시대에도 대출력이 있는 자와 없는 자의 차이는 극명히 벌어질 것이다. '이제 스트레스 DSR 때문에 대출이 잘 안 나온다더라' 정도의 단편적인 지식만으로는 가시적인 자산 상승이나 입지의 퀀텀 점프는 불가능하다. 정확한 대출 지식과 인식, 대출 전략, 향후 빈틈 전략까지도 명확히 세워둬야 헛된 정보에 흔들리지 않는다. 결말을 알면 두렵지 않다.

| 5장 |

나만의 최적 대출
전략 찾기

소득에 따른
대출 전략

지금까지 LTV, DTI, DSR을 지나 스트레스 DSR까지의 개념을 잘 닦았다. 그렇다면 소득 대비 대출이 나오는 DSR 시대에 내 연봉으론 얼마의 대출을 받을 수 있을까?

스트레스 DSR은 수도권과 비수도권이 차등 적용된다. 지역별로 연봉에 따른 최대 대출가능금액을 살펴보자.

연봉에 따른 지역별 최대 대출한도:
비수도권 0.75% vs 수도권 1.2%

비수도권에서 집을 살 경우 4%의 금리로 30년 원리금대출 변동형 주택담보대출을 실행할 때, 다른 대출이 없다면 1금융권 은행에서는 6.6배, 2금융권 은행에서는 7.9배 정도를 대출받을 수 있다.

연봉에 따른 최대 대출가능금액(비수도권, 스트레스 DSR 0.75% 적용 시)

연봉	실수령액	월 상환액 (연 상환액)	대출가능금액		
			DSR 40%	DSR 50%	DTI 60%
3,000만 원	월 255만 원	월 100만 원 (연 1,200만 원)	1.91억 원	2.38억 원	2.87억 원
4,000만 원	월 294만 원	월 133만 원 (연 1,600만 원)	2.53억 원	3.17억 원	3.82억 원
5,000만 원	월 358만 원	월 166만 원 (연 2,000만 원)	3.17억 원	3.97억 원	4.78억 원
6,000만 원	월 421만 원	월 200만 원 (연 2,400만 원)	3.8억 원	4.76억 원	5.73억 원
7,000만 원	월 483만 원	월 233만 원 (연 2,800만 원)	4.43억 원	5.55억 원	6.69억 원
8,000만 원	월 541만 원	월 266만 원 (연 3,200만 원)	5.06억 원	6.34억 원	7.64억 원
9,000만 원	월 599만 원	월 300만 원 (연 3,600만 원)	5.7억 원	7.14억 원	8.6억 원
1억 원	월 658만 원	월 333만 원 (연 4,000만 원)	6.63억 원	7.93억 원	9.55억 원

※ 다른 대출 없음, 30년 원리금 상환 변동형 주택담보대출, 금리 4% 가정

수도권에서 집을 살 경우에는 스트레스 금리 1.2%가 적용되므로 대출한도가 더 줄어든다. 동일한 조건으로 변동형 주택담보대출을 실행했을 때, 다른 대출이 없다면 1금융권 은행에서는 6배, 2금융권 은행에서는 7.5배 정도를 대출받을 수 있다. 하지만 2025년 7월부터는 스트레스 DSR 3단계가 적용되기에 하한금리가 1.5% 이상 적용될 예정이다. 따라서 1금융권 은행에서 대출가능금액은 대략 5배, 2

연봉에 따른 최대 대출가능금액(수도권, 스트레스 DSR 1.2% 적용 시)

연봉	실수령액	월 상환액 (연 상환액)	대출가능금액		
			DSR 40%	DSR 50%	DTI 60%
3,000만 원	월 255만 원	월 100만 원 (연 1,200만 원)	1.82억 원	2.27억 원	2.73억 원
4,000만 원	월 294만 원	월 133만 원 (연 1,600만 원)	2.43억 원	3.02억 원	3.64억 원
5,000만 원	월 358만 원	월 166만 원 (연 2,000만 원)	3.03억 원	3.78억 원	4.55억 원
6,000만 원	월 421만 원	월 200만 원 (연 2,400만 원)	3.64억 원	4.54억 원	5.46억 원
7,000만 원	월 483만 원	월 233만 원 (연 2,800만 원)	4.24억 원	5.29억 원	6.37억 원
8,000만 원	월 541만 원	월 266만 원 (연 3,200만 원)	4.85억 원	6.05억 원	7.28억 원
9,000만 원	월 599만 원	월 300만 원 (연 3,600만 원)	5.46억 원	6.81억 원	8.19억 원
1억 원	월 658만 원	월 333만 원 (연 4,000만 원)	6.07억 원	7.57억 원	9.1억 원

※ 다른 대출 없음, 30년 원리금 상환 변동형 주택담보대출, 금리 4% 가정

금융권 은행에서는 6.5배 정도의 대출을 받을 수 있을 것으로 예상된다.

물론 이것은 대출만기, 상환 방법 설정, 대출금리 등에 따라 달라질 수 있는 대략적인 값이니 참고만 하고 정확한 대출한도는 실제 대출을 실행할 금융회사에 확인하는 것이 좋다. 금융사마다 자율적으로 DSR을 관리하고 있고, 소득을 산정하는 방법과 체계도 다르기

에 같은 차주라고 하더라도 DSR 비율이 조금씩은 달리 계산되기 때문이다.

대출력 레벨업을 위한 Q&A

Q 이제 수도권에서 집을 살 땐 다른 대출이 없다는 전제하에 소득 대비 6배 정도 대출이 나온다는 건 이해했는데요. 그럼 최대한도로 대출을 받아 원리금통장도 함께 세팅하여 상환 부담을 줄이려면 어떻게 해야 할까요? 참고로 연봉은 5,000만 원 정도이며 다른 부채는 없습니다.

A 연봉이 5,000만 원이면 수도권에서 집을 살 경우 은행권 대출은 3억 원 정도가 가능하고, 보험사와 같은 2금융권에서는 3억 7,000만 원 정도가 가능합니다. 따라서 최대한도의 대출을 원한다면 2금융권에서 대출을 받되, 본 대출을 몇 년 정도 사용할 건지를 정해서 원리금통장과 함께 세팅하면 됩니다.

예를 들어 4년 정도 보유 후 매도할 예정이고, '4.5% 금리에 변동형 30년 원리금 상환 대출'을 받는다면 매달 약 187만 원이 원리금 상환 금액이므로 9,000만 원 정도를 원리금통장에 넣어두면 됩니다. 즉 대출은 3억 7,000만 원을 실행하되 대출을 받고 나면 2억 8,000만 원의 원금만 활용하고 9,000만 원은 바로 원리금통장으로 빼두어 자동이체 날에 빠져나가도록 설정해두는 것입니다.

# 소득 한도 설정 전략

대출 시 인정해주는 소득에는 근로소득이나 사업소득 등을 통해 확인되는 증빙소득 외에도 카드 사용액이나 건강보험료 납부 금액 등을 환산하여 소득으로 대체해주는 추정소득(대체소득)이 있다. 즉 증빙소득이 부족하면 인정소득이나 신고소득 등으로 추정소득(대체소득)을 활용하거나, 배우자의 소득을 지혜롭게 합산하는 방법 등으로 차주별 소득 전략을 다양하게 세워볼 수 있다.

먼저 증빙소득, 인정소득, 신고소득이 무엇인지를 살펴보자.

'증빙소득'은 근로소득원천징수영수증, 소득금액증명원, 사업소득원천징수영수증, 연금증서 등 공공성이 강한 기관에서 발급하는 증빙 자료를 통해 확인할 수 있는 소득을 말한다. 즉 근로소득, 사업소득, 연금소득을 의미하는데 증빙소득끼리는 합산이 가능하다. 연간소득은 원칙적으로 증빙소득을 기준으로 하며, 증빙소득을 산정하기가 어려운 경우에는 인정소득과 신고소득을 활용할 수 있다.

대체소득 환산표(2024년 산정표, 대체소득 최대 5,000만 원) 단위: 원			
소득 인정액	국민연금 3개월	건강보험료 3개월	연간 카드 사용액
10,000,000	78,948	31,097	4,770,000
20,000,000	157,895	62,193	9,540,000
30,000,000	236,843	93,290	14,300,000
40,000,000	315,790	124,386	19,070,000
50,000,000	394,737	155,483	23,840,000

플팩의 상급지로 가는 대출력

'인정소득'은 국민연금 납부 금액과 건강보험료 납입 금액을 바탕으로 추정한 소득을 뜻하는데, 국민연금공단 또는 국민건강보험공단에서 발급하는 자료로 추정한다. 최대 5,000만 원 이내에서 인정소득 추정액의 95%를 연간소득으로 산정할 수 있다.

'신고소득'은 임대소득, 금융소득, 신용(체크)카드 사용액 등 차주가 제출한 자료를 근거로 추정한 소득을 말한다. 국세청에서 발급하는 연말정산용 확인서의 신용카드 및 체크카드 사용액으로 연간소득을 추정하는 방법이 가장 많이 사용된다. 최대 5,000만 원 이내에서 신고소득 추정액의 90%를 연간소득으로 산정할 수 있다.

부부 합산 소득 전략

앞서 언급했듯이, 증빙소득은 서로 합산이 가능하다. 예를 들어 부부가 모두 증빙소득자라면 주택담보대출을 받을 때 부인의 소득과 남편의 소득을 합산할 수 있다. 부부 각각의 연봉이 1억 원이라면 증빙소득 총 2억 원으로 계산할 수 있는 것이다. 물론 **배우자의 소득을 합산할 때는 부채도 합산됨에 유의해야 한다.**

한편 추정소득(대체소득)은 부부 합산 연소득이 2,400만 원 미만이거나 부부 중 1명이 아예 소득이 없을 때 사용 가능하다. 이때 추정소득끼리의 합산이나 증빙소득과의 합산은 불가하며 최대한도 5,000만 원까지만 인정된다. 예컨대 부부의 대체소득이 각각 3,000만 원이라고 해도 부부 합산 소득은 6,000만 원이 아닌 최대 5,000

만 원으로 계산한다. 또한 부부 중 1명의 증빙소득이 3,000만 원이고, 다른 1명이 연간 신용카드 7,000만 원을 사용했다고 해도 부부 합산 소득금액은 총 1억 원이 아닌 대체소득 최대한도인 5,000만 원으로 인정된다.

각 주택담보대출의 성격에 따라 소득을 적용하는 기준이 달라지기도 한다. 디딤돌대출이나 보금자리론 같은 정책자금대출은 신용카드 대체소득을 인정하지 않으며, 증빙소득과 인정소득까지만 적용한다. 또한 앞서 살펴본 것처럼 소득 기준은 금융사별로 달리 적용할 수 있기에 대출이 필요한 시점에 한 번 더 해당 금융기관에 확인하는 것이 좋다.

주택담보대출을 받을 때 혼인신고를 한 부부의 경우 부부 합산 소득을 사용할 수 있다. 기존에 주택담보대출을 보유한 배우자라고 하더라도 마찬가지다. 증빙소득끼리는 합산이 가능하고, 대체소득은 조건이 될 경우 최대 5,000만 원까지 허용된다. 다만 소득을 합산할 때는 부채도 합산됨에 주의해야 한다.

연봉 3,000만 원인 부인과 연봉 5,000만 원인 남편이 주택담보대출과 신용대출을 함께 일으켜야 한다고 가정해보자. 이 경우 누가 주택담보대출을 받고 누가 신용대출을 받는 것이 좋을까? 주택담보대출은 부부 합산 소득이 가능하니 연봉이 적은 사람이, 신용대출은 차주별 소득에 기반하니 연봉이 높은 사람이 받는 것이 좋다. 이 경우엔 연봉 3,000만 원인 부인이 남편의 연봉을 합쳐 주택담보대출을 최대한 받고, 그 뒤에 연봉 5,000만인 남편이 신용대출을 받으면 두 대출 모두 최대한도로 받을 수 있다. 남편은 부인이 주택담보대출을

플팩의 상급지로 가는 대출력

받을 때 소득만 합산해줬기에 부인의 부채에 영향을 받지 않고 신용
대출을 최대한 받을 수 있기 때문이다.

장래소득과 미래소득

현행 DSR 제도에서는 1년 이상의 근로소득을 영위하는 2030 청년
층에게 '장래소득'을 인정해준다. 비록 지금 연봉은 낮지만, 향후 높
아질 소득을 미리 고려하여 대출 실행 시 적극 반영해준다는 취지
다. 그 덕에 20대는 현재소득에 51.6%의 장래소득 증가분을 더해서
연봉을 계산할 수 있으며, 30대는 17.7%의 예상소득 증가율을 인정
받는다. 예컨대 같은 5,000만 원 연봉자라도 20대라면 51.6%의 장

장래소득을 고려한 대출한도 확대 예시			
장래소득 증가 가능성이 큰 연령층의 대출한도 확대 현행 20대 초반 38.1%, 30대 초반 12.0% → 20대 초반 51.6%, 30대 초반 17.7%			
사례 1: 월 급여 250만 원인 만 24세 무주택 근로자 ※ 연리 3.5% DSR 40%, 30년 만기, 예상소득 증가율 51.6% 가정		**사례 2:** 월 급여 300만 원인 만 30세 무주택 근로자 ※ 연리 3.5%, DSR 40%, 30년 만기, 예상소 득 증가율 17.7% 가정	
현재소득	3,000만 원	현재소득	3,600만 원
장래소득	연 4,548만 원 (3,000만 원 × 151.6%)	장래소득	연 4,237만 원 (3,600만 원 × 117.7%)
대출한도	2억 2,269만 원(기존)	대출한도	2억 6,723만 원(기존)
최대 대출 가능금액	3억 3,760만 원 (+51.6%)	최대 대출 가능금액	3억 1,452만 원 (+17.7%)

래소득 인정비율이 적용되어 7,580만 원의 연봉자로 계산해주고, 30대는 17.7%의 장래소득 비율을 적용해 5,885만 원의 연봉자로 인정해준다는 의미다.

반면 40대 후반의 차주가 대출을 받을 때는 이후 만기가 20~30년에 달하더라도 같은 소득이 유지되는 것으로 가정해 현재소득 기준으로 DSR이 산정된다. 하지만 '미래소득' DSR 산출이 실행되면 실제 상환 능력을 꼼꼼히 반영하여 소득 감소분을 적용하는 방식이 추진될 것이다. 그러면 결과적으로 고령층으로 갈수록 대출받기가 어려워진다. 미래소득은 아직 시행되고 있지 않지만 가계대출 규제가 심화될 경우 언제든 도입될 수 있는 방침이기에 염두에 두는 것이 좋다.

신용점수
높게 유지하는 비결

우리는 '금융 자본주의' 시스템 내에서 살아가고 있다. 금융 자본주의에서는 상환 능력만큼 적당한 대출이 있고 그 대출을 연체 없이 잘 상환하는 사람이 금융 거래 이력이 전무한 사람보다 신용점수가 더 높은 경향이 있다. 대출이 있으면 큰일 나는 줄 알고 신용카드 하나 만들지 않는 분들도 많은데, 여기서 아이러니가 발생한다. 대출도 없고 신용카드도 없는 사람이 신용대출을 연봉 이상으로 사용하고 있는 일명 영끌족보다 신용점수가 훨씬 낮을 수 있다는 것이다. 심지어 신용대출뿐만 아니라 전세대출, 중도금대출, 주택담보대출 등 거의 모든 대출을 이용 중인 사람인데도 말이다. 왜 이렇게 신용점수에 차이가 나는지 꼼꼼히 살펴보자.

신용점수에 영향을 미치는 요소

CB 점수(Credit Bureau 점수)라고도 하는 신용점수는 신용거래 이력을 바탕으로 계산되며 금융기관이 대출 승인, 신용카드 발급, 한도 및 금리 결정 등의 의사결정을 할 때 참고하는 지표다. 우리나라의 개인 신용점수는 신용평가기관인 KCB(올크레딧)와 NICE(마이크레딧) 두 곳에서 산정하는데, 요인별 점수 산정 방식에 조금 차이가 있다. 신용거래 기간, 상환 이력 정보, 신용거래 형태, 부채 수준, 비금융권 거래 이력 등의 요인으로 결정되기 때문에 KCB 점수와 NICE 점수가 크게는 몇 백 점까지 벌어지기도 한다. 금융기관에서는 이 두 기관에서 제공하는 신용정보를 바탕으로 고객의 신용점수를 산정하되, 보통은 보수적으로 낮은 점수를 채택한다.

상환 이력 정보는 신용이 공여되는 기간, 즉 대출을 받거나 카드를 사용하는 동안 연체 없이 잘 상환하는가를 의미한다. 여기서 가장 큰 포인트는 '연체'다. 소액이라도 단기간 연체가 발생하여 그 일수가 경과하면 신용점수에 악영향을 미쳐 신용 불량 차주로 인식되니 주의해야 한다. 또한 신용거래 기간이 아예 없으면 신용점수가 마이너스 측정이 되어버리기에 카드와 대출을 적절히 활용하여 연체 없는 건전한 신용거래를 쌓아가는 것이 신용점수를 높게 유지하는 비결이다. 신용카드와 대출이 전혀 없는 사람이 대출을 종류별로 사용하고 있는 사람보다 신용점수가 낮은 것이 이 때문이다.

NICE는 상환 이력 정보를 가장 중점적으로 보기에 연체 없는 성실 상환 이력이 무엇보다 중요하다. 즉 NICE 점수가 높은 사람은 연체 없는 신용거래 이력을 꾸준히 쌓은 사람일 가능성이 크다. 그에 비해 KCB는 내부적으로 장기연체 경험자와 일반인의 점수 비중을 다르게 책정하여 장기연체 경험자는 상환 이력 정보를, 일반인은 신용거래 형태를 더 중점적으로 본다. 신용거래 형태와 부채 수준의 점수 비중이 높아 자산 대비 부채 규모, 부채 건수, 보증채무 건수가 많을수록 신용점수가 낮아지므로 부채 관리가 중요하며, 무엇보다 카드를 계획성 있게 사용하는 것이 좋다. 저축은행이나 대부업 등에서 고금리 신용대출을 받거나 고금리의 카드론 등을 여러 개 받으면 KCB 점수에 치명적인 이유가 여기에 있다.

한 가지 더 주목할 점은 과거와 다르게 신용점수가 체계화되면서 단순히 신용조회만으로는 신용점수가 떨어지지 않는다는 점이다. 여러 은행에 대출 심사를 받고 신용조회를 한다고 해도 신용점수에 영향이 가지 않는다는 얘기다. 하지만 자산에 비해 부채 금액이 크고 부채 건수가 많으며 부채 보증 건수가 많을수록 현재 부채 수준이 높아지기에 신용점수는 하락한다. 그러나 이 경우에도 연체 없이 성실 상환한다면 대출 때문에 일시적으로 낮아진 신용점수는 다시 올라간다.

신용점수가 높다는 것은 카드 발급이 용이해지고 보증인이나 담보 없이도 대출을 받을 수 있는 한도가 높아지며 금리(이자율)가 낮아질 수 있다는 뜻이기에 신용점수는 필수적으로 관리해야 한다. 만약 신용점수가 낮으면 원하는 대출한도를 다 못 받을 수 있고, 급기야 대출이 안 나올 수도 있음을 명심해야 한다. 예컨대 방공제를 하지 않아 대출한도를 높여주는 MCI, MCG 같은 경우도 신용점수가

신용점수별 전세자금대출 한도표									단위: 억 원
서울보증전세(SGI)					안심전세대출(HUG)				
구분	NICE 820 이상	NICE 775 이상	NICE 740 이상	NICE 739 이하	구분	NICE 820 이상	NICE 740 이상	NICE 670 이상	NICE 669 이하
KCB 805 이상	5	4	3	3	KCB 805 이상	4	4	4	4
KCB 710 이상	4	4	2	2	KCB 665 이상	4	1.5	1.5	1.5
KCB 655 이상	3	2	2	2	KCB 550 이상	4	1.5	0.7	0.7
KCB 654 이하	3	2	2	불가	KCB 549 이하	4	1.5	0.7	불가

※ SGI: 1주택자는 최대한도 3억 원을 초과할 수 없음
※ HUG: 1주택자는 최대한도 2억 원을 초과할 수 없음

낮으면 사용하지 못한다. 전세자금대출 역시 신용점수에 따라 대출 가능한도가 다르고 금리도 다르며, 신용점수가 너무 낮으면 아예 대출이 부결되기도 한다. 또한 대출 연장도 거절될 수 있으니 신용점수는 치밀하게 관리해야 함을 잊지 말자.

신용카드, 이렇게 사용하면 신용점수에 유리하다

신용이 사람의 신뢰 정도를 뜻하듯이 신용점수는 나의 금융 신뢰도

플랙의 상급지로 가는 대출력

를 나타낸다. 신용점수 관리 시대에 적절한 카드 사용은 필수인데, 카드사에서 아무에게나 카드를 발급해주진 않는다. 적어도 신용등급 6등급 이상(NICE 680점, KCB 576점)을 충족해야 하며, 월 가처분소득이 50만 원 이상인 것이 확인된 18세 이상 성인을 대상으로만 발급해준다. 또한 연체 없이 카드 금액을 결제일에 잘 상환할 수 있는지 면밀히 검토한 후 발급해주기에 **카드를 발급할 수 있다는 것 자체가 상환 능력이 있는 사람으로 판별한다**는 의미다.

이전에는 신용카드 사용 금액만 신용점수에 반영됐는데 이제는 체크카드를 사용해도 신용 형태 정보에서 좋은 점수를 받을 수 있다. 체크카드는 예금 잔액 범위 내에서 바로 결제되는 카드로, 신용카드와 달리 대출이나 할부 기능은 없다. 체크카드의 경우 연체 없이 월 30만 원 이상, 6개월 이상 꾸준히 정기적으로 사용하면 신용점수에 유리하다.

카드 한도 소진율을 맞추기 위해 신용카드의 한도는 최대한 높게 설정하되, 카드 사용 금액을 **카드 한도의 30~40% 정도로 유지하는 것이 신용점수에 가장 좋다.** 한도 소진율이란 내가 가지고 있는 신용카드의 최대한도에서 현재 사용 금액을 나눠 백분율로 나타낸 것으로, 카드 사용 금액이 카드 한도에 가까울수록 부채 위험 수준이 높은 것으로 평가된다. 따라서 최대 50%를 넘지 않게 사용하는 것이 좋다.

또한 신용카드 사용 시 되도록 **할부보다 일시불로 결제하는 것**이 좋다. 부채 수준만 적정하다면 사실 일시불이든 할부든 큰 상관이 없으나, 할부 결제를 지속하면 누적되는 할부액이 부채 급증으로 간

주될 수 있으니 주의하는 게 좋다. 통상 부채가 갑자기 늘면 신용평가에 부정적 요인으로 작용하므로 일시불 사용을 추천한다.

이와 같이 신용카드의 사용은 긍정적으로 평가되는 요인임에는 분명하나, 현금서비스(단기카드대출)나 카드론(장기카드대출) 등 전형적인 고금리 대출은 신용점수의 급락을 초래하니 피해야 한다. 결제 대금 연체로 인한 카드 돌려막기나 잦은 리볼빙 등도 신용거래 형태 점수에 악영향을 미치므로 조심해야 한다.

단기간에 신용점수가 급격히 하락하고 카드 연체가 길어지면, 신용점수를 원 상태로 되돌리는 데 많은 시간이 걸릴 뿐만 아니라 급기야는 신용카드 정지를 당할 수도 있다. 또한 신용평가기관과 전 금융기관에 공유되어 기타 대출 실행 및 연장이 어려워질 수 있으므로 각별한 주의가 필요하다. 만약 이런 고금리 대출이 있다면 이 것부터 최우선으로 상환해야 급락한 신용점수를 단기간에 올릴 수 있다.

또한 신용카드 '선결제'를 이용하는 것도 단기간에 신용점수를 올리는 좋은 방법이다. 선결제란 결제일보다 앞서 결제대금을 납부하는 것을 의미하는데, 신용공여 기간을 줄임으로써 신용점수를 빠르게 올리는 효과가 있다. 각 카드사 홈페이지나 고객센터, 모바일 앱 등을 이용해 쉽게 처리할 수 있으니 신용카드를 쓰고 있다면 선결제도 적극 활용하길 권한다.

비금융 거래 정보도 신용점수에 중요하다

각 은행권에서는 통신정보, 매출액 등 비금융 데이터를 활용한 대안 신용평가를 강화하고 있다. 소득 증빙이 어렵거나 금융 이력이 부족해 신용등급을 산정하기 어려운 신파일러(thin filer, 금융 이력 부족자) 같은 대출 수요를 흡수하기 위함이다.

사회 초년생이나 주부처럼 소득 증빙이 어렵거나 신용거래 이력이 부족해 높은 신용을 받기 어려운 경우, 비금융권 거래 이력 등록을 통해서 개인 신용점수를 높일 수 있다. 신용평가 시 비금융 거래 정보 반영을 희망하는 자로서 최근 6개월 이상의 성실납부 실적을 제출할 수 있다면 개인이 직접 비금융 정보를 신용조회 회사에 제공하면 된다. 예컨대 국민연금이나 건강보험료로 성실납부 금액을 인정받고 싶다면 국민연금공단이나 건강보험공단에서 발부한 납부 실적 자료를 직접 제출하면 된다. 국민연금 및 건강보험 납부 실적은 NICE(나이스지키미, credit.co.kr) 및 KCB(올크레딧, allcredit.co.kr)에 접속하여 웹스크래핑 방식으로도 제출할 수 있다. CB의 확인 절차를 거쳐 신용평가 시 5~15점의 가점을 부여하는데, 성실납부 실적 증빙 자료를 6개월마다 지속 제출해야만 가점 효력이 유지된다.

이처럼 국민연금이나 건강보험료 납부 내역, 국세청 소득증명원, 세금·이동통신요금·아파트 관리비 등의 공공요금을 연체 없이 성실히 납부했다는 증빙이 있다면 신용점수에 가산점을 주기 때문에 비금융 거래에서도 연체 없는 성실 상환이 중요하다.

03

신용대출, 최적 활용법부터
주의점까지

본격적인 내 집 마련을 위해 주택담보대출을 살펴보기 전에 필수적으로 알아두어야 하는 대출이 있다. 바로 별도의 담보물건 없이 대출자의 신용점수와 소득만을 보고 실행하는 '신용대출'이다. 신용대출은 DSR 규제 시대에 가장 불리한 대출이긴 하지만, 주택담보대출과 함께 사용하면 시너지 효과를 거둘 수 있다. 다만, 규제지역에서 신용대출을 잘못 사용하면 큰 낭패를 보기 때문에 제대로 공부해둬야 한다.

신용대출은 부동산 등의 담보를 사용하지 않고 개인 또는 기업의 신용만으로 금융회사에서 대출을 받는 것을 말한다. 일반적으로 담보를 바탕으로 한 대출에 비해 금액이 적고 기간이 짧으며, 대출 신청자의 신용과 소득에 따라 대출가능 여부 및 금리가 달라진다. 신용점수가 낮으면 대출 자체가 불가능하며, 신용점수가 높을수록 대출한도가 늘어나고 낮은 금리를 적용받을 수 있다. 금융기관에서는 고객의 신용 상태를 점수로 산출하여 대출 여부와 대출 금액을 결정하기 위해 신용평점 제도를 활용한다.

신용대출에는 마이너스통장과 일반 신용대출이 있다. 마이너스통장은 한도거래 신용대출을 뜻하며, 고객이 원하는 금액을 약정한 대출 금액 범위 내에서 수시로 빌려 쓸 수 있는 대출 통장이다. 통장 잔고 최저치를 0원에서 마이너스로 뚫어주는 대출 방식으로 한도대출 3,000만 원을 실행하면, 통장 잔액표시가 −30,000,000이 될 때까지 돈을 뽑아 쓸 수 있다. 일반 신용대출은 개별 거래 형식의 건별 대출로 대출 실행일에 대출금을 한꺼번에 지급하며, 신용대출 3,000만 원을 실행하면 통장에 3,000만 원이 입금되어 통장 잔액도 3,000만 원으로 표시된다. 대출금이 입금된 통장에서 보통 다음 달부터 매달 이자나 원리금이 출금된다.

💰 마이너스통장 사용 꿀팁

마이너스통장 발급 시 소득은 대기업 회사원이 사업자보다 더 우대를 받는 경향이 있다. 은행 입장에서는 불안정한 사업소득보다는 상대적으로 안정적인 직장에서 고소득 연봉을 받는 신용대출 차주가 연체 없이 성실하게 상환할 것으로 기대하기 때문이다. 의사나 변호사 같은 전문직은 전문직 신용대출 상품이 따로 있으니 금융기관별 장단점을 꼼꼼히 살펴보고 가장 유리한 조건의 대출을 선택하는 것이 좋다.

마이너스통장의 한도는 신고소득과 신용점수에 가장 큰 영향을 받는다(마이너스통장 한도 = 신고소득 × 신용점수에 의한 배수 - 기타 신용대출). 신용점수가 900점 이상인 차주의 마이너스통장 한도와 금리가 신용점수 600점인 차주와 다른 이유가 이것이다. 따라서 마이너스통장 한도를 많이 받으려면 신용점수가 좋고 소득이 높아야 한다.

신용대출은 보통 전체 약정 기간이 만료되기 전에 일부라도 상환하면 중도상환 수수료가 부과된다. 다만 마이너스통장은 수시로 입출금이 가능한 유동성 한도통장이자 한도대출이므로 중도상환 수수료가 금리에 반영돼 있으며, 따라서 중도상환 수수료가 따로 발생하지 않는다.

마이너스통장은 1년 단위로 약정되는 만기 일시상환 대출이다. 실무적으로는 보통 재약정이 아닌 연장 개념으로 접근하는데 연장 시에 차주의 신고소득, 신용점수, 재직 상황, 거래 실적 등에 따라 대출한도와 금리가 달라지므로 연장 2~3개월 전부터는 신용점수 관리에 신경을 쓰는 것이 좋다.

평상시에는 전체 마이너스통장 한도의 50~90% 정도만 사용하고 적어도 10% 정도의 여유를 두는 것이 좋으며, 사용 한도가 50%를 넘긴 기간이 3개월 이상이라면 일시적으로 줄였다가 다시 사용 금액을 늘리는 것이 신용점수에 좋다.

하지만 만기 연장 2~3개월 전부터는 전액을 사용해야 회수되는 금액이 줄어들고 신용점수에도 긍정적인 영향을 미친다.

만약 마이너스통장을 개설해두고 연장 때까지 아예 사용하지 않는다면 기간 연장 시 은행 내 감액 조건에 따라 일부 금액을 상환해야 하니 주의해야 한다.

마이너스통장 연장 시에는 소득과 신용점수에 크게 변함이 없고 연체 이력이 없는 성실 차주에겐 강화된 DSR 규제를 적용하지 않고 대부분 이전과 같은 조건을 적용한다. 이와 달리 마이너스통장 1억 원을 초과해서 쓰고 있는 차주가 증액해서 신용대출을 더 받거나 아예 다른 대출로 갈아탈 때는 신규 대출로 취급되어 DSR 역시 현재 시점에 다시 계산한다. 따라서 DSR에 걸려 증액이 아예 안 될 수도 있고 오히려 이전 한도보다 줄어들 수도 있으므로 증액과 대환은 신중히 접근해야 한다.

또한 마이너스통장을 개설만 해두고 지금 당장 사용하지 않는다고 하더라도 **대출 약정 금액 전체가 대출로 잡힌다는 점도 주의해야 한다.** 사용한 만큼만 대출로 잡히는 것이 아니라는 얘기다. 즉 5,000만 원의 마이너스통장을 약정만 하고 현재 사용하고 있지 않더라도 DSR 계산에서는 5,000만 원을 모두 쓰고 있는 것으로 계산한다.

DSR 계산에서 신용대출은 모두 원금을 5년으로 일괄 나누어 계산하기 때문에 DSR 한도에서 가장 불리한 대출에 속한다. 같은 1억 원이라고 하더라도 주택담보대출은 30년에 나눠 갚으면 되는 반면 신용대출은 5년에 갚으란 뜻이니 상환해야 하는 원리금이 늘어난 만큼 대출한도도 줄어드는 것이다. 다만 분할상환 방식의 신용대출을 받으면 한도가 줄어드는 것을 막을 수 있다. 신용대출을 분기 또는 월마다 상환할 경우 산정 만기를 최장 10년까지 연장해준다. 따라서 신용대출 한도를 늘리고 싶다면 만기 일시상환이 아닌 '10년 만기 분할상환' 방식을 선택하는 것이 DSR에서 유리하다.

또한 주택담보대출이나 전세자금대출 같은 경우는 사실 주거래 은행이 큰 의미가 없지만 신용대출에서는 도움이 될 수 있다. 더 정확히 말하면 신용대출은 내가 생각하는 주거래은행이 아니라 '회사의 주거래은행'으로 가야 한다. 회사의 급여이체가 이루어지는 금융기관부터 방문해 회사와 협약된 프로모션 등이 있는지 살펴보자. 회사의 주거래은행에서는 자사 직원들을 위한 신용대출 특판 상품을 판매하기도 하고 거래 실적에 따라 추가 금리우대와 같은 혜택을 주기도 하기 때문이다. 급여이체, 신용카드, 인터넷뱅킹 이용, 공과금 이체, 청약저축 같은 예·적금 가입 등의 부수거래를 통해 최대 0.7~1.0% 정도의 금리 인하를 노려볼 수 있다.

요즘에는 토스뱅크, 케이뱅크, 카카오뱅크 등의 인터넷은행에서도 우수 고객 유치를 위해 신용대출 특판상품을 많이 내놓는다. 부수거래 조건 없이도 시중은행의 금리를 맞춰주며 대출한도도 더 많이 승인해주는 등 공격적인 영업을 펼치는 곳이 많다. 따라서 회사의 주거래은행과 인터넷은행의 조건을 비교해보고 내게 유리한 상품으로 선택하면 된다.

하지만 2금융·3금융권의 신용대출은 되도록 사용하지 말자. 주택담보대출과는 다르게 대출이 실행되는 순간 신용점수가 급락하기 때문이다. 특히 카드론이나 현금서비스와 같은 고금리 단기대출 상품은 더더욱 신용점수에 악영향을 미친다.

이미 이런 고금리 신용대출을 사용 중이라면 대출 상환 시 이 대출들부터 신속히 정리하자. 즉 신용대출을 받는 순서가 굉장히 중요한데 대출을 실행할 때는 인터넷은행을 포함한 1금융권을 우선으로

하고, 상환할 때는 3금융·2금융의 고금리 대출부터 정리하는 것이
좋다.

 금리인하요구권

보험회사, 은행 등 금융회사와 신용공여 계약을 체결한 사람(또는 기
업)에게는 신용 상태가 개선됐다고 파악됐을 때 금융회사에 금리 인
하를 요구할 권리가 있다. 취업 및 승진, 자격증 취득 등으로 재산이
증가했거나 부동산의 가치 상승 등으로 자산소득이 많아질 경우 시
도해볼 수 있으며, 개인 및 기업의 신용평가 등급이 상승했거나 기
업의 재무상태가 개선됐을 때도 마찬가지다.

 이를 금리인하요구권이라고 하는데, 개별 금융회사의 약관과 내
규에 따라 자율적으로 시행되고 있으며 은행이 요구하는 서류를 비
대면 방식이나 대면 방식 중 선택하여 제출하면 된다. 금리인하요구
권을 신청한다고 해서 무조건 수용되는 것은 아니다. 금융회사의 내
부 기준에 따라 심사 후 보통 5~10영업일 뒤에 결과가 나오는데, 우
량채무자라고 파악되면 금리를 내려준다. 보통 대출 상환 후 신용점
수가 상승했거나 취직 또는 승진하여 소득 수준이 올라간 경우처럼
확실한 신용 상태 개선이 있는 경우에 금리 인하 가능성이 커진다.

 이렇듯 채무자의 신용 상태가 금리 산정에 영향을 미치는 대출에
는 모두 금리인하요구권을 신청할 수 있는데, 마이너스통장을 포함
한 신용대출과 주택담보대출이 대표적이다. 또한 매출액 또는 순이

익이 크게 증가하거나 신규 특허 또는 담보를 제공할 수 있다면 자영업자, 기업도 금리인하요구권을 활용할 수 있다.

💰 고액신용대출 규제

신용대출의 규제에는 '고액신용대출 규제'가 여전히 남아 있다. 신규로 1억 원을 초과하여 신용대출을 받거나 추가로 신용대출을 받아 전 금융기관의 신용대출 합계가 1억 원을 초과하는 차주가, 대출 실행일로부터 1년 또는 대출 상환 시기 중 이른 일자까지 규제지역(투기과열지구, 조정대상지역)에 집을 살 경우 신용대출이 회수되는 규정이다. 즉 신용대출을 총 1억 원 이상 받고 1년 이내에 규제지역의 주택을 매수하면 안 된다는 뜻이다.

하지만 여기서도 틈새 전략을 펼칠 수 있는데 신용대출을 1억 원 이상 실행하고 1년 후 규제지역에 주택을 구매하거나, 애초 규제지역이 아닌 비규제지역이나 비주택에 투자하면 된다.

또한 신용대출 규제는 차주별 규제이기 때문에 부부 중 1명은 1억 원 이상의 신용대출을 받되, 1억 원 이하의 신용대출을 받은 배우자 명의로 등기를 하면 회수가 안 된다(공동명의는 불가). 만약 공동명의로 하고자 할 경우 부부가 각각 1억 원 미만의 신용대출을 실행하면 된다.

Q 규제지역에 집을 사려는데 중개사무소 소장님이 이곳은 신용대출 받고는 집을 못 산다고 하더군요. 정말 그런가요?

A 고액신용대출 규제 때문에 규제지역에서 집을 매수할 경우엔 주의해야 할 부분이 있습니다. 즉 1억 원 이상의 신용대출을 받아 1년 이내에 규제지역의 집을 매수하면 안 되기에, 부부라면 1억 원 이하의 신용대출을 가진 쪽의 명의로 하는 방법이 있습니다. 공동명의로 매수하고 싶을 경우, 부부가 각각 1억 원 이하의 신용대출을 받으면 됩니다.

04

소득이 없다면
이런 대출을 노려보자

퇴사를 했거나 프리랜서, 무직, 주부, 학생 등의 신분이라면 소득 증
빙이 어렵고 신용점수도 낮아 사실상 1금융권에서 신용대출을 받기
는 힘들다. 하지만 1금융권 신용대출을 충분히 알아보지 않고 바로
현금서비스나 카드론, 햇살론이나 2·3금융권의 고금리 신용대출 등
을 사용하면 신용점수가 급락하여 다른 대출을 받을 때 치명타가 되
니 주의해야 한다. 이런 경우 받을 수 있는 대출을 소개한다.

새희망홀씨대출

새희망홀씨대출이란 금융취약 서민 계층을 대상으로 자금을 지원하
는 대출이다. 한도가 높은 편이며 생계자금이나 주거자금으로도 이
용할 수 있다. 일반 신용대출보다는 금리가 높은 중금리 대출이지만,

저축은행이나 화재보험 등 2금융권에 비해 금리가 낮고 중도상환 수수료가 없다는 장점도 있다.

새희망홀씨대출은 '햇살론'과는 다르다. 햇살론은 고금리의 2금융권 대출상품인 반면 새희망홀씨대출은 1금융권 신용대출이라 신용점수도 2금융처럼 급락하지 않는다(물론 대출을 받으면 일시적으로 신용점수는 하락한다).

새희망홀씨대출은 4대 보험이 적용되는 직장에서 3개월 이상 연속 근무한 직장인이라면 지원 대상이 될 수 있다. 연소득 3,500만 원 이하인 경우 신용점수와 관계없이 이용할 수 있고, 연소득 3,500만 원 이상 4,500만 원 이하인 사람은 신용점수 기준 하위 20% 이내(대략 740점 이하)면 이용할 수 있다.

대출한도는 최저 100만 원부터 최대 3,500만 원까지이며 대출금리도 6%대부터 10.5%까지 다양하다. 자격 조건에 따라 우대금리가 적용된다(우대금리 대상: 다문화 가정 0.2%, 60세 이상 부모 부양자 0.3%, 기초생활수급권자 0.3%, 3자녀 이상 0.2%, 일용직 근로자 0.1%).

은행마다 새희망홀씨 상품 조건이 다르니 면밀히 살펴보는 것이 좋다. 잘만 활용하면 소득이 없는 부모님께 현금흐름을 만들어드릴 수도 있다.

 소득이 없어도 은행에서 대출을 해주는 상품

소득이 전무해도 주거래은행 고객이면 받을 수 있는 무소득 대출상

품들도 있다. 시중은행 내 예금 실적이나 거래 실적이 우수한 고객
들의 대출 수요를 흡수하기 위해 만든 대출상품이라고 보면 된다.
우리가 흔히 접하는 1금융권 신용대출은 아니지만, 2금융권 신용대
출로 넘어가기 전에 살펴보고 가는 게 좋으니 다음 상품을 꼭 기억
해두자(2025년 2월 기준).

무소득 무보증 5대 은행 신용대출

● KB국민 ONE대출

　– 입증소득 및 재직증빙 없는 국민은행 고객

　– 최대 2,000만 원 이내 무보증대출

　– 금리: 5.90~19.90%

　– 일시상환: 1년(최장 10년까지 연장 가능)

● KB STAR CLUB 신용대출

　– KB국민은행 내 우수 고객 중 대출적격자로 판정된 고객

　– 최대 2억 5,000만 원 이내

　– 금리: 4.03~5.51%

　– 일시상환: 1년(최장 10년까지 연장 가능)

● 우리홈 마스터론

　– 우리은행 신용카드 1년 이상 보유 및 주거래 요건 충족자

　– 최대 1,000만 원 이내

　– 금리: 4.97~5.29%

　– 일시상환: 1~5년(최장 10년까지 연장 가능)

- **신한은행 Tops Club 간편신용대출**

  - 신한은행 거래 1년 이상 무보증 상품

  - 최대 2,000만 원 이내

  - 금리: 5.93~6.57%

  - 일시상환: 1년(최장 20년까지 연장 가능)

- **하나은행 CSS대출**

  - 하나은행 신용평가시스템(CSS)을 통과한 고객

  - 최대 1억 원 이내

  - 금리: 5.666~7.081%

  - 일시상환: 1~3년

- **농협은행 NH모바일바로대출**

  - NICE 평점 기준 738 이상에 해당하는 고객

  - 최대 1,000만 원

  - 금리: 4.9~19.9%

  - 일시상환: 1년

05

금리 전략:
대출이자 낮추는 법

한국은행은 코로나 이후 4년 반 만에 2024년 10월 기준 3.5%에서 3.25%로 금리인하를 단행했고, 11월에도 기준금리를 3.0%로 인하하여 2025년 1월 현재 3.0%를 유지하고 있다. 그런데 한국은행이 기준금리를 인하했을 때 시장금리, 즉 대출금리는 더 올라가는 모습을 보였다. 가계대출과 기업대출금리 할 것 없이 말이다. 여기서 끝이 아니다. 금융 소비자들의 불만을 키운 것은 '예금금리 인하'였다. 기준금리가 하락했는데 대출금리는 오르고 예금금리는 내리는 상황이 펼쳐진 것이다.

한국은행이 기준금리를 인하했는데도 내 대출금리는 왜 상승했던 것일까? 대출금리는 무엇에 영향을 받는 걸까? 어떻게 하면 대출이자를 적게 낼 수 있는지 금리의 기본 개념부터 살펴보자.

금리는 돈의 가치다

'금리'는 돈을 빌릴 때 내는 비용이나 예금한 돈에 붙는 이자 또는 그 비율을 뜻한다. 일종의 돈 사용료다. 더 정확히는 '이자율'과 같은 개념이다. 빌리는 원금에 따라 사용료가 정해지므로 돈을 많이 빌리면 이자가 많아지고 돈을 적게 빌리면 이자가 줄어든다. 은행에서 사용하는 금리는 보통 1년 단위로 원금 대비 이자율이 정해지는 '연리'다. 은행은 예금과 적금 등의 이름으로 고객이 맡긴 돈을 사용하는 대가로 이자를 준다. 즉 고객의 돈을 만기까지 맡아주는 대가로 사용료를 내는 것이다. 예·적금 등을 수신상품이라고도 하기에 이 상품들에 붙는 이자를 '수신이자'라고 한다. 고객은 수신이자율이 높은 은행을 찾는다. 각 은행의 고금리 저축예금 상품에 고객이 몰리는 이유가 이것이다.

그에 비해 월급통장과 같이 수시로 입출금이 가능한 수시입출금예금인 '요구불예금'은 돈을 모으는 비용이 적게 드는 '저원가예금'으로, 이자율이 상대적으로 낮다. 이에 요즘은 '파킹통장'을 찾는 수요가 늘고 있다. 기능은 수시입출금예금과 비슷하지만 금리가 좀 더 높기 때문이다.

금리의 분류 기준 및 종류

● 기관과 개인 간 거래에 따른 분류

– 여신금리: 은행에서 개인에게 돈을 빌려줄 때 받는 금리

- – 수신금리: 은행에서 자금을 조달할 때 지급하는 금리

  – 우대금리 및 가산금리: 개인, 기업의 신용도에 따라 변동되는 금리

- **정책금리와 시장금리**

  – 정책금리: 기준금리

  – 시장금리: 채권금리, CD금리, CP금리 등

- **기관과 기관 간 거래에 따른 분류**

  – 콜금리: 금융사끼리 단기 자금 거래할 때 쓰는 단기 금리

  – CD금리: 은행이 자금 조달을 위해 발행하는 증서의 금리

  – CP금리: 기업어음

- **금리 변동성에 따른 분류**

  – 고정금리: 만기까지 이자율 변동이 없는 방식

  – 변동금리: 시중금리와 연동해 이자율이 변하는 방식

- **만기에 따른 분류**

  – 단기금리: 상환 기간이 1년 이내인 상품의 금리

  – 장기금리: 상환 기간이 1년 이상이며, 보통 채권이 해당

변동금리와 고정금리, 그리고 COFIX

'변동금리'는 일정 주기(3·6·12개월 등)마다 기준금리의 변동에 따라 변동되는 대출금리를 의미한다. 단기채나 CD금리 등 다른 요소들도 있지만 보통 변동금리의 기준이 되는 것은 COFIX(코픽스)다. 은행

들은 예금을 받거나 은행채를 발행해 대출에 필요한 자금을 조달한다. 각종 예·적금 등의 수신 상품을 통한 자금조달원가를 기준으로 하면 예·적금의 수신 평균금리가 산출되어 변동금리의 기준이 되는 COFIX 금리가 산정된다. COFIX는 신규취급액 기준 COFIX, 잔액 기준 COFIX, 신잔액 기준 COFIX 등 크게 세 종류로 나뉜다.

반면 '고정금리'는 대출 실행 시 결정된 금리가 대출만기까지 동일하게 유지되는 금리를 의미한다. 고정금리는 보통 은행채 발행 등에 따라 기준금리가 형성되는데, 앞서 스트레스 DSR에서 살펴봤듯이 우리나라 은행 대출상품의 고정금리는 5년 고정 후 변동으로 전환되는 혼합금리 형태가 많으므로 보통 '은행채 5년물'을 준거금리로 사용한다. 이러한 고정금리의 기준이 되는 채권금리는 금융투자협회에서 운영하는 채권정보센터 사이트(kofiabond.or.kr)에서 확인할 수 있다.

2024년 10월 경남은행·제일은행·부산은행 등 여러 주요 은행의 예·적금 금리 인하 폭을 살펴보면, 은행마다 제각각 예·적금 금리를 인하했음을 알 수 있다. 앞서 살펴본 대로 변동금리의 기준이 되는 COFIX는 지난달 국내 은행이 실제 취급한 예·적금, 은행채 등의 수신상품 금액과 금리를 가중 평균해 계산한다. 따라서 기준금리의 하락이 예·적금 금리의 하락을 거쳐 대출금리에까지 반영되려면 일정 시간이 필요하기에 예금금리가 먼저 떨어진 경향도 있다.

예대마진과 대출금리의 선반영성

은행은 고객이 예금으로 맡긴 돈을 대출이 필요한 차주에게 대출해 주고 수신이자보다 더 많은 대출이자를 수취하여 이득을 남긴다. 즉 은행의 근본적인 수익구조가 되는 예대마진(대출이자와 수신이자의 차이)이 발생하는 이유다. 이 예대금리가 커지면 은행이 이자 장사를 한다고 비판을 받게 된다.

은행은 2022년부터 2024년 상반기까지 금리를 대대적으로 올리는 구간에서 높은 이자수익을 거뒀다. 그런데 2024년 10월 기준금리가 인하되자 예금금리는 인하하는 반면 대출금리는 오히려 인상함으로써 또 폭리를 취하는 거 아니냐는 비난을 받고 있다.

다음에 제시한 〈기준금리와 대출금리 추이〉 그림을 자세히 살펴보면 2022년에 기준금리를 인상하는 동안 사실 대출금리는 먼저 올라갔음을 알 수 있다. 그리고 기준금리를 추가로 인상하지 않고 동결한 구간에는 대출금리가 추세적으로 하향 안정화됐다.

이런 현상이 벌어지는 것은 대출금리의 '선행성' 때문이다. 즉 기준금리를 인상하는 구간에는 대출금리를 먼저 인상하고, 기준금리를 동결하는 구간이나 인하를 앞둔 구간에는 대출금리를 먼저 인하하는 것이다. 이런 선반영성이 현재의 대출금리에 영향을 주었다고 볼 수 있다.

기준금리와 대출금리 추이(2020.1~2024.10)

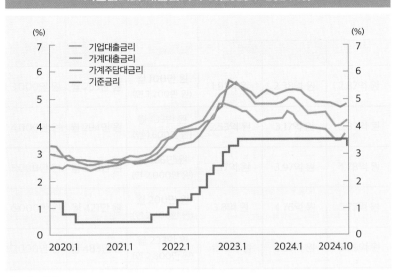

자료: 한국은행

 가계대출총량 규제와 대출금리

은행의 '여수신금리 산정 체계'에는 지표금리, 가산금리, 여수신금리가 있다. 여기서 여수신금리가 바로 시장금리인 대출금리인데, 지표금리에 가산금리를 더해서 정해진다. 지표금리는 보통 기준금리의 영향을 받는데 기준금리를 인하하면 지표금리 체계에 영향이 미친다. 가산금리는 은행마다 다르게 부여하는데 리스크에 대한 대가나 위험비용 등이라고 보면 된다.

2024년 8월 이전에는 이 지표금리를 중심으로 금리 인하에 대한 기대감이 선반영되면서 대출금리가 떨어졌던 것이고, 8월 이후부터

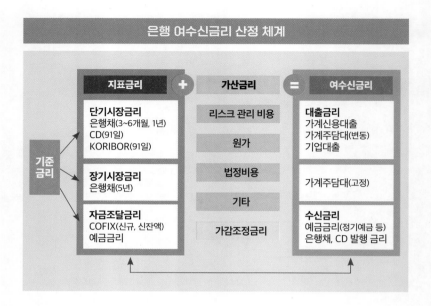

은행 여수신금리 산정 체계

지표금리	＋	가산금리	＝	여수신금리

기준금리

단기시장금리
은행채(3~6개월, 1년)
CD(91일)
KORIBOR(91일)

장기시장금리
은행채(5년)

자금조달금리
COFIX(신규, 신잔액)
예금금리

리스크 관리 비용

원가

법정비용

기타

가감조정금리

대출금리
가계신용대출
가계주담대(변동)
기업대출

가계주담대(고정)

수신금리
예금금리(정기예금 등)
은행채, CD 발행 금리

은행이 가산금리를 올린 것은 정책적인 요인, 즉 가계대출총량 규제 때문이다. 정부가 은행권에 가계대출을 늘리지 말라고 지시했는데, 은행에서 대출금리를 인하하면 대출총량이 자연스럽게 늘어나니 어쩔 수 없이 가산금리를 올린 것이다. 가계대출총량을 줄이는 데 금리 조절만큼 손쉬운 방법이 없으니 말이다.

대출금리는 각 은행이 조달해 오는 지표(조달)금리와 은행별 가산금리를 합산하여 결정되고, 여기에 영업점장 전결금리 등을 통해 우대금리 감면 혜택을 반영해 최종적으로 결정된다.

지표(조달)금리가 COFIX가 됐든 은행채가 됐든 각 대출의 기준금리로 결정되고, 영업점장 전결금리인 우대금리는 부수거래를 통해 이루어지는 경우가 많다. 예를 들면 급여이체나 인터넷뱅킹 이체 실적이 있으면 금리우대 혜택을 제공하거나 신용카드, 보험, 예·적

플팩의 상급지로 가는 대출력

대출금리 산출 예시

기준금리: COFIX(신잔액 기준, 3.29%)
가산금리: 3.291%
우대금리: 급여이체 유실적 감면(0.3% 충족)
우대금리: 신용카드 결제 실적 감면(제휴카드 30만 원, 0.1% 충족)
우대금리: 자동이체 유실적 감면(0.1% 충족)
우대금리: 적금 월 납입액 유실적 감면(0.1% 충족)
우대금리: 주택청약종합저축 월 납입액 유실적 감면(0.2% 충족)
우대금리: 뱅킹이체 유실적 감면(0.1% 충족)
우대금리: 3자녀 가구 감면(미해당)
본부감면금리: 1.21%
영업점장감면금리: 0.1%
결정금리: 지표(조달)금리(3.29%) + 가산금리(3.291%) - 우대금리(2.21%) = 4.371%

금, 청약저축 등에 가입하면 대출금리를 감면해주는 등의 형태다. 은행의 영업 실적에 연관되는 상품 판매를 대출금리와 연관 지어 하는 경우가 많으므로 대출금리를 낮추려면 부담이 되지 않는 선에서 어떤 상품에 가입하면 금리를 낮출 수 있는지를 은행원에게 물어보는 것도 좋다.

대출금리는 은행별·상품별로도 달리 적용되는데, 은행별 대출금리는 은행연합회 사이트(kfb.or.kr)를 참고하면 된다. 더욱 손쉽게 대출금리를 비교해보려면 네이버 검색창에 '은행 주택담보대출금리' 또는 '은행 전세자금대출금리' 등으로 검색하면 된다. 이때 대출상품별로 한도와 금리를 각각 분류하여 검색하면 그 주에 대출 한도와 금리가 가장 좋은 은행이 어디인지 대략적으로 알 수 있다. 해당 정보는 매주 업데이트되므로 은행 방문 전에 미리 검색해본 후 상담을 받으러 가면 내가 실행하려는 대출의 한도와 금리가 적정한지 은행별로 비교가 가능하다.

 중립금리와 기준금리 인하

2024년 10월 22일에 발표된 〈IMF 세계 경제 전망 보고서〉에서는 미국과 유로존을 비롯해 세계 각국이 2026년까지 각자의 중립금리를 찾아서 금리를 완만하게 인하하는 기조를 유지할 것으로 전망했다. '중립금리'란 각국의 중앙은행이 기준금리를 결정할 때 참고하는 준거금리로, 인플레이션이나 디플레이션을 유발하지 않고 잠재 성장률 수준을 유지할 수 있는 이론적 금리 수준을 의미한다. 기준금리가 중립금리보다 높을 경우 그 차이만큼 금리 인하에 나서야 한다는 주장의 근거가 되고, 반대일 경우 금리 인상 기대가 높아진다.

한국은행도 2025년과 2026년에 중립금리를 찾아 점진적으로 금리를 인하해나갈 것이기 때문에, 대략 2~2.5%의 중립금리로 수렴해나갈 것으로 예상된다. 기준금리가 중립금리보다 높은 수준이므로 향후 금리 인하를 몇 차례 더 단행할 수 있으리라는 예상이다. 즉 2025년뿐만 아니라 2026년까지도 금리 인하 기조는 계속될 전망이라고 볼 수 있다.

2024년 7월 이후 신규취급액 기준 COFIX 금리와 신잔액 기준 COFIX 금리는 하향 중이었고, 11월에 기준금리도 추가로 인하됐기에 가산금리 여부와 상관없이 대출금리도 내려갔다. COFIX 금리의

COFIX 금리 추이

COFIX 통계
신규취급액기준, 잔액기준, 신 잔액기준 COFIX

2024 ▼ | 보기

(단위 : %) 엑셀 다운로드

공시일	대상월	신규취급액기준 COFIX	잔액기준 COFIX	신 잔액기준 COFIX
2024/12/16	2024/11	3.35	3.53	3.07
2024/11/15	2024/10	3.37	3.58	3.09
2024/10/15	2024/09	3.40	3.63	3.12
2024/09/19	2024/08	3.36	3.67	3.14
2024/08/16	2024/07	3.42	3.69	3.15
2024/07/15	2024/06	3.52	3.73	3.17
2024/06/17	2024/05	3.56	3.74	3.20
2024/05/16	2024/04	3.54	3.76	3.17
2024/04/15	2024/03	3.59	3.78	3.19
2024/03/15	2024/02	3.62	3.81	3.24
2024/02/15	2024/01	3.66	3.84	3.29
2024/01/15	2023/12	3.84	3.87	3.29

· 신규취급액기준 및 잔액기준 COFIX는 2010년 2월 16일부터 공시되고 있으며, 신 잔액기준 COFIX는 2019년 7월 15일부터 공시되고 있습니다.

자료: 은행연합회 소비자포털

하향 안정화로 변동금리도 내려와 이젠 고정금리와 비슷해졌다.

앞서 살펴본 대로 대출한도보다는 이자를 조금이라도 덜 내는 게 중요하다면 **금리 인하기엔 변동금리 대출이 선호된다.** 그렇다고 변동금리가 무조건 유리한 것은 아니다. 스트레스 DSR의 영향으로 변동금리 대출한도는 고정금리 대출보다 확실히 적기 때문이다. 따라서 대출한도와 대출금리 중에 더 중점을 두어야 할 것이 무엇인지를 정확히 파악한 뒤 자신의 상황에 맞는 조건을 선택하는 것이 좋겠다.

한국은행 기준금리 정책과
대출규제의 관계

한국은행 기준금리가 인하될수록
대출규제는 강화될 가능성이 크다

금리를 인하하면 신규 차주 유입 발생 가능성이 커져, 가계부채 규모
는 늘어나고 정부가 우려한 가계부채 증가 속도도 가팔라질 수 있다.

한국은행은 2024년 9월 〈금융안정보고서〉를 통해 금리를 먼저 인
하한 주요국에서 금융 불안이 야기될 수 있었지만 '거시건전성 강화
조치' 등을 병행해 금융 불안이 해소됐다고 밝혔다. 여기서 '거시건
전성 강화 조치'란 무엇일까? 일종의 금융규제 강화, 즉 대출규제의
강화를 의미한다.

예를 들어 캐나다는 한국보다 높은 가산금리를 부여하고, LTV도
기존 80%에서 최대 65%로 낮췄으며, LTI(Loan To Income, 소득 대비
대출 비율)도 도입하여 차주의 모든 대출이 금융기관별 450%를 넘지

않도록 규제하고 있다. LTI는 개인이 가지고 있는 모든 대출의 합을 의미한다. 즉 가계대출뿐만 아니라 사업자대출까지도 모두 포괄하는 개념으로, LTI가 도입되면 개인사업자대출을 포함하여 개인이 받을 수 있는 모든 대출의 총량이 줄어들게 된다.

프랑스는 DSR 한도가 최대 35% 이내이며, 주택담보대출 만기도 최장 25년으로 제한하고 있다. 이제 전 세계적으로 금리 인하는 불가피한데 이 금리 인하가 주택 시장 상승세에 기름을 붓는 격이 되지 않도록 우리나라도 금융위원회나 금융감독원 쪽에서 금융규제 정책을 함께 펴나갈 가능성이 크다.

예상되는 금융규제는 2025년 7월로 예정되어 있는 스트레스 DSR 3단계를 조기 시행하거나 LTV와 DSR 비율을 낮추는 것, LTI까지도 꺼내 들 수 있는 강력한 대출규제책 등이 있다. 이는 연초가 되면 대출규제가 자연스럽게 풀리는 것이 아니며, 한국은행에서 금리 인하가 시행되어 부동산 시장이 과열되면 대출규제는 언제든 더 강력해질 수 있다는 경고이기도 하다.

💰 가계대출총량이 풀리는 것과 가계대출 자체의 규제가 풀어지는 것은 다른 문제

현재 금융 당국은 '디딤돌대출 맞춤형 관리 방안'까지 내놓으며 가계대출총량 규제에 진심인 기조를 유지하고 있는데, 이는 2025년까지 이어질 가능성이 크다.

물론 2025년이 되어 가계대출총량은 풀렸다. 은행은 매년 새롭게 경영 목표를 설정하고 그에 맞는 실적을 달성해야 하는 이익 집단이기 때문이다. 그럼 지금보다는 낮은 가산금리를 부여하든지, 영업점장 조절금리를 부여하여 고객 유치에 힘을 쓸 수는 있다. 그러나 이것이 가계대출 규제 완화를 의미하지는 않는다. 즉 가계대출총량이 풀리는 것과 가계대출 자체의 규제가 풀어지는 것은 다른 문제란 뜻이다. 부동산 시장이 들썩이면 가계대출 규제는 언제든 더욱 강화될수 있다.

예를 들어 현재 은행권 생애최초대출을 규제·비규제 할 것 없이 모두 LTV 80%까지 열어주는 것이 지속될지(물론 차주별 DSR 범위 내에서), 비규제지역의 무주택자 기준 LTV 비율이 최대 70%가 계속 이어질지는 불확실하다. 언제든 부동산이 과열되면 스트레스 DSR 3단계를 조기 시행할 수도 있고, 생애최초의 비율을 LTV 80%가 아니라 65% 등으로 낮추거나 비규제지역의 LTV 비율을 규제지역처럼 50%로 낮출 수도 있기 때문이다.

나에게 대출해주는 한 은행 찾기 싸움에서 승리하라!

부동산 시장이 과열될 조짐을 보이면 정부는 기존에 예견된 LTV와 DSR 비율을 낮추는 것 외에도 가장 강력한 규제인 LTI 도입까지 거론하며 심약한 투자자들을 흔들 가능성이 크다. 이미 한국은행에서도 금리 인하는 당연한 수순으로 생각하고 이후 펼쳐질 집값 상승에 대한 대비책을 강구하고 있다. 물론 2025년 2월 현재, 정국이 불안정하여 부동산 시장은 상승장은 아니지만, 강남 3구를 중심으로 이미 신고가를 찍는 단지들도 늘어나고 있기 때문이다. 부동산 시장이 과열되면 가장 먼저 규제를 시행하는 영역이 바로 '대출'이다. 굳이 국회의 동의를 얻을 필요 없이 바로 행정명령만으로도 효과를 거둘 수 있기 때문이다. 대출규제는 단기적으로 부동산 매수 심리를 위축시켜 매수 수요를 억제하는 역할을 하기도 한다. 2023년 하반기 이후 은행은 자율적으로 차주별 DSR을 관리하고 있고, 2025년에도 가계대출총량 규제는 여전히 진행 중인 것도 그 흐름이다.

한국은행 기준금리의 하향 기조가 이어진다면 대출 이자 부담이 적어져 새로운 차주를 유입시킬 수 있다. 그러면 대출총량이 빠르게 채워지는 것은 물론 또다시 부동산 시장이 들썩일 수 있어 한국은행이 예고한 대로 거시건전성 강화, 즉 대출규제가 함께 시행될 가능성이 크다. 한국은행 기준금리 인하가 과연 내게 독이 될지 약이 될지는 향후 다가올 대출 한파에 미리 적극적으로 대비해두는 현명한 대출력을 갖췄느냐 아니냐에 달려 있다. 다가올 시장 상황을 예측하고 미리 움직일 수 있다면, 시장의 공포는 절호의 기회가 된다.

07

나에게 적합한
대출 상환 방식 찾기

대출을 갚는 방식, 즉 여신을 상환하는 방식에는 여러 가지가 있다. 여러 상환 방식을 잘 비교해보고 차주의 상황에 가장 적합한 방식을 선택하는 것이 좋다. 예컨대 '만기 일시상환 방식'의 경우엔 대출 기간에는 이자만 납부하고 만기에 원금을 일괄 상환하는 방식이기에 원금 상환 부담이 적다. 하지만 납부하는 전체 이자비용은 다른 방식에 비해 높다. 대출을 짧게 이용하고 금방 상환할 차주에게 적합하다. 사업자대출에서는 만기 일시상환 방식을 많이 사용하는데 거치식으로 이자만 납부하기에 상대적으로 이자 상환 부담이 적어 투자자들이 선호한다. 주택담보대출을 이용할 땐 '원리금 균등분할상환'이나 '원금 균등분할상환' 방식을 가장 많이 사용한다. 원리금 균등분할상환은 매달 상환하는 금액은 일정하나 세부적으로는 초반에 이자 상환 부담이 크고 후반으로 갈수록 원금 상환 부담이 높아지는 구조다. 원금 균등분할상환은 대출 기간에 원금은 일정한 금액을 쭉 갚

여신 상환 방법별 특징 및 활용 방안	
분류	특징 및 활용 방안
만기 일시상환	대출이자 부담이 가장 큼
원금 균등분할상환	현재소득이 미래소득보다 많은 경우 사용
원리금 균등분할상환	소득 및 지출이 일정한 경우 유리함
체증식 분할상환	일시적인 자금악화 또는 투자회수가 지연되는 차주에게 적합함
체감식 분할상환	경기회복 지연 등으로 미래에 자금경색이 올 것으로 예상되는 차주에게 적합함
기타 불균등분할상환	기업의 경영성과 등에 따라 특별 약정에 의하여 연간 분할상환비율 또는 금액으로 불균등하게 약정하는 방법

고 이자는 매달 줄어드는 구조다. 첫 달에 이자를 가장 많이 상환하고 점점 줄어드는 형태라 초반에 원금과 이자 부담이 큰 편이나 전체 이자 부담액은 가장 적은 방식이다.

대부분 대출한도를 측정하는 DSR 계산에서는 초반부의 원리금 상환 능력을 측정하여 계산하는 경우가 많기에 초반부엔 이자만 갚는 원리금 균등분할상환이 비교적 유리하다. 하지만 이것이 모든 금융회사에 일괄 적용되는 것은 아니다. 예를 들어 일부 보험사에서는 DSR 계산 시 초반의 계산값이 아니라 대출 전 기간 평균값으로 변경하여 계산함으로써 원금 균등분할상환 방식이 DSR에서도 원리금 균등분할상환 방식보다 더 유리한 구조를 가진다. 그러므로 내가 대출받으려는 금융사에 따라 DSR에서도 유리한 대출 상환 방식이 무엇인지 따져보고, 상환 기간을 어떻게 할 것인지 등을 두루 살펴 최종적으로 선택하는 것이 현명한 금융 소비자의 모습일 것이다.

대출 상환 방법

● **원리금 균등분할상환 방식**

- 만기까지 매월 원금과 이자의 합계액을 균등하게 상환하는 방식

- 대출개시일 다음 달부터 또는 일정 기간 거치(이자만 납부) 후 만기일 까지 매월 원금과 이자의 합계를 동일한 금액으로 상환한다.

- 초기에 이자는 많이, 원금은 적게 상환하며 후반으로 갈수록 이자는 줄어들고 원금 상환액이 늘어난다.

● **원금 균등분할 상환 방식**

- 만기까지 매월 균등한 원금을 상환하는 방식

- 대출개시일 다음 달부터 또는 일정 기간 거치(이자만 납부) 후 만기일 까지 매월 동일한 원금을 상환하고, 이자는 대출잔액에 따라 계산되 는 방식

- 초기에 이자를 많이 상환하고, 점차 상환하는 이자 액수가 줄어든다.

자료: 주택금융공사

플팩의 상급지로 가는 대출력

자본금이 모자라서, 종잣돈이 이것밖에 안 되어서

강남은 꿈도 못 꿀뿐더러 내 집 마련조차 힘들다고

좌절했던 이들일수록 대출력이 더욱 필요하고 중요하다.

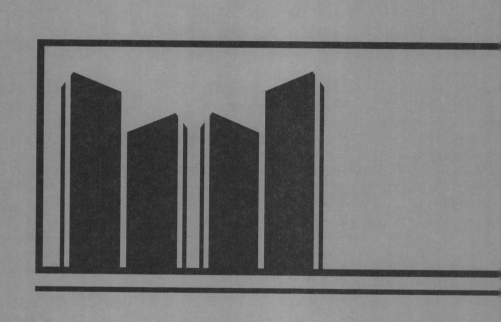

3부

본격 트레이닝으로
부를 키우자

| 6장 |

무주택자 전략:
시장이 주는 기회를 잡아라

무주택자가 적극적으로 활용할 수 있는 전세자금대출은 크게 정책자금대출과 은행재원대출로 나뉜다. 특히 정부에서는 서민의 주거 안정을 위해 저금리의 정책성 대출을 내놓고 있다. 하지만 대부분의 정책성 전세자금대출은 '추가매수금지약정'이 있기에 내 집 마련을 할 때는 해당 전세대출을 상환해야하는 주의점이 있다. 한편 무주택자의 은행재원 전세자금대출은 추가매수금지약정이 없기에 이를 잘 활용한다면 단숨에 상급지로 갈 수도 있다. 이 외에도 이번 장에서는 무주택자들을 위한 여러 대출과 '선대출 후전세' 전략 등 다양한 전략으로 상급지로 바로 갈 수 있는 방법을 소개하고 있다. 어떤 대출이 나와 가정의 상황에 맞는지를 파악해 내 집 마련을 해보자.

01

전세제도
활용하기

우리나라에만 있는 특별한 제도인 전세제도는 집값을 견인한다는 부정적인 여론도 있지만, 서민층의 주거안정에 기여하고 삶의 질을 향상시키는 유의미한 역할을 하는 것도 사실이다. 특히 전세자금대출은 전세제도를 지탱해주는 지렛대 역할을 한다. 실제 사례로 확인해보자.

 반지하 월세살이 vs 신축 아파트 전세살이

보증금 500만 원에 월세 35만 원의 반지하 월세살이와 보증금 2억 원에 대출이자 38만 원의 신축 아파트 전세 중 하나를 골라야 한다면 당신은 어떤 선택을 하겠는가?

배우 이○○은 독립을 위해 본인의 종잣돈 500만 원으로 감당할 수 있는 월세 35만 원의 집을 알아보던 중 서울에서는 이 금액으로 반지하밖에 갈 수 없다는 사실을 알게 된다. 현실의 벽을 느꼈지만, 여기서 굴하지 않고 이 반지하 집을 예쁘게 꾸며보기로 한다. 그의 이런 모습은 방송에 나와 화제가 되었다. 그리고 그는 셀프 인테리어로 집의 컨디션을 높여보다가 우연히 전세대출을 알게 된다.

누구나 살고 싶어 하는 신축 아파트의 전세가 자그마치 보증금 2억에 매물로 나왔다. 그런데 이 2억이라는 돈이 그에겐 없다. 그래서 나라의 도움을 받기로 한다. 일명 '버팀목 전세대출'을 활용하기로 한 것이다. 버팀목 전세자금대출은 청년층의 나이와 소득 조건 등이 맞으면 1~2%대의 낮은 금리로 빌릴 수 있는 대출이다. 이 경우 기본적으로 전세보증금의 80%는 대출이 나온다. 즉 2억의 80%인 1억 6,000만 원을 정부에서 저리로 빌려주기에 이자만 잘 내면 된다(심지어 보증금의 90% 이상 내주는 경우도 있다). 버팀목 전세자금대출을 받게 된 그는 1억 6,000만 원을 2.1%의 금리로 빌려 매달 28만 원의 금융비용이 발생하게 됐지만, 반지하 월세보다 저렴한 금액이다.

이제 나머지 4,000만 원만 있으면 꿈에 그리는 신축 아파트에 살 수 있다. 4,000만 원은 어떻게 마련하면 될까? 기존 반지하 보증금 500만 원을 제외하고도 3,500만 원이 모자란다. 이럴 때 신용대출을 함께 활용하면 된다. 그는 신용대출 2,000만 원을 실행하고 나머지 1,500만 원은 부모님에게 빌렸다. 신용대출 2,000만 원은 대출금리가 5.5%여서 이자가 월 10만 원 발생한다. 최종적으로 전세대출이자 28만 원과 신용대출이자 10만 원을 합한 총 38만 원의 금융비용이 든다. 반지하에 살아도 다달이 35만 원이 나가는데, 전세대출을

플팩의 상급지로 가는 대출력

잘 활용했더니 삶의 질과 만족도를 높이면서 비용도 3만 원 차이밖에 안 나니 주저할 필요가 없을 것이다.

이렇듯 전세대출은 집값을 올리는 역할을 하는 괴물이 아니라 필요한 사람들에게 좋은 레버리지 도구가 된다. 이런 버팀목 전세자금대출뿐만 아니라 전세자금대출에 대해 더 자세히 살펴보면 내 집 마련에도 충분히 활용할 수 있다는 데 놀라게 될 것이다. 우선 전세 진행 프로세스 및 전세자금대출의 기본 개념부터 다져보자.

전세계약 단계와 전세자금대출의 실행 프로세스

전세 물건 찾기

본인의 보유 현금과 대출금 등을 우선 파악하여 감당 가능한 임차보증금 기준으로 전셋집을 찾아본다. 매매가와 전세가를 비교하여 계약하려는 곳의 전세보증금 시세가 적절한지 KB시세 사이트(kbland. kr)나 한국부동산원(rtech.or.kr)을 통해 비교해보고, 믿을 만한 공인중개사(공인중개사법에 따라 개설, 등록된 업체로서 보증보험에 가입한 곳)와 거래한다.

예산은 현금과 대출을 최대한 활용하는 것이 좋은데, 예를 들어 보유 현금이 6,000만 원인 무주택자는 3억 전월세보증금까지는 감당할 수 있을 것이다. 별다른 문제가 없는 한 무주택자는 보증금 3억의 80%인 2억 4,000만 원까지는 전세자금대출이 나오기 때문이다. 물론 이 경우 보유 현금이 부족하다면 신용대출을 활용해볼 수도 있다. 예산 범위가 정해지면 소득 증빙서류, 재직증빙서, 신분증, 계약하려는 집의 등기사항전부증명서를 챙겨 가 은행에서 사전 상담을 받으면 전세자금대출의 예상 한도, 대출금리, 보증서 발급이 가능한지 등을 바로 알 수 있다.

등기사항전부증명서 및 건축물대장 등을 확인하여
전세대출 가능성 파악

임차계약 전 등기소나 대법원 인터넷등기소에서 등기사항전부증명서를 발급하여 해당 물건에 집주인의 대출이 얼마나 있는지도 살펴보는 것이 좋다. 너무 많은 저당권이 설정되어 있어 추후 전세금을 돌려받지 못할 상황에 처할 수 있는 주택은 피한다. 만약 임대인의 대출이 보증금을 돌려받지 못할 정도가 아니라 일부만 설정되어 있다면 오히려 합의를 통해 임차보증금이나 월세금을 낮춰볼 수 있다. 부동산 등기사항전부증명서는 토지나 건물 등 부동산의 표시와 부동산에 관한 권리관계의 득실 변경에 관한 사항을 적은 공적 증명서다. 이를 통해서 부동산의 주소, 면적 등의 현황과 임대인, 저당권자, 임차권자 등의 권리관계까지 전부 확인할 수 있다.

또한 임차계약을 하려는 물건이 전세자금대출을 받을 수 있는 안전한 곳인지 은행에 확실히 확인한 후 임대차계약을 진행하도록 한다. 위반건축물 같은 곳은 전세자금대출이 실행되지 않을 수 있기 때문에 건축물대장과 지적 공부 등을 살펴봐야 한다. 지적 공부와 건축물대장은 주민센터나 '정부24' 사이트에서 발급받을 수 있다.

임대차계약

임대차계약 시 계약서 당일의 등기사항전부증명서, 건축물대장 같은 공부를 한 번 더 확인한다. 주민등록증과 등기사항전부증명서 갑구의 소유자와 임대인이 동일한지, 소유자 변동은 없는지, 전세권설정이나 채무액이 생기진 않았는지 등을 꼼꼼히 체크한다. 소유권에 대한 권리침해(경매 신청, 압류, 가압류, 가처분 및 가등기 등)가 없는지도 살펴보고, 대리인과 계약할 때는 위임장과 본인명의 인감증명서의 진위도 확인한다.

등기사항전부증명서상 소유주가 신탁자(법인)인 경우 임대차계약 시 신탁자(법인)의 동의가 반드시 필요하며, 임차에 문제가 없는 주택인지 신탁원부를 통해 확인해야 한다. 신탁회사가 집주인에게 임대차 권한을 주지 않았는데 집주인에게 전세보증금을 건네면 전세금을 보호받을 수 없기 때문에 신탁사와의 거래는 더욱 주의해야 한다.

집주인의 세금 체납 건은 없는지도 별도로 확인해야 하는데 국세나 지방세 미납 건은 등기사항전부증명서에서는 확인되지 않으므로 꼭 따로 요청해서 확인해야 한다.

질권설정 방식의 전세대출을 실행해야 할 경우에는 질권설정통지서가 내용증명으로 가면 임대인이 거부하는 경우도 많으니 전세계약서 작성 시 특약사항을 추가하여 미리 안전장치를 걸어두는 것이 좋다. '임차인의 변심이 아닌 건물상의 문제나 집주인의 협조가 불이행되어 대출이 거절된 경우, 계약금은 전액 임차인에게 반환하기로 한다' 또는 '임대인은 임차인이 은행에서 전세대출을 받는 것에 동의하고 적극 협조한다'라는 문구를 넣는 것이다. 여기서 집주인의 협조란 전세대출에 대한 집주인의 동의(질권설정) 또는 수령(채권양도통지서)을 의미한다.

이렇게 상호협의까지 잘됐다면 계약금(보증금의 5% 이상)을 송금하고 영수증을 꼭 챙겨둔다. 은행전세자금대출을 받을 때 계약금 송금 영수증이 필수 서류이기 때문이다.

전세권설정

임대인(집주인)과 임차인(세입자)이 임대차계약에서 당사자 간 합의에 따라 등기사항전부증명서상에 전세권을 설정하여 보증금을 보호하는 것을 의미한다. 전세권을 설정하면 임차인은 확정일자와 입주 및 전입신고의 요건을 갖춘 것과 같은 대항력을 지니게 된다. 임대인의 선대출 금액이 많아 보증금을 돌려받지 못할 위험성이 크다고 판단되거나 전입신고가 곤란할 경우 전세권설정을 많이 한다.

확정일자를 갖춘 임차인은 별도로 임차보증금반환 청구소송 등을 제기해 승소판결을 받아 강제집행을 신청해야 하지만, 전세권설정 등기를 한 임차인은 판결 절차 없이도 바로 경매 신청을 할 수 있다. 경매 신청을 하면 배당 절차를 거쳐 전세보증금을 바로 받을 수 있으므로 확정일자보다 더욱 강력한 효력을 지닌다.

확정일자를 받을 땐 임대인 동의 절차가 필요 없지만, 전세권을 설정한다면 임대인에게도 받아야 하는 필수서류들이 있으므로 임대인 동의가 반드시 필요하다. 전세권설정 시에는 등록세, 교육세, 법무사비용 등 각종 비용이 발생한다. 전세보증금에 비례하여 비용이 늘어나므로 확정일자를 받고 전세금반환보증보험에 가입하는 것보다 비용 부담이 크다는 점을 사전에 인지하고 진행하는 것이 좋다.

질권설정 방식의 전세자금대출

임대인(집주인)과 임차인(세입자) 사이에 임대차계약을 체결하면 임차인은 계약 기간에 전세보증금을 임대인에게 양도하고, 계약 기간 종료 후 보증금을 돌려받을 권리(임대차보증금반환채권)를 가지게 된다. 임차인이 이 보증금 중 일부를 은행에서 대출받으면, 은행은 전세자금대출 실행 시 대출금 자체를 질권으로 설정하게 된다. 전세보증금반환채권에 질권을 설정하니, 전세계약이 종료되면 전세자금대출 중 설정된 금액을 은행에 반환해달라는 의미다.

질권이 설정되면 내가 받을 채권(보증금)은 집주인에게 양도되고, 질권자이자 채권자인 은행은 임대인을 통해서 대출금을 임차인에게 빌려주며 전세 기간이 만료되면 임대인을 통해 보증금을 반환할 권리를 가지게 된다. 이것을 질권설정 방식의 전세자금대출이라고 한다.

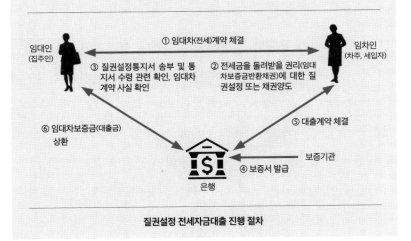

질권설정 전세자금대출 진행 절차

임대인은 질권설정통지서(채권양도통지서)를 수령(통지형)하거나, 채권양도승낙서에 동의(승낙형)해야 하며, 전세계약 사실 등을 유선통화를 통해 확인할 수 있어야 한다. 이때 임대인이 주의해야 할 것은 은행으로부터 수취한 전세보증 금액은 전세계약 만료 후 반드시 질권자인 은행 지정 계좌로 반환해야 한다는 점이다. 만약 보증금을 은행 계좌로 보내지 않고 임차인에게 바로 주면, 질권설정 반환이 마무리되지 않아 질권 해제가 안 된 것으로 본다. 따라서 임대인은 반드시 은행 계좌로 송금한 후 상환 영수증과 질권설정 해제 통지까지 받아두어야 한다.

확정일자 받기

임대인 동의 전세대출을 받으려면 세입자의 확정일자부 계약서 원본이 필요하다. 확정일자란 증서가 작성된 일자에 대하여 완전한 증거력이 있다고 법률에서 인정하는 일자로, 확정일자가 있어야 후순위 채권자보다 우선해서 배당을 받을 수 있는 임차인의 우선변제권이 확보된다.

물론 세입자가 온전한 대항력을 가지려면 확정일자뿐만 아니라 전입신고와 점유(거주) 또한 이루어져야 한다. 대항력이란 임차인이 제3자(주택양수인 등 임차주택에 대한 이해관계인)에게 임차 사실 및 관련 내용을 주장할 수 있는 법률적 힘으로, 입주와 주민등록 전입을 마친 다음 날부터 효력이 발생한다. 집주인의 근저당 효력보다 임차인의 대항력이 발휘되는 날이 하루 늦기 때문에 임차인의 동의 없는 선순위 근저당은 설정되지 않도록 잘 확인하고 사전 합의해야 한다.

확정일자는 전셋집 주소지 인근 주민센터에서 직접 받을 수 있고, 대법원 인터넷등기소를 통해 온라인으로 받을 수도 있다.

대출 신청

은행에서 안내해주는 대출 준비서류를 챙겨 잔금일 기준 한 달 전에서 최소 2주 전에는 대출 신청을 마무리한다. 은행은 고객으로부터 수취한 서류를 접수하여 최종 심사를 하며 대출 실행 전 권리 조사 업체에 의뢰하여 해당 물건이 공부상에 문제가 없는지 최종 점검한다.

전세금을 돌려받을 권리(임대차보증금반환채권)에 대한 질권설정 방식의 전세대출을 실행할 경우에는, 임대인의 동의가 반드시 필요하므로 임대인과 통화하여 질권설정통지서 수령 여부를 확인한다(질권설정통지서를 임대인이 내용증명으로 받았을 때 내용을 확인하지 않았더라도 우편물을 수령하면 전세자금대출에 동의한 것으로 간주하기도 한다). 은행은 임대인의 동의가 확실시된 이후여야 대출계약이 완전히 체결된 것으로 보고 보증기관에 보증서를 신청한다.

전세자금대출 실행 및 전입신고

전세자금대출은 잔금일에 실행되며 은행은 보통 임대인 통장으로 바로 임대차보증금을 송금해준다. 특히 질권설정 방식의 전세대출일 경우에는 반드시 임대인 통장으로 대출금이 송금되어야 하고, 추후 임대인도 전세금을 반환할 때 임차인이 아닌 은행 통장으로 송금해야 한다.

임차인은 잔금 당일 바로 전입신고를 하는 것이 중요한데 '주택
도시보증공사 안심대출보증' 상품 약관상, 이사 당일 전입신고와 확
정일자를 받은 경우에만 보증 효력이 발생한다고 명시되어 있기 때
문이다. 전세 사기처럼 당일 집주인이 바뀌어 세입자가 대항력을 갖
추지 못해도 이사 당일 전입신고를 마치기만 하면 구제 대상이 되지
만, 전입신고를 늦게 하면 보증금반환 대상에서 제외된다는 점을 기
억해야 한다.

이렇게 전입신고가 완료된 주민등록등본을 받아서 은행에 제출하
면 마무리가 된다. 또한 임차인은 계약 기간 내에 임의로 전입을 빼
면 안 된다. 전입을 빼는 즉시 전세대출이 회수되기도 하고 전세금
보호가 안 될 수 있으며, 추후 전세대출 연장도 불가할 수 있으니 주
의해야 한다.

주택 임대차계약 신고

주택 임대차계약 신고제는 임대차보증금이 6,000만 원을 초과하거
나 월 차임이 30만 원을 초과하는 임대차계약(임대차계약을 갱신하는
경우로서 보증금 및 차임의 증감 없이 임대차 기간만 연장하는 경우는 제외함)에
대하여 적용된다.

임대차계약 신고 대상 지역은 수도권(서울, 경기도, 인천) 전역, 광역
시, 세종시, 제주시 및 도(道)의 시(市) 지역(도 지역의 군은 제외함)이 해
당한다. 신고기한은 계약 체결일로부터 30일 이내이며, 신고기한을
초과할 경우 100만 원 이하의 과태료 부과 대상에 해당한다. 계약서
작성 이전이라도 임대료, 임대 기간, 주택 등이 확정되어 당사자 간

임대차계약이 합의되고 가계약금이 입금됐다면, 가계약금 입금일을 기준으로 30일 이내에 신고해야 한다.

주택 임대차계약 신고는 임대한 주택의 관할 주민센터를 방문하여 통합민원창구에서 오프라인으로 신고하거나 국토교통부 부동산 거래관리시스템(rtms.molit.go.kr)에서 온라인으로 신고할 수 있다.

전세자금대출의 종류:
정책자금대출과 은행재원대출

전세자금대출은 재원의 주체에 따라 정책자금대출과 은행재원대출로 나뉜다.

정책자금 전세자금대출은 국토교통부 산하 주택도시기금에서 실행하며 저소득층이나 서민의 주거안정을 돕기 위한 정책성 대출이다. 중소기업청년전세자금대출, 신혼부부 전용 전세자금대출, 버팀목 전세자금대출, 신생아특례 전세자금대출 등이 있다. 시중은행의 전세자금대출 상품보다 금리는 낮으나 조건이 까다롭고 대출한도가 낮은 상품이 많다. 정책자금 전세자금대출은 서민 무주택자들을 위한 상품이어서 1주택이 되면 본 대출을 상환해야 하므로 내 집 마련계획이 있다면 피하는 것이 좋다.

은행재원 전세자금대출은 각 은행의 자금을 재원으로 운영하는 대출로, 1금융권 은행에서는 보증기관의 보증서를 담보로 전세대출을 실행해준다. 은행권 전세자금대출의 보증기관은 한국주택금융공사, 서울보증보험, 주택도시보증공사가 있으며 각 보증기관의 특성에 따라 전세자금대출의 보증금 한도와 대출한도 등이 달라진다.

 ## 정책자금 전세자금대출: 버팀목 전세자금대출

정책자금대출의 대표적인 상품인 '버팀목 전세자금대출'은 2%대의 낮은 금리로 최장 연장 시 10년까지도 사용 가능한 저금리 전세대출 상품이다. 버팀목 전세대출의 신청 자격, 임차보증금, 대출한도 및 기간 등은 다음과 같다(2025년 2월 기준).

일반 버팀목 전세자금대출

- 대출 대상
  - 부부 합산 연소득 5,000만 원 이하, 순자산가액 3억 4,500만 원 이하 무주택 세대주
  - 신혼부부 연소득 합산 7,500만 원 이하
  - 만 19세 이상~만 34세 이하의 세대주(예비 세대주 포함)
- 대출금리
  - 연 2.3~3.3%(중도상환 수수료 없음)
- 대출한도
  - 수도권: 보증금 3억 원 이하, 대출한도 1억 2,000만 원(2자녀 이상일 경우: 보증금 4억 원 이하, 대출한도 3억 원)

- 비수도권: 보증금 2억 원 이하, 대출한도 8,000만 원(2자녀 이상일 경

  우: 보증금 3억 원 이하, 대출한도 2억 원)

- 주택도시보증공사 보증: 25개월(총 4회 연장 가능)

- 한국주택금융공사 보증: 24개월(총 4회 연장 가능)

청년 전용 버팀목 전세자금대출

● 대출 대상

- 부부 합산 연소득 5,000만 원 이하, 순자산가액 3억 4,500만 원 이하

  무주택 세대주

- 만 19세 이상~만 34세 이하의 세대주(예비 세대주 포함)

● 대출금리

- 연 2.0~3.1%(중도상환 수수료 없음)

● 대출한도

- 최대 2억 원 이내(임차보증금의 80% 이내)

● 대출 기간

- 최초 2년(4회 연장, 최장 10년 이용 가능)

신혼부부 전용 버팀목 전세자금대출

● 대출 대상

- 부부 합산 연소득 7,500만 원 이하, 순자산가액 3억 4,500만 원 이하

  무주택 세대주

- 신혼부부(혼인 기간 7년 이내 또는 3개월 이내 결혼 예정자)

- 대출금리
  - 연 1.7~3.1%(중도상환 수수료 없음)
- 대출한도
  - 수도권: 보증금 4억 이내, 대출한도 3억 원 이하(임차보증금의 80% 이내)
  - 수도권 외: 보증금 3억 이내, 대출한도 2억 원 이하(임차보증금의 80% 이내)
- 대출 기간
  - 2년(4회 연장, 최장 10년 이용 가능)
  - 주택도시보증공사 전세금안심대출 보증서: 최대 2년 1개월(4회 연장하여 최장 10년 5개월 가능)
  - 최장 10년 이용 후 연장 시점 기준 미성년 1자녀당 2년 추가(최장 20년 이용 가능)

은행재원 전세자금대출

한국주택금융공사 전세자금대출(주금공전세대출, HF 전세자금대출)

한국주택금융공사 전세자금대출은 대출 신청인의 소득, 부채, 신용 상태 등에 따라 한도가 달라진다. 서울·수도권 7억 이하, 지방 5억 이하일 경우 무주택자 기준 임차보증금 80% 이내 최대 4억 4,400만 원, 1주택자는 최대 2억 2,200만 원까지 대출받을 수 있다. 근로소득자를 우대하며 대출가능금액은 보통 소득의 3.5~4.5배 정도로 산정하되 실무적으로는 3.5배 정도의 금액 범위 내에서 실행된다.

한국주택금융공사 전세대출은 보증기관 중 유일하게 임대인이 법인이나 외국인일 때도 사용할 수 있는 대출이다. 다가구주택, 다중주택처럼 감정가에 비해 대출이 많이 잡히는 집이나 미등기 주택도 은행 재량하에 실행될 수 있다. 대출 진행 시 보증료도 저렴하고 절차도 비교적 간단해서 임대인, 세입자, 은행원 모두 부담이 적어 선호된다.

실무적으로 처음 전세대출이 실행된 이후에는 전입 유지를 확인하는 경우도 적어 전입을 잠깐 뺀다고 하더라도 서울보증보험이나 주택도시보증공사 전세자금대출처럼 바로 회수되지 않는다는 장점이 있다.

실제로 한 수강생이 미등기 신축 아파트에 잔금대출을 받고 추가로 월세를 놓아 세입자가 월세보증금에 대해 전세대출을 실행한 사례가 있었다. 다만 잔금대출 때 후에 등기가 나오면 대출이 선순위가 되는 조건이어서, 세입자는 '임대인이 대출받는 것에 적극 협조한다'라는 특약을 넣고 전세대출은 한국주택금융공사 상품으로 도와드렸다. 등기 후에 대출이 선순위가 되려면 이미 들어가 있는 월세 세입자가 잠시 전입을 빼줘야 했기 때문이다. 전입을 잠깐 빼더라도 바로 회수되지는 않는 상품은 한국주택금융공사 대출상품이 유일하기에 선택의 여지가 없었다. 다행히 세입자는 근로소득자였고 한국주택금융공사 전세대출을 실행하는 데 문제가 없어 잘 마무리됐다.

서울보증보험 전세자금대출(SGI 전세대출)

서울보증보험 전세자금대출은 임차보증금에 제한이 없다. 따라서 고가 전세를 사는 사람도 대출을 받을 수 있으며 무주택자 기준 최대 5억 원, 1주택자는 3억 원까지 대출이 나온다. 전세보증금이 20억이라도 무주택자라면 5억까지는 대출이 된다는 뜻이다.

또한 서울보증보험 전세자금대출은 DTI를 보기에 소득이 적어도 이자 상환 능력이 되고 신용점수가 좋으면 대출한도가 비교적 높게 나온다는 장점이 있다. 신용점수별로 대출가능금액이 달라지는데 실제 소득에 비해 신고소득이 적은 자영업자, 개인사업자, 프리랜서에게도 선호된다. 더욱이 세대주가 아닌 세대원도 대출을 받을 수 있어 선택의 폭이 넓다.

하지만 임차하는 주택에 근저당권설정 금액(채권최고액)과 임차보증금의 합계가 KB시세를 넘어서면 대출이 불가하니 근저당이 과도하게 설정된 집에 전세로 들어가는 것은 피해야 한다. 임차인은 계약 기간에 임차한 집에 계속 거주해야 하는 전입 유지의 의무가 있으며, 전입 유지 의무를 지키지 않으면 대출이 바로 회수될 수 있으니 주의해야 한다.

또한 서울보증보험 전세대출은 질권설정을 기반으로 하는 전세대출이기에 임대인 동의가 필수다. 즉 임차인이 은행과 질권설정 계약을 하고 은행이 질권설정통지서를 임대인에게 보내므로 임대인이 동의를 해줘야 전세자금대출이 실행된다. 질권설정통지서가 내용증명 형태로 임대인에게 배송되는데 간혹 임대인이 전세계약 자체를 꺼리는 경우가 있으므로 전세계약 시 '임대인은 임차인이 전세대출을 받는 데 적극 협조한다' 등의 문구를 특약으로 넣어두길 권한다.

주택도시보증공사 전세자금대출(허그 전세대출)

'허그(HUG) 안심전세'라고도 알려져 있는 주택도시보증공사 전세대출 상품은 은행권에서 전세안심대출, 전세금안심대출, 안심전세대출 등으로 다양하게 표현된다.

주택도시보증공사 전세자금대출은 보증금반환보증보험 가입이 필수라 임차보증금이 보호되기에 임차인 입장에서 안심할 수 있다. 즉 임차인에 대한 전세보증금반환보증과 금융기관에 대한 전세자금대출의 원리금 상환(전세자금대출 특약보증)을 함께 책임지는 보증 상품이다. 안심전세는 전세보증금을 주택도시보증공사에 양도하는 채권양도 방식의 전세대출이기에 임대인 동의가 필요하며 임차인은 전입유지의 의무가 있다.

서울보증보험의 질권설정 방식과 다른 점은 전체 보증금에 대한 권리를 양도하고 통지하는 방식이라는 점이다. 세입자와 은행 간에 채권양도양수 계약을 한 후, 임대인에게 통보하거나 직접 양도양수 계약서에 서명을 받는다. 채권양도 방식의 경우에도 질권설정 방식처럼 임대인은 임차인에게 송금하면 안 되고 은행 계좌로 송금하여 반환해야 한다.

서울보증보험처럼 세대주가 아닌 세대원도 대출받을 수 있으며 무주택자일 경우 서울·수도권은 최대 4억 원까지, 지방은 3억 2,000만 원까지 대출받을 수 있다. 1주택자는 2억 원까지 대출받을 수 있다. 임차보증금이 수도권 기준 7억 원, 비수도권 기준 5억 원 초과인 경우에는 대출이 불가하다. 주택도시보증공사 전세자금대출은 전세보증금의 최대 80%까지 대출한도 내에서 실행하되, 반전세인 경우

플팩의 상급지로 가는 대출력

월세 부분은 추가 차감할 수 있다는 점을 염두에 두어야 한다.

또한 임차하는 주택에 근저당권설정 금액(채권최고액)과 임차보증금의 합계가 KB시세의 80% 이내여야 한다. 이때 선순위채권은 주택가액의 60% 이내, 임차보증금도 KB시세의 90% 이내여야 임차보증금의 80%까지 전세대출을 받을 수 있다.

주택도시보증공사 전세대출의 장점은 임차인의 소득이 적거나 심지어 소득이 없어도 보증금의 최대 80%까지 대출이 나온다는 점이다. 학생 또는 주부이거나 퇴사·휴직·신입·이직 등 다양한 사유로 소득 증빙이 힘든 사람도 전세대출을 받을 수 있다. 신용점수가 나쁘지 않다면 적극 활용해보길 바란다.

임차(전세)보증금반환보증

임대차계약 종료 시 임차인이 보증금을 돌려받지 못하는 상황이 발생했을 때 임대인이 임차인에게 지급해야 할 보증금을 보증사가 대신 책임지고 반환해주는 보증이다. 쉽게 말해 임대인(집주인)이 임차보증금을 돌려주지 않을 경우 집주인 대신 보증금을 돌려주는 제도로 주택도시보증공사, 한국주택금융공사, 서울보증보험 등의 보증사에서 운영한다. 보증금에 앞서 임대인의 대출이 있거나 전세가 하락 등의 위험으로 임차인의 보증금반환이 불안할 경우 가입하는 경우가 많다.

2021년 8월부터는 주택임대사업자가 임대인일 경우 전세보증보험 가입이 의무화됐다. 이때 보증 수수료는 임대인이 75%, 임차인이 25%를 부담한다.

앞서 봤듯이, 전세보증금을 담보로 보증금의 최대 80%까지 대출받는 것을 '전세자금대출'이라고 한다. 전세보증금이 5억 원일 경우 최대 4억 원까지 받을 수 있다는 뜻이다. 이는 보증기관에서 100% 보증을 해주며 보증서를 발급해주기 때문에 은행은 별다른 위험이 없어 최대보증금의 80% 대출이 가능한 구조다. 하지만 금융당국은 이 보증보험의 보증비율을 100%에서 90%로 낮추고 수도권에 한해 추가로 더 하향하는 방안을 검토 중이다. 금융권에서는 수도권에 80% 수준의 보증비율이 적용될 수 있다고 보고 있다.

이렇게 보증기관의 보증비율을 90%로 떨어지면 이전처럼 최대 80%까지 전세대출을 받는 일은 불가능해질 수 있다. 물론 보증기관과 금융기관의 정확한 규정이 나와야 하지만, 지금처럼 최대 보증금의 80%까지 전세대출을 받으려면 일부 부족한 금액은 금리를 높여야 받을 수 있거나, 신용대출 형식으로 충당해야 할 가능성도 커지면서 대출받는 이들의 부담이 커지게 됐다. 아니면 최대 80%가 아닌 최대 70%까지만 전세대출이 가능해질 수도 있다.

여기서 수도권의 보증비율은 80%까지 낮추게 되면 수도권에서는 전세자금대출 받기가 더 어려워져 수도권 전세를 살기 위해선 자기자본금이 더 필요하게 될 것이다.

임차 시장에서 전세대출을 받을 때 보증한도가 줄어들거나 금리 부담이 커지면 사람들은 전세대신 월세를 선택할 가능성이 커진다. 또는 전세대출이 최대로 가능한 금액까지만 보증금을 설정하고 모자라는 금액은 월세로 전환하는 일명 '반전세' 형태도 급격히 늘어 날 수 있다. 이렇게 전세보증한도 축소로 전세 대출을 조여 반전세 와 월세 시장의 수요가 더 늘어나면 자본이 부족해 월세로만 거주해 야 하는 사람들은 전세 시장에서 밀려난 사람들과도 경합해야 하는 부담이 생겼다. 게다가 적절한 전월세 추가 공급이 없는 상태에서 월세 경쟁을 한다면 월세 가격이 상승으로 이어질 것은 뻔하다.

결국 **전월세에 대한 충분한 공급이 없는 상태에서 이뤄지는 보증비 율의 축소는 임차 시장을 과열시켜 전세의 월세화나 반전세 현상을 가 속화하는 촉매제 역할**을 하게 될 뿐이다. 즉 전세보증금만으로 계약 하는 전세 시대가 저물어가고 있는지도 모른다.

 ## 빌라와 같은 비아파트의 전세대출은 주의하라

빌라와 같은 비아파트는 서민들의 주거 사다리 역할을 하고 있다. 그러나 전세대출 보증비율 축소로 전세대출 금리가 일부 오르면 저 소득 서민층의 이자 부담이 늘어나고, **다세대·연립주택 등 빌라 전세 대출은 더 어려워질 수 있다.**

현재 **빌라에서 전세보증보험은 공동주택가격의 126% 이내의 전세 금까지만 가입이 가능**하다. 빌라의 전세대출을 받으려는 사람들은 대부분 전세보증반환보증보험에 가입해 안전하게 살기를 원하는데, 낮은 공동주택가격의 126%까지만 반환보증보험 가입이 가능하니 빌라 전세의 수요는 줄어들고 아파트 전세에 대한 수요만 더욱 늘어나고 있다. 더욱이 자금이 부족해 아파트로 가지 못하고 전세로 빌라에 살아야 하는 사람들은 전세반환보증보험 가입이 안 되니 후에 전세금을 못 돌려받는 전세 사기의 사각지대에 놓일 수 있어 또 다른 심각한 문제가 발생할 수 있다.

또한 공동주택가격의 126%에 해당하는 금액은 현재 건축원가보다도 낮은 금액이므로 사실 점점 더 비아파트의 건축을 하려 하지 않는다. 다시 말하면 공동주택가격의 126% 이내의 전세가는 건축 원가보다 낮은 금액이기에, 향후 비아파트의 갭투자는 더욱 어려워진다는 뜻이다. 빌라 전세사기 여파로 아파트 전셋값 문턱이 높아지는 상황에서 전세보증 비율 축소로 인해 전세 보증금마저 부담되는 세입자들은 월세로 돌아설 가능성이 크다. 엎친 데 덮친 격으로 2025년 3월부터 전세금반환보증상품의 보증료가 인상된다. 보증료는 세입자가 전세 사기 등에 대비해 전세보증에 가입할 때 납부하는 일종의 보험료다. 주로 전세 사고 위험이 높은 빌라나 다세대주택, 오피스텔 등의 보증료가 대폭 오를 전망이다. 예컨대 3억 원 주택을 전세가 2억 5000만 원에 계약할 경우 아파트는 연 0.154%, 비아파트는 연 0.197%의 보증료를 내야 한다. 따라서 전세반환보증료도 오르고 갭투자도 어려워진 비아파트에 대해 전세보증보험 한도마저 낮추는 것은 세입자의 비아파트 전세대출이 지금보다 더 어려워질 수 있다는 의미이므로 주의해야 한다. 일부 2금융권에서는 공주가의 130%나 감정가의 80% 중 높은 값을 기준으로 전세대출 한도를 산정할 수 있다. 비아파트 전세를 계획하고 있다면, 대출 조건을 여러 금융 기관과 비교해 자신에게 유리한 조건을 조금이라도 빨리 확보하는 것이 좋다.

전세자금 대출규제와 빈틈 전략

2020년 7월 10일 이후 3억 원 이상 투기과열지구 아파트를 매수한 사람은 1금융권 전세자금대출이 불가하다. 단, 투기과열지구라고 하더라도 9억 원 이하의 아파트를 전월세를 끼고 갭으로 매수했다면 예외 사항이 존재한다. 즉 매입한 아파트에 기존 세입자의 임대차 기간이 남아 있다면 해당 기간까지는 전세대출이 회수되지 않는다. 갭으로 매수한 곳 세입자의 전세대출 만기와 현재 내 전세대출 만기 중 짧은 기한까지는 사용 가능하다는 얘기다.

　또한 규제 시행일(2020.7.10) 이후 전세대출 이용자가 규제 대상 아파트를 구입한 경우 전세대출이 즉시 회수되므로 비규제지역은 제한이 없고, 아파트만 해당하므로 빌라나 다세대주택 등은 제한이 없다. 따라서 비규제지역 아파트를 매수한 사람이나 투기과열지구라고 하더라도 아파트가 아닌 주택을 매매한 사람은 1금융권 전세대출을 이용할 수 있다. 덧붙여 투기과열지구 3억 원 이상 아파트 매수자도 2금융권 전세자금대출은 받을 수 있다.

　참고로, **2주택자 이상인 다주택자는 1금융권 은행에서는 전세대출을 받을 수 없다.** 2금융권에서는 다주택자를 위해서도 전세대출을 실행해주는 곳(카드사, 신협 일부 지점, 캐피탈 등)이 있는데, 이때 2금융권 전세자금대출은 보증기관을 통한 보증이 아닌 질권설정 방식이나 전세권설정 방식으로 진행된다.

　법인이나 외국인이 임대인일 경우에도 한국주택금융공사 전세대출 외에 2금융권에서 전세대출을 받을 수 있다. 물론 모든 2금융권에서 다주택자 전세대출을 실행해주는 것은 아니지만 언제나 그렇 듯 나에게 대출해주는 한 곳을 찾으면 된다. 2025년 2월 현재 기준, 1금융권 전세대출 이자는 4%대이고, 다주택자 전세자금대출은 4% 후반부터 6%대를 형성한다(캐피탈은 8% 이상). 2금융권 전세대출은 임대인 동의가 필수인 상품이 대부분이며 DSR을 계산하는 곳도 있 으니 여러 상품을 비교해보자.

대출력 레벨업을 위한 Q&A

Q 전세대출 받으며 무주택자로만 살아오다가 드디어 내 집 마련을 하 려고 마음을 먹고 이제 최종적으로 두 아파트 중에 한 곳을 선정해 야 하는 시기가 왔습니다. 송파구 준신축 아파트를 갭투자하는 것과 강동구 대단지 신축 아파트를 갭투자하는 것 중에 하나를 선택해야 하는데요. 은행에서는 송파구 아파트를 매수하면 현재 사용 중인 전 세자금대출은 사용하지 못하기에 강동구 아파트만 선택해야 한다 고 하는데 왜 그런 걸까요? 둘 다 좋은 아파트이지만 강남 3구 중 하 나인 송파구에 내 집을 마련하고 싶은 마음이 더 크거든요.

A 현재 은행권에서는 2020년 7월 이후 투기과열지구에 3억 원 이상 의 아파트를 구매할 경우, 1금융권 은행의 전세자금대출은 활용하지 못하게 제한하고 있습니다. 송파구는 투기과열지구이기에 해당 아 파트를 구매하면 현재 사용 중인 전세대출은 회수되기 때문에, 전세 대출을 계속 사용해야 한다면 비규제지역인 강동구 아파트를 매수 해야 합니다. 전세대출 규제에서 비규제지역 3억 원 이상의 아파트 구매자에 대한 제한 사항은 없기 때문입니다.

플랙의 상급지로 가는 대출력

주택담보대출:
정책자금대출과 은행재원대출

우리가 집을 살 때 받을 수 있는 대출을 '주택담보대출(주담대)'이라고 하는데, 크게 정책자금대출과 은행재원대출로 나누어 생각해볼 수 있다.

정책자금대출은 무주택자 서민의 주거안정을 위해 혜택을 주는 정책성 대출로 나라의 정책자금을 재원으로 한다. 은행재원대출에 비해 금리가 낮고 장기고정금리가 가능하며, DSR을 보지 않고 DTI만 보기에 소득이 적거나 부채가 많아도 정해진 한도 이내에서 대출을 받을 수 있다는 이점이 있다. 연봉이 낮은 차주가 저금리로 내 집을 마련하려 한다면 정책자금대출부터 살펴보는 것이 좋다. 하지만 정책자금대출을 받고 나서는 '추가 주택 매수금지 약정'을 작성해야 하기에 이후 주택을 늘리면 안 된다. 디딤돌대출, 신생아특례자금대출, 보금자리론 등이 이에 속한다.

은행재원대출은 각 은행의 자금을 재원으로 하여 운영하는 대출로 DSR을 본다. 따라서 소득만 받쳐준다면 정책자금대출보다 대출을 많이 받을 수 있다는 장점이 있다. 금리는 정책자금대출보다는 높은 편으로 은행권 주택담보대출금리는 2025년 2월 기준 3% 중후반이며, 우대금리 여부에 따라 차주의 최종대출금리가 결정된다. 은행재원대출은 디딤돌대출과는 달리 실거주 의무가 없기에 갭투자에서도 활용할 수 있으며 다양한 대출 전략을 펼칠 수 있다. 은행재원대출에는 서민 실수요자 대출, 생애최초대출, 일반 무주택자대출 등이 있다.

이처럼 어떤 주택담보대출이 우리 가정의 상황에 가장 맞는지를 먼저 파악하는 것이 중요하다. 대출금리가 가장 중요하다면 정책자금대출부터, 대출한도가 더 중요하다면 은행재원대출 상품을 살펴보는 것이 좋다.

04

정책자금대출 활용법

디딤돌대출

서민 실수요자 대출로 대표되는 디딤돌대출은 5억 원 이하로 내 집 마련을 한다면 가장 먼저 알아보는 대출이다. 2자녀 이상의 가정이나 신혼부부라면 6억까지도 가능하다. 같은 정책성 상품인데도 3%대 후반에서 4%대 금리를 형성하는 보금자리론보다 금리가 2배 이상 저렴하기에 조건만 된다면 적극적으로 알아보는 것이 좋다.

기본적으로 6,000만 원 이하인 무주택 세대주가 신청할 수 있으며, 신혼부부는 부부 합산 연소득 최대 8,500만 원까지는 가능하다. 최대 대출한도는 2억 5,000만 원(생애최초 3억 원, 다자녀와 신혼부부는 4억 원까지)이다.

예를 들어 부부 합산 연소득 7,000만 원인 신혼부부가 생애최초로 5억 원 아파트의 내 집 마련을 한다면 최대 4억 원까지 디딤돌대출을 받을 수 있다는 뜻이다. 소득이 적은 배우자가 부부 합산 소득을 사용하여 디딤돌대출을 4억 일으키고 소득이 높은 배우자가 신용대출도 일으킨다면 자본금이 거의 없이도 내 집을 마련할 수 있다. 물론 대출을 일으키는 순서는 디딤돌대출을 먼저 받고 후에 신용대출을 일으켜야 두 대출을 모두 성공적으로 받을 수 있다. 디딤돌대출 실행 전에 배우자의 신용대출을 일으키면 부부소득 합산 시 배우자의 부채도 합산되므로 디딤돌대출 실행에 문제가 생길 수 있다.

또한 만 30세 이상의 미혼 단독 세대주는 디딤돌대출 사용 시 주의할 점이 있다. 주택 가격이 3억 원 이하(전용면적 60제곱미터 이하)로 제한되며 대출한도 역시 1억 5,000만 원 이내(생애최초 2억 원 이내)에서만 실행된다는 점이다. 더욱이 디딤돌대출은 실거주 의무 1년이 있기에 디딤돌대출을 받은 집에 반드시 전입하여 실거주를 유지해야 한다는 점도 간과해서는 안 된다.

서울 수도권 아파트 구매 시 방공제 필수

2024년 12월부터 새롭게 '디딤돌대출 맞춤형 관리 방안'이 나와 수도권에서 아파트를 구매할 때 방공제를 필수로 하게 됐다. 기존엔 MCI, MCG 등 구입자금보증에 가입하면 방공제를 하지 않고 LTV 최대한도로 대출을 받을 수 있었는데 이제 수도권에선 무조건 방공제를 하게 된 것이다. 예를 들어 경기도 소재 5억 원 아파트를 구입하는 무주택자는 비규제지역 LTV 70%(3억 5,000만 원)에서 경기도 방공제 금액인 4,800만 원만큼을 차감하게 되어 총 3억 200만 원까지만 대출받을 수 있다.

플팩의 상급지로 가는 대출력

미등기 신축 아파트 디딤돌대출 사용 불가

신축 분양단지의 잔금대출을 진행할 땐 보통 등기가 늦게 나오기에 시행사 협약은행에서는 먼저 잔금대출을 실행해주고 후에 등기를 취해 근저당을 설정하는 일명 후취담보 식으로 진행한다. 하지만 이렇게 수도권에 소재하는 후취담보 신축 아파트 잔금대출로는 2025년 하반기부터 디딤돌대출이 불가하다. 다만 입주자 모집공고가 제도 시행 전인 12월 1일까지 이뤄진 사업장으로서 입주 기간 시작일이 2025년 상반기까지(~6.30)인 경우에는 예외적으로 기금 잔금대출(후취담보)이 가능하다.

 보금자리론

디딤돌대출의 규제로 서민들의 내 집 마련이 막힌 것 아니냐는 불만 어린 목소리도 있다. 상대적으로 소득이 적은 차주들이 DSR을 보지 않는 예외대출인 정책대출을 활용할 수 없게 되는 것 아니냐는 볼멘소리도 나온다. 하지만 정책자금에는 디딤돌대출뿐만 아니라 '보금자리론'도 있다. 디딤돌대출보다 금리가 높은 편이긴 하나 DSR을 보지 않는 정책대출이고 실거주 의무도 없으므로, 보금자리론도 잘 살펴보면 디딤돌대출의 돌파구가 될 수 있다.

2023년 1월 말 고금리 시대에 부동산 경착륙을 막기 위해 한시적으로 출시된 '특례보금자리론'은 부동산 시장에 큰 영향을 미쳤다. 시행 한 달 만에 준비재원 총 40조 중 15조 이상이 판매되며 선풍적인 인기를 끌었던 특례보금자리는 2023년 9월 말 95%의 소진율을 보여 일반형 상품부터 판매가 중단됐다. 이후 보금자리론은 2025년 현재 우대형 보금자리론의 형태로 지속되고 있다.

보금자리론은 무주택자가 신규 주택 구입을 위해 사용할 수 있을 뿐만 아니라 1주택자가 상환이나 보전(전세반환)을 위해서도 사용할 수 있다. 또한 대체주택 취득을 위한 일시적 2주택자의 경우 기존 주택 처분 조건부(3년 내 처분)로도 구입자금을 실행할 수 있어 활용성이 큰 상품이기도 하다.

사실 일반적인 보금자리론은 3%대 후반부터 4%대의 고정금리를 형성한다. 이는 정책자금임에도 은행권 주택담보대출의 금리보다 이점이 있다고 보기는 힘들다. 현재 은행권 주택담보대출도 우대금리를 잘 활용할 수 있다면 3%대에 실행 가능하기 때문이다. 그러나 보금자리론을 꼭 사용해야만 하는 사람들이 있다. 바로 소득이 적거나 신용대출 등의 부채가 많아 DSR의 문턱을 넘지 못해 상급지 갈아타기나 내 집 마련에 어려움을 겪는 차주들이다. 보금자리론 역시 정책자금대출의 가장 큰 이점인 DSR을 보지 않고 DTI만 본다는 이점이 있기에 연봉이 낮고 다소 대출이 많더라도 은행권에선 나오지 않던 대출이 보금자리론으로는 실행 가능한 경우가 있다.

대출 0원이 5억 원으로 바뀌는 마법의 DTI

보금자리론은 DTI만 보고 DSR을 보지 않는다. 지금과 같은 DSR 규제 시대에 'DSR 미적용'이라는 어마어마한 혜택을 누리는 것이 정책대출의 가장 큰 장점이다.

'DSR 미적용'의 참뜻은 무엇일까? 본인 부채(특히 신용대출)가 많은 영끌족 차주라고 할지라도 보금자리론을 활용하면 DSR에 걸려 안 나오던 대출이 DTI만 보게 되어 대출이 나올 수 있다는 뜻이다. 덧붙여 신용대출을 최대한 함께 활용할 수 있다는 뜻이기도 하다. 소득이 적거나 신용대출 등의 부채가 많아 DSR에 걸려 상급지 갈아타기와 내 집 마련에 어려움을 겪는 차주들이 보금자리론을 적극 활용하는 이유다.

가령 연봉 5,000만 원인 사람이 본인 연봉을 넘어선 8,000만 원 정도의 신용대출을 이미 사용하고 있다면(이율 5.5%) DSR 한도 40%가 다 차서 1금융권 은행의 대출은 더 이상 받을 수가 없다. 하지만 DSR이 아닌 DTI 60%로 적용하면 신용대출 8,000만 원이 있는 상태에서도 주택담보대출 5억 원가량을 받을 수 있는(금리 4.5%, 40년 원리금 상환 기준) 놀라운 마법이 펼쳐진다. DSR이 아닌 DTI만 보기에 대출 0원이었던 사람이 대출 5억 원을 받게 되는 것이다.

보금자리론의 소득 인정

보금자리론의 장점 중 하나가 소득이 적거나 부채가 다소 많아도 은행 대출보다 유리하다는 것이다. DTI 60% 이내 소득 조건만 통과하면 되지만 만약 근로소득자가 아니라서 증빙소득으로 인정을 받기가 어렵다면 건강보험료나 국민연금 납부 금액 등의 대체소득으로 인정받아볼 수 있다. 하지만 신용카드 사용 금액으로는 대체소득 인정이 어렵다는 점에 유의해야 한다.

신용대출과 보금자리론의 환상적인 조합

보금자리론과 신용대출을 조합하여 환상적인 대출한도를 만들어내기 위해서는 '신용대출 1억 원 이하 세팅'이라는 마지막 관문을 통과해야 한다. 신용대출 누적액이 총 1억 원을 넘으면 차주별 DSR 대상에 바로 포함됨과 동시에 고액신용대출 규제에도 걸리기 때문이다. 현 신용대출 규제에는 1억 원 넘게 신용대출을 받은 차주가 1년 이내 규제지역에 집을 사면 안 된다는 약정이 있다. 따라서 규제지역에서 보금자리론으로 집을 매수할 계획이 있다면 신용대출은 1억 원 이하로 세팅하고 보금자리론을 최대로 활용하는 것이 DSR을 피해 가는 빈틈 전략이 될 것이다. 아니면 신용대출을 받고 1년이 지난 시점에 규제지역 주택을 매수하거나 애초 비규제지역 주택을 매수하는 것도 방법이 된다.

또 하나의 꿀팁은 차주별로 적용되는 신용대출 규제 틈새다. 부부 중 한쪽이 1억 원 이상의 신용대출을 받더라도 1억 원 이하로 신용대출을 받은 배우자 명의로 등기를 치면 신용대출이 회수되지 않고 규제지역에 집을 매수해도 아무 문제가 없다. 이때 공동명의만 하지 않으면 된다. 대출력은 정확한 규제를 알고 그 사이의 합법적인 빈틈을 찾아낼 때 찬란한 꽃을 피운다. 얽혀 있는 규제 속에서도 기회는 늘 살아 있는 법이니까!

실거주와 전입 의무가 없다는 점을 적극 활용하라

보금자리론은 디딤돌대출처럼 실거주나 전입 의무가 없어 전월세 세팅이 가능하다는 점도 중요한 투자 포인트다. 보금자리론도 받고 전월세보증금도 활용할 수 있다면 초기 투자금이 확 줄어들기 때문이다.

다만 보금자리론으로 전월세 세팅을 할 때는 주의해야 할 점이 있다. 바로 선순위 보금자리론을 유지해야 하는 경우다. 신축 아파트 잔금대출로 보금자리론을 사용하는 경우, 추후 전월세계약 시 세입자 보증금에 앞서 선순위 보금자리론을 받아도 된다는 특약을 합의해야 한다. 왜냐하면 미등기 아파트이기에 등기가 나오지 않은 상태에서의 전월세계약은 세입자가 선순위가 되는데, 은행에서는 추후 등기가 나오면 보금자리론을 선순위로 책정해야 해서 세입자의 동의가 반드시 필요하기 때문이다. 그렇기에 추후 신축 아파트의 보존등기가 나올 때 보금자리론이 선순위 채권이 되도록 세입자가 잠시 전입을 옮겨주는 것을 미리 합의해두는 것이 좋다.

세입자와 상당히 사이가 좋거나 특약을 처음부터 잘 작성해두지 않으면 추후 세입자의 전입을 빼는 건 현실적으로 힘들 수 있으므로 계약 시점에 충분히 설명해두는 것이 좋다. 특히 전세대출까지 받아야 하는 세입자라면 전입을 빼는 동시에 전세대출도 회수되는 전세대출 상품(SGI나 HUG 전세대출)이 있기에 주의해야 한다.

'선 신용대출 후 보금자리론' 순서를 지켜라!

여기서 대출을 최대한 많이 받으려면 한 가지 주의할 점이 있다. 바로 '대출 순서'다. 보금자리론은 DSR을 보지 않으니 신용대출과 함께 사용하려면 신용대출을 보금자리론보다 먼저 받고, 보금자리론을 맨 마지막에 받아야 한다.

만약 이 순서가 바뀌면 신용대출을 원하는 한도만큼 받지 못하게 된다. 보금자리론 자체를 실행할 때는 DSR을 보지 않지만, 보금자리론을 실행한 주택담보대출 한도는 DSR 전체 계산에는 들어가므로, 보금자리론을 먼저 받아버리면 그만큼 신용대출 가능한도가 줄어들기 때문이다. '선 신용대출 후 보금자리론'을 꼭 기억하자.

페널티 받기 전에 움직여라!

보금자리론을 실행하고 나면 '추가 매수금지 약정서'를 쓰기에 본 주택 외에 추가로 집을 매수하면 안 된다. 하지만 페널티를 받기 전에 보금자리론을 전액 상환한다면 추가 매수금지 약정 위반이 아니다. 대출 상환과 동시에 페널티는 사라지기 때문이다.

또한 보금자리론의 기존 주택 처분기한은 투기지역이나 비규제지역 등의 소재지와 무관하게 대출이 실행된 날로부터 3년 이내다. 처분기한을 지키지 못하면 역시나 페널티가 적용되는데, 이때 다른 주택담보대출로 갈아타면서 전액 보금자리론을 상환하면 당시 맺었던 처분 조건도 사라진다.

향후 상승 여력이 충분하다고 판단되어 처분하기 아까운 기존 주택이 있는 영끌족이라면, 우선은 보금자리론으로 잔금을 해결하고 추후 보금자리론을 추가 매수 금지 규정이 없는 다른 대출로 갈아타면 처분 조건이 사라지니 두 주택 다 가져갈 수 있다. 만약 이 경우 기존에 특례보금자리론을 받은 차주라면 대환 시 중도상환 수수료도 면제이기에 일거양득일 수 있다.

 신생아특례대출

신생아특례대출이란 저출산 극복을 위해 출산가구에 대해 주택 구입자금과 전세자금을 1~2%대의 장기고정금리로 지원하는 정책금융 상품이다. 맞벌이라면 부부 합산 소득 2억 원 이하(외벌이는 부부 합산 소득 1.3억 원 이하)이고 2023년 1월 1일 이후 출생아를 둔 출산가구(입양 가구 포함)가 대상이며, 고금리 대출을 이용 중인 출산가구의

구분	구입자금대출		전세자금대출	
	기존(신혼, 생애최초)	특례	기존(신혼)	특례
소득	7,000만 원 이하 (8,500만 원 상향)	2억 원 이하	6,000만 원 이하 (7,500만 원 상향)	2억 원 이하
자산	4억 6,900만 원 이하	4억 6,900만 원 이하	3억 4,500만 원 이하	3억 4,500만 원 이하
대상 주택	주택가액 6억 원 이하	주택가액 9억 원 이하	보증금 수도권 4억 원, 지방 3억 원 이하	보증금 수도권 5억 원, 지방 4억 원 이하
대출 한도	4억 원	5억 원	3억 원	3억 원
소득별 금리(%) *1자녀 기준	8,500만 원 이하 1.85~3.0	1.6~2.7	7,500만 원 이하 1.2.~2.4	1.1~2.3
	8,500만 원~1억 3,000만 원 이용 불가	2.7~3.3	7,500만 원~1억 3,000만 원 이용 불가	2.3~3.0

신생아특례 구입자금대출과 전세자금대출

※ 적용금리, 지원 대상 등 세부 지원 조건은 시장 상황 등에 따라 변동 가능

주거비 부담을 완화해주기 위해 기존 주택담보대출의 대환도 지원
한다.

신생아특례대출은 크게 '신생아특례 디딤돌대출'과 '신생아특례
버팀목대출'로 구분된다. 신생아특례 디딤돌대출은 구입자금 대출
로 기존 디딤돌대출의 확장판이고, 신생아특례 버팀목대출은 기존
버팀목 전세자금대출의 확장판이라고 보면 된다. 각 대출의 특징과
구성은 앞에 제시한 표를 참조 바란다.

신생아특례 구입자금대출의 활용법

우리가 알아야 할 것은 신생아특례에 대한 대출 지식보다는 신생아
특례를 활용하는 구체적인 방법이다. 어떤 가정이 신생아특례대출
을 활용하는 것이 유리한지 사례를 통해 살펴보자.

신생아특례대출 역시 정책자금대출이므로 DTI 60%만 충족하면
되며, 9억 원 이하의 주택을 구입할 때 최대 5억까지 대출받을 수 있
다. 예를 들어 자본금 1억 5,000만 원 정도가 있고 연봉 1억 원, 외벌
이, 신생아가 있는 가정이 마이너스통장 1억 원을 활용해 비규제지
역 분양가 7억 원 아파트의 분양권 투자를 했다고 해보자. 프리미엄
과 계약금 등으로 1억 원을 모두 활용했다면 잔금 때 이 신용대출을
갚을 순 없을 것이다. 연봉만큼 신용대출이 있어 이미 DSR 비율이
25%가 넘기 때문에 신축 아파트 잔금대출로 신생아특례대출을 활
용해야 DSR의 관문을 통과할 것이다. 신생아특례대출은 DSR을 보
지 않으므로 신용대출보다 나중에 받아도 DTI만 통과하면 된다. 더
욱이 디딤돌대출이나 보금자리론을 활용하기엔 분양가가 주택 한도

플팩의 상급지로 가는 대출력

금액을 넘어섰기 때문에 신생아특례대출을 활용하는 것이 유일한 선택지일 것이다.

신생아특례대출로 비규제지역 LTV 70%를 받아도 DTI 60%를 통과하니 기존의 자본금 1억 5,000만 원을 보태 신축 아파트 잔금을 치를 수 있게 된다. 만약 이 가정에 신생아가 없어 신생아특례대출을 이용하지 못했다면 DSR에 막혀 은행권 대출로는 잔금을 치를 수 없었을 것이다. 그야말로 복덩이 신생아 덕분에 모두가 행복한 내 집 마련에 성공한 사례다.

사실 규정상 재개발·재건축으로 지어진 신축 아파트의 잔금대출로는 신생아특례대출을 활용하지 못한다. 하지만 시행사 협약은행 재량으로 신생아특례대출을 잔금대출로 실행해주는 경우도 있으니 잘 찾아보는 것이 좋다.

일례로 '힐스테이트 송도 더스카이' 같은 경우 농협은행, 신한은행, 하나은행 등의 1금융권 협약은행들에서 신생아특례대출로 잔금을 치르는 것을 허용해주었다. 이는 시행사 협약은행들만의 특징이었을 수도 있지만, 집단대출(차주 개개인이 아니라 일정 자격 요건을 갖춘 집단을 대상으로 하여 개별 심사 없이 일괄승인 방식으로 실행하는 여신)은 예외 사항이 적용되는 경우가 많기에 협약은행별 특장점을 꼼꼼히 따져보는 것이 좋다.

은행재원대출
활용법

연봉 3,000만 원인 생애최초 무주택자가 종잣돈 3억 원으로 강남 준신축 아파트 33평 내 집 마련에 성공했다면 믿겠는가? 강남은 규제지역이기에 무주택자라고 하더라도 LTV 50%를 넘을 수 없고, 6억 원 이상의 주택담보대출을 일으키려 해도 DSR 때문에 적어도 연봉이 1억 원 이상은 되어야 하는데 말이다.

요즘 같은 시대에 자본금 3억 원으로는 경기도 신축 아파트를 매수하기도 힘들다고 생각하는 사람들이 많다. 더욱이 강남 준신축 아파트에 내 집 마련을 하려면 25평이라고 하더라도 시세가 15억 원은 훌쩍 넘는 곳이 많기에, 아무리 대출을 잘 활용한다고 해도 종잣돈이 최소 10억 정도는 있어야 한다고 생각한다. 중개사무소 소장님들조차 이 정도 금액이 없다고 하면 브리핑 자체를 거부하는 분들도 많다. 하지만 강남에서도 생애최초만큼은 대출력을 잘만 활용하면 LTV 80%의 마법을 발휘하여 불가능을 현실로 만들어낼 수 있다.

내 돈 한 푼 없이 내 집을 마련하는 무적의 '생애최초'

생애최초 무주택자들에게는 지금 시장이 가장 큰 기회를 주고 있다. 대출력을 활용하여 그야말로 갓성비로 내 집을 마련하기 가장 좋은 기회다. 특히 생애최초는 규제지역에서 더욱 빛을 발한다. 전세보증금 레버리지와 함께 LTV 80%라는 마법의 대출 비법을 가장 잘 활용할 수 있기 때문이다.

생애최초인 경우에는 은행권 주택담보대출 기준 규제·비규제지역 모두 LTV 80%, 최대 6억 원까지(DSR 범위 내) 대출받을 수 있다. 더욱이 차주의 소득제한도 없고 실거주 의무도 없어 이른바 전세를 끼고 매수하는 갭투자에서 가장 활용도가 높다. 그래서 요즘 규제지역에서도 생애최초 주택담보대출을 활용하여 갭투자하는 사례가 늘어나고 있는 것이다. 더욱이 지금 잠실, 대치, 청담, 삼성 등 본래 토지거래허가구역으로 묶였던 지역들의 아파트들이 규제가 풀리면서 갭투자가 가능해져 강남권에 생애최초 후순위 주택담보대출을 활용하여 내 집을 마련하려는 수요도 늘어나고 있다.

기본적으로 규제지역의 일반 무주택자 LTV 비율은 50%인데, 전세금 뒤로도 1금융권에서 후순위 대출을 받을 수 있으니 조건이 되면 적극적으로 활용하는 것이 좋다. 후순위 대출은 선순위 대출보다 금리가 높은 경향이 있는데, 생애최초 후순위 대출은 대출이자가 일반 주택담보대출보다 오히려 저렴한 경우도 많아 금리상 이점까지 일석이조를 누릴 수 있다. 대출한도 면에서도, 금리 면에서도 가장 우위에 있는 대출이 바로 은행권 생애최초대출인 것이다.

생애최초 무주택자란

'생애최초 무주택자'란 이제껏 단 한 번도 집을 구매해본 적이 없는 무주택자를 의미한다. 여기서 집이란 분양권과 입주권을 모두 포함하며 오피스텔·상가와 같은 비주택은 제외한다. 즉 청약에 당첨된 이력만 있어도 은행권 생애최초 자격에서는 제외된다. 정책자금대출에서의 생애최초 자격과 은행권의 생애최초 자격이 일부 다르다. 정책자금대출에서는 무주택자로 인정해주는 예외 사항들이 존재하는데 은행권에서는 그렇지 않기 때문에 은행권 생애최초의 기준이 더 엄격하다고 보면 된다.

은행권 생애최초 주택담보대출에서 무주택자의 범위는 세대주 본인뿐만 아니라 동일한 주민등록등본에 등재된 세대 구성원(배우자, 배우자의 직계존속, 직계비속, 직계비속의 배우자 포함) 모두 주택 구입 이력이 없는 자다. 만약 배우자가 결혼 전에 주택을 소유한 적이 있다면 생애최초는 불가하다. 주택 구입 이력이 있는 세대원이 있다면 그 세대원과는 주민등록 분리를 하고 생애최초로 진행하면 되는데 배우자는 세대분리를 해도 진행이 불가하다. 부부는 한 몸으로 보기 때문이다. 이럴 때는 혼인신고를 하기 전 생애최초 자격의 배우자가 생애최초로 주택 구매를 한 뒤 혼인신고를 하는 전략도 있다.

규제지역에서 더욱 빛을 발하는 생애최초 매수 전략

무주택자는 지역과 차주의 조건에 따라 LTV가 모두 다르게 적용되는데, 특히 규제지역에서는 같은 무주택자라고 하더라도 서민 실수요자 요건이나 생애최초 조건이 훨씬 더 유리하다. 지역별로 본인의 조건에 맞는 최상의 대출 전략을 어떻게 펼쳤느냐에 따라 자산이 증식되고 급지는 높아진다. 지역별 대출 전략을 치밀하게 세워야 하는 이유이기도 하다.

시세 15억 원인 규제지역의 아파트를 14억 급매로 산다고 가정해 보자. 무주택자의 규제지역 LTV는 50%이므로 다른 대출이 없다고 가정했을 때 대략 연봉이 1억 2,000만 원 정도면 1금융권 은행에서 7억 5,000만 원까지 대출이 나온다. 종잣돈이 6억 5,000만 원은 있어야 14억 급매를 잡을 수 있다. 물론 보험사 대출 등 2금융권 주택담보대출을 이용한다면 DSR 50% 이내이면 되므로 연봉이 9,000만 원 정도만 되어도 7억 5,000만 원의 대출이 실행된다. 그러나 이 경우에도 내 돈 6억 5,000만 원은 필요하다.

이때 전세를 끼고 사두는 갭투자를 활용한다면 초기 투자금을 많이 낮출 수 있다. 매매가 14억 원에서 전세금 9억 원을 차감한 5억 원만 있으면 매수할 수 있기 때문이다. 대출을 7억 5,000만 원이나 내서 원리금 상환 부담까지 지느니 이렇게 갭투자로 매매해두는 것이 더 현명한 매수 방법이라고 생각할 수 있다.

그러나 대출력을 좀 더 발휘해서 주택담보대출과 신용대출 그리고 전세보증금을 환상적으로 조합하면 자산의 퀀텀 점프를 이룰 수 있다. 특히 생애최초 무주택 부부가 부부 합산 소득과 신용대출을 함께 활용한다면 큰 시너지를 발휘할 수 있다.

생애최초대출은 전세보증금과 함께 세팅했을 때 LTV 80% 이내이기만 하면 1금융권 은행에서 최대 6억 원까지 실행 가능하다. 15

억 원의 80%는 12억 원이다. 즉 전세보증금과 생애최초대출의 합계가 12억 원 이하이기만 하면 된다. 12억 원에서 선순위 전세보증금 9억 원을 차감하고 나면 후순위 대출가능금액은 3억 원이 된다. DSR이 통과된다면 9억 원 전세를 끼고도 3억 원의 대출이 더 실행되어 결론적으로 내 돈 2억 원만으로 규제지역에 내 집을 마련할 수 있게 되는 것이다.

DSR 계산기를 돌려보면 다른 대출이 없다는 전제하에 연봉 5,000만 원 정도면 주택담보대출 3억 원은 실행된다.

여기서 만약 부부 연봉이 각각 1억 원이라면 신용대출도 이용하여 레버리지만으로 매수할 수도 있다.

고액신용대출 규제로 주택 구입 명의자가 신용대출 1억 원 이상 받으면 회수되므로, 부부 중 신용대출 1억 원 이하를 받은 쪽이 등기를 치고, 나머지 배우자가 1억 이상의 신용대출을 받아도 된다. 또는 공동명의로 하려면 부부가 각자 1억 원씩만 받으면 된다.

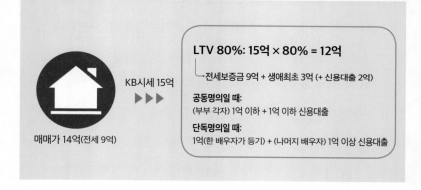

내 돈 한 푼 없이 규제지역에 생애최초로 내 집을 마련하는 방법

KB시세 15억
▶▶▶

매매가 14억(전세 9억)

LTV 80%: 15억 × 80% = 12억
└전세보증금 9억 + 생애최초 3억 (+ 신용대출 2억)

공동명의일 때:
(부부 각자) 1억 이하 + 1억 이하 신용대출

단독명의일 때:
1억(한 배우자가 등기) + (나머지 배우자) 1억 이상 신용대출

6억 5,000만 원은 있어야 가능할 것 같았던 이 아파트가 총 2억 원의 신용대출까지 활용해 내 돈 한 푼 없이 내 집이 됐다. 이 비법이 바로 대출력이다.

Q 대출이 많으면 전세 세입자 받기 어려운 거 아닌가요?

A 아무리 후순위 대출이라도 대출이 많은 경우 전세 세입자를 받기 어려운 거 아니냐는 질문을 많이 받습니다. 하지만 후순위 대출은 전세 세입자의 동의를 얻기가 선순위 대출보다 상대적으로 쉽습니다. 추후 해당 집이 경매에 넘어간다고 하더라도 전세금이 은행 근저당보다 선순위이기에 전세금을 떼일 우려가 적기 때문입니다. 이를 대비해 은행에서도 생애최초 대출한도를 최대 6억 원까지로 설정하고, 총 LTV 비율 80%를 넘지 못하게 해두었기에 세입자 동의가 그렇게 어렵진 않습니다.

Q 후순위 대출은 2금융권에서만 가능한 거 아닌가요?

A 선순위 대출이 아닌 후순위 대출은 금리가 높을뿐더러 시중은행에서는 잘 실행해주지 않고 2금융권이나 금리가 높은 은행에서만 가능할 것이란 편견을 가진 사람도 많습니다. 하지만 생애최초 자격으로 사용하는 후순위 주택담보대출은 2금융권에서 실행되는 것이 아니라 1금융권 은행에서 가능하며, 간혹 임차인 동의 없이 가능한 은행도 있습니다. 물론 이렇게 예외적으로 임차인 동의 없이 진행해주는 은행을 찾기가 쉽지는 않습니다. 하지만 주변에서 안 된다고 하

는 말에 휘둘리지 말고 나에게 대출해주는 은행 한 곳을 찾으면 됩니다. 그럼 기적처럼 내 돈 한 푼 없이 규제지역의 아파트 명의를 가져올 수 있습니다.

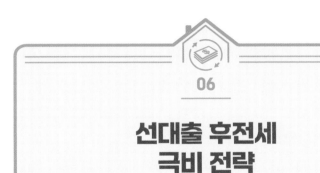

06

선대출 후전세
극비 전략

부모 부양하던 외벌이 가장은 어떻게 6년 만에 순자산 62억을 만들었을까?

부모님을 부양하던 평범한 외벌이 직장인 '아마다군'은 6년 만에 순자산 62억을 만든 화제의 인물이다. 어떻게 그는 6년이라는 짧은 기간에 62억이라는 순자산을 만들 수 있었을까?

비법은 일명 '선대출 후전세' 세팅법이었다. '선대출 후전세'란 임대인이 주택담보대출을 받아 주택을 구매하면서 후순위로 전세 세입자를 동시에 들여 실제 묶이는 투자금을 최소화하는 세팅법이다. 일반적인 갭투자보다 투입되는 비용은 적고 수익률은 극대화할 수 있어 투자자들에게 선호되는 투자법으로, 아마다군은 이런 선대출 후전세로 부자가 된 대표적인 사례다.

그는 2017년 아내의 신용대출로 마련한 종잣돈 5,000만 원으로 분양권 투자를 시작했다고 한다. 분양권 잔금을 치를 때 잔금대출로 모두 세팅하지 않고 일부는 대출로, 일부는 반전세보증금으로 세팅 하여 등기를 쳤다고 한다. 즉 집단대출 잔금 뒤로 전세보증금을 함 께 세팅하여 오히려 자금이 남는 플피 구조를 만들어 그 자금으로 또 다른 분양권을 매입한 것이다.

이런 세팅이 성공하려면 집주인(매도자)의 협조를 끌어내는 것과 중개사무소 소장님의 도움이 필수다. 우선 매도자에게 잔금을 전세 금으로 함께 치를 예정이라 계약 후 3~4개월 뒤로 길게 잡아달라고 부탁한다. 그 기간에 전세 세입자를 잘 구할 수 있게 매도자가 집을 잘 보여줘야 하므로 집주인의 협조 사항을 계약서 특약사항에 작성 해둔다. 그사이 중개사무소 소장님은 열심히 전세 세입자를 구하는 노력을 기울여야 한다. 이렇게 삼박자가 맞으면 갭이 작아지기 때문 에 초기 투자금이 거의 들어가지 않는 가성비 넘치는 투자가 된다.

 ## 선대출 후전세 세팅법

매매 당일 임대인은 주택담보대출을 받고 동시에 세입자의 보증금 도 받아 매매잔금을 치르게 되는데, 세입자가 전세대출을 받고 들어 온다면 당일 전세자금대출도 함께 실행되는 구조다(매매잔금일 = 전세 잔금일 = 입주일).

물론 매매 당일 이렇게 집주인의 대출과 임차인의 전세대출이 동 시에 일어나려면 임차계약 당시 충분한 논의와 합의가 있어야 하고

선대출 후전세

주택담보대출을 먼저 받고 후순위로 전세를 세팅하여 실제 묶이는 투자금을 최소화하는 방법 → 레버리지 수익률이 높다

선대출 금액(채권최고액 기준) + 후전세 금액 〈 KB시세

이 경우 전세 세입자는 전세보증금 앞에 대출이 있으면 보증금을 떼일 우려가 있어 보통 계약을 하기 꺼림

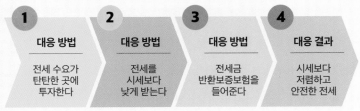

해당 협의 내용을 임대차계약서상에 분명히 명시해야만 한다. 따라서 선대출 후전세로 세팅하려면 다음과 같은 전제 조건이 뒷받침되어야 한다.

'선순위 채권최고액 + 후순위 보증금' 〈 KB시세의 80%

선순위 대출 금액과 후순위 보증금의 합계가 KB시세를 넘어선 안된다. 근저당이 설정된 집엔 전세 세입자가 들어오길 꺼리므로 전세금반환보증보험까지 안전하게 들어주려면 선순위 채권최고액의 금액과 보증금의 합계가 KB시세의 최대 90%를 넘지 않는 것이 좋다.

임차 수요가 탄탄한 곳에 투자한다

일반적으로 세입자는 자신의 전세보증금 앞에 대출이 있으면 보증

금을 떼일 우려가 있다고 판단하여 전세계약을 꺼린다. 그러나 임대하고자 하는 집이 인기가 많아 임차 수요가 끊이지 않는 곳이면 임대인에게 대출이 있다고 하더라도 임대차계약을 하려 한다. 월세나 반전세 같은 경우엔 더욱 그러하다. 따라서 기본적으로 임차 수요가 탄탄한 곳에 투자해야 한다. 대출력 이전에 입지력이 뒷받침되어야 하는 이유다. 예를 들어 송파구의 헬리오시티 아파트는 전국의 갭투자 수요를 모두 받는 곳이다. 토지거래허가구역이 지정되기 전 신천동 파크리오 아파트와 함께 갭투자로 강남 3구에 내 집 마련을 할 수 있는 최고 인기 단지이기도 했다. 이곳은 기본적인 입지뿐만 아니라 수영장, 사우나, 헬스장 등 대단지 아파트 커뮤니티를 마음껏 누릴 수 있고 식사 제공 서비스도 있으며, 대치동 학군을 이용할 수 있는 등 실수요자들에게 인기가 많은 단지이다. 따라서 전세수요가 늘 대기 중인 곳이다. 집 컨디션은 좋은데 전세금이 낮으면 선대출이 2~3억 정도가 있더라도 임차인과의 합의가 타 지역과 아파트에 비해 수월한 곳이기도 하다. 심지어 선대출이 6억이 설정되어 있는데 전세는 시세대로 설정된 집이 있을 정도로 '선대출 후전세'를 활용하기 좋은 단지이기도 하다.

전세보증금을 시세보다 낮게 받고 전세금반환보증보험을 들어준다

선대출이 있기 때문에 보증금은 최대한 낮춰 받아야 임차인이 맞춰진다. 예를 들어 34평 임차라면 25평 임차보증금 수준으로 계약하거나, 기존에 선대출이 있는 상황에서 후순위로 전세 세입자를 다시 맞춰야 하는 경우라면 기존의 선대출 금액을 일부 상환하는 조건으로 임대차계약을 맺는 것도 좋다. 임차인의 보증금 보호를 위해 전세금반환보증보험도 임대인이 수수료를 지급하며 들어준다면 더욱 안심할 것이다.

임차인 요구에 최대한 부응해주며 윈윈 전략 펼치기

임차인의 전세보증금으로 레버리지 투자를 하는 만큼 임차인의 요구(도배, 에어컨 설치, 일부 인테리어 등)도 가능한 한 맞춰주는 것이 좋다. 그러면 임차인도 안심하고 시세보다 낮은 가격에 좋은 컨디션으로 임차할 수 있고 임대인도 일반적인 갭투자보다 초기 투자금을 훨씬 줄일 수 있으므로 서로 윈윈이다.

 선대출 후전세 실제 사례

2021년 법인명의로 경기도 비규제지역 아파트를 선대출 후전세 세팅법으로 투자하여 성공한 실제 사례를 소개하겠다. 법인대출과 전세보증금을 활용하여 초기 투자금 2,400만 원으로 2년 만에 투자금 대비 3배 이상의 수익률을 거둔 사례다.

대출력을 발휘하기 전에 입지력이 우선되어야 하므로 해당 지역 입지 조사를 먼저 실시했다. 전세 수요가 탄탄하여 실수요자들이 선호하는 아파트인지, 미래가치가 있는 저평가된 곳인지 등을 면밀히 살폈다. 전세 대기 수요가 받쳐줘야 선대출 후전세 세팅 시 전세 세입자를 구하기가 수월하기 때문에 실수요자에게 인기 있는 곳인지를 파악하는 것이 중요하다.

해당 지역은 교통 호재도 있었다. 교통 음영지로 투자 당시 지하철이 개통되기 전이었고, 몇 개월 뒤 4호선 지하철이 개통될 예정이었다. 덧붙여 4호선이 연장되면 9호선 지하철의 혜택까지 받을 것이 분명했다. 800세대 정도의 준신축에 '초품아(초등학교를 품은 아파트)'이며 무엇보다 수영장도 있을 만큼 아파트 커뮤니티의 퀄리티도 훌륭했다. 지하철이 개통되면 지하철역까지 도보로 10분 거리의 역세권이었으며 주변 인프라도 잘 갖추어져 있었다. 실수요자층이 탄탄하여 전월세가 금방 맞춰지는 아파트인 데다가 지하철 개통 기대감에 시세 자체도 계속 상승 흐름을 타고 있었다.

좋은 빚이 되어줄 입지력은 너무나 잘 갖춰진 곳이라는 종합적인 판단이 들자 매물을 찾기 시작했다. 마침 2층 매물이 시세보다 저렴하게 급매로 나와 있었으며 집 컨디션도 올수리되어 있는 상태라 임차도 금방 맞춰질 것으로 보였다. 당시 전세 시세는 3억 원 이상이었기에 2억 5,000만 원에 전세매물을 내놓고 매매하는 날 동시에 전세 세팅이 될 수 있도록 중개사무소 소장님께 요청해두었다.

선대출 금액을 전세보증금 앞으로 남길 땐 전세 시세보다 낮게 세팅해야 현실적으로 전세 세입자가 들어온다. 선대출 금액을 얼마나 두느냐에 따라 다르겠지만 보통 전세 시세의 5,000만 원에서 1억 원 정도는 낮춰 전세를 맞춘다.

임대인이 법인이라서 임차인이 전세자금대출을 받아야 한다면 한국주택금융공사 전세대출만 가능하기에 이 부분에 부합하는 임차인을 찾아야 했다. 다행히 당시 전세 시세가 오르는 추세였고 시세보다

비조정 구축 아파트 34평

매수 금액 4억 300만 원 → KB시세 5억 2,000만 원(상한가 5억 7,000만 원)

선대출 후전세	일반 갭투자
주택담보대출 금액 + 전세금 〈 KB시세 (1억 6,800만 원) (2억 5,000만 원)	전세 2억 5,000만 원
초기 투입금 2,400만 원	실투입금 1억 5,300만 원
수익률 400% 이상	**수익률 130%**

5,000만 원 낮은 집이라 신혼부부가 전세계약을 맺길 원했다. 선대
출이 있으므로 전세금반환보증보험을 들어주기로 하고, 도배와 일
부 수리, 보일러 교체 등의 조건으로 전세계약을 맺었다. 신혼부부가
근로자라 소득 증빙이 되어 한국주택금융공사 전세대출자금을 받는
데도 문제가 없었다.

매수 금액은 총 4억 300만 원으로 시세(4억 2,000만 원)보다 저렴
했다. 전세보증금 2억 5,000만 원과 선대출 채권최고액 금액의 합이
시세를 넘어서면 안 되므로, 법인대출은 최대 금액인 1억 2,900만
원(채권최고 금액 1억 6,800만 원)을 일으켰다. 선순위 채권최고액 1억
6,800만 원과 전세보증금 2억 5,000만 원의 합이 시세 4억 2,000만
원 이하면 되는데, 법인대출과 전세대출이 동시에 잘 진행됐고 전세
금반환보증보험에도 무난히 가입됐다.

물론 지금은 선대출 채권최고액 금액과 전세보증금의 합이 시세
의 80% 이내로 들어와야 하지만 당시에는 법인투자로 세팅 시 시세

의 100% 이내로 들어오면 법인대출과 전세대출 모두 실행되는 데 문제가 없었다.

이렇게 잔금일에 매도자와 전세 세입자 그리고 매수인(법인) 삼자가 만나 잔금을 성공적으로 치렀다. 매수인(법인)이 법인대출을 일으킴과 동시에 전세 세입자에게 보증금을 받아 매도인에게 전달한 것이다. 입지력과 대출력이 만들어낸 그야말로 갓성비 투자였다.

지금도 여전히 '선대출 후전세' 신공을 발휘할 수 있을까?

당연히 가능하다. 단, 지금은 임차인 보호협약이 추가됐기 때문에 주의해야 할 사항이 늘었을 뿐이다. 이제는 잔금 당일에는 담보권을 설정할 수 없다. 전세 세입자 대항력이 익일 0시에 발생하므로 근저당이 전세와 같은 날 설정되면 근저당이 우선순위가 되어버리기 때문이다. 따라서 임차인과 합의된 경우가 아니면 전입신고와 확정일자 신고 후 익일까지는 담보권설정을 하면 안 된다. 이런 사항을 위반하고 임대인이 전세 세입자보다 앞선 선순위 근저당을 설정하는 경우 임차인은 계약해지 및 손해배상 청구까지 할 수 있다.

따라서 선대출 후전세로 세팅하려면 임차인에게 전세금보다 앞서 근저당이 설정됨을 명확히 인식시키고 이 부분이 상호 인지·합의됐다는 내용을 반드시 계약서에 남겨두어야 한다. 특약사항에 대출받을 원금과 채권최고액을 기재하고, 권리관계 변경 예정 사항이나 현재의 자세한 내용을 기재해야 선대출이 실행된다.

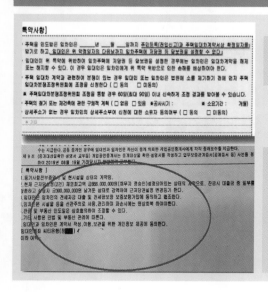

선대출 후전세 세팅 시 계약서에 특약사항 남기기

잔금 당일 선대출 후전세 금지
- (특약사항 위반 시 계약 해지 및 손해배상 청구 가능)

임대인과 임차인 합의하에 대출 실행 후 전입신고
- 특약사항에 원금과 최고액을 기재하고, 임차인이 인지했음을 표시해야 함
- 특약사항에 권리관계에 대한 변경 예정 사항이나 현재의 자세한 내용을 기재함으로써 상호 인지·합의했다는 증거를 마련해두어야 함

사실 선대출 후전세 세팅법은 보편적인 투자법은 아니다. 실제로 이렇게 세팅하고 투자수익률을 높이려면 많은 발품이 필요하고 남다른 노력과 에너지가 든다. 우선 입지 공부가 가장 우선이 되어야 하고, 전세 세입자 또한 잔금일까지 잘 구해야 하며, 이런 세팅을 사고 없이 도와줄 중개사무소 소장님을 찾는 것도 필수다.

대부분의 중개사무소 소장님은 이런 선대출 후전세 세팅법을 낯설어하기도 하고 적극적으로 도와주려 하지 않는다. 같은 부동산 수수료를 받는데 굳이 전세 세입자와 매도자를 설득하는 데 에너지를 쓰고 싶지는 않을 것이기 때문이다.

따라서 내가 먼저 잘 알아 중개사무소 소장님이 내 편이 되어 매도자와 전세 세입자를 적극적으로 설득해줄 수 있게 해야 한다. 필

플팩의 상급지로 가는 대출력

요하다면 부동산 수수료를 더 드리는 것도 생각해보면 좋다. 몇십만 원의 투자로 몇천, 아니 몇억의 수익을 가져갈 수 있다면 해볼 만하지 않은가.

헬리오시티 '선대출 후전세'로 매수하기

송파 헬리오시티 33평을 선대출 후전세로 세팅하여 20억 급매로 잡은 사례를 살펴보자.

당시 33평의 시세는 20억 7,000만 원이었으며 전세 시세는 11억 원 정도였다. 이 아파트는 인테리어가 깔끔하게 되어 있어 세입자들에게 인기가 많았다. 전세 시세도 서서히 오름세를 타고 있었기에 최대 12억까지도 맞춰볼 수 있는 상황이었다.

만약 이 물건을 일반 갭투자로 매매했다면 전세 11억 원에 맞춘다고 했을 때 9억 원은 필요했을 것이다. 하지만 사례의 주인공은 세금 등 기타 비용을 제외하고 6억 5,000만 원 정도만 사용할 수 있었기에 갭을 줄이기 위해 노력해야 했다. 무주택자였지만 생애최초는 아니었기에 대출은 규제지역 LTV 50%까지 DSR 범위 내에서 받을 수 있었다. 이때 대출을 전세금보다 앞선 선순위로 세팅한다면 채권최고액 금액과 전세보증금의 합계 금액을 80% 이내로 맞출 수 있어 현실적으로 전세 세입자 세팅에도 문제가 없을 것으로 판단했다.

예상은 적중했다. 선순위 대출로 3억 원(채권최고액 3억 6,000만 원)을 설정하고 전세보증금은 5,000만 원 낮춰 10억 5,000만 원에 세팅

선대출 후전세로 송파 헬리오시티 매수한 사례		
매수 금액 20억 원 → KB시세 20억 7,000만 원(최고가 23억 1,000만 원)		
선대출 후전세		**일반 갭투자**
주택담보대출 금액 + 전세금 〈 KB시세 (3억 원)　(10억 5,000만 원)		전세 11억 원
초기 투입금 6억 5,000만 원		실투입금 9억 원
수익률 46% 이상		**수익률 33%**

했다. 3억 6,000만 원과 10억 5,000만 원을 합한 14억 1,000만 원은 시세의 80% 내로 충분히 들어오는 금액이었으므로 전세 세입자도 별 거부감을 느끼지 않았다.

헬리오시티는 강남 3구인 송파의 대단지 준신축 아파트로 1만 세대 정도다. 전국의 갭투자 수요를 모두 받는 곳이다. 앞에서도 이야기했듯 기본적인 입지뿐만 아니라 대단지 아파트 커뮤니티, 대치동 학군 이용에 좋은 점 등으로 실수요자들에게 인기가 많은 단지이다. 따라서 전세수요가 늘 대기 중인 곳이다.

인테리어가 워낙 잘 되어 있었기 때문에 전세 세입자가 금방 맞춰졌음은 물론이다. 입지력이 받쳐주기에 선대출 후전세로 세팅하기에도 상대적으로 수월하고 부동산 소장님들의 대출에 대한 이해도도 높은 편이다. 심지어 상승장 때는 선대출을 5억까지 실행하고 전세보증금을 시세대로 받아 세팅한 사례도 있었다.

목마른 자가 물을 찾는 법. 이렇게 선순위 주택담보대출 3억 세팅을 통해 6억 5,000만 원으로 20억 강남 아파트를 매수했으며, 일반 갭투자를 했을 때보다 초기부터 수익률이 몇십 퍼센트는 더 높은 상태로 출발할 수 있었다. 얼마 지나지 않아 헬리오시티 33평은 24억의 실거래가를 찍었다.

08

청약: 대한민국에서 신축을 가장 갓성비 있게 마련하는 법

 ## 청약 당첨 이후 자금 납부 프로세스

당장 많은 돈을 들이지 않고 내 집 마련을 하면서, 시세차익은 가장 많이 가져가는 방법이 바로 '청약'이다. 좋은 입지에 청약 당첨이 되면 준공 후 입주 시기에는 분양가 대비 2~3배가 뛰는 경우도 많았다. 로또 청약이라는 말이 나오는 이유다.

배우 김○○ 씨는 성수동 트리마제 아파트가 미분양이 났을 당시에 1억 5,000만 원의 계약금으로 누구나 부러워하는 한강뷰 내 집 마련을 성공적으로 해냈다. 사실 그가 부자라서 트리마제의 집주인이 된 것은 아니라고 한다. 그는 대출을 최대한 활용했다. 그가 이 아파트를 분양받은 가격은 총 15억 원이었는데, 일단 계약금 10%만 납부하면 명의를 가져올 수 있었기 때문에 준공될 때까지는 중도금 대출의 힘을 빌렸다고 한다. 문제는 잔금이었는데 다행히 3년 뒤 입주할 때 가격이 분양가보다 2배 이상 상승해 잔금을 치르는 데 문제가 없었다고 한다. 현재 이 아파트의 가격은 40억 이상으로 분양가 2배를 가뿐히 뛰어넘는 금액이 됐다.

어떻게 이 모든 것이 가능했을까? 청약 잔금을 납부하는 과정을 보면 그 답을 찾을 수 있다.

계약금

청약에 당첨되면 '계약금'을 납부하는데 보통 분양가의 10%다. 물론 시행사에 따라 계약금을 5%만 받는 곳도 있고 20%를 받는 곳도 있다. 입주자 모집공고문을 보면 계약금 납부 방법뿐만 아니라 중도금 대출 등의 내용도 확인할 수 있다.

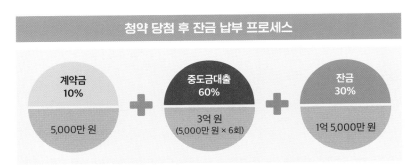

청약 당첨 후 잔금 납부 프로세스

		중도금(60%)						잔금(30%)
분양가	계약금 (10%)	1회 (10%)	2회 (10%)	3회 (10%)	4회 (10%)	5회 (10%)	6회 (10%)	입주 지정일
5억 원	2024. 1.15	2024. 7.13	2024. 12.13	2025. 6.12	2025. 11.12	2026. 4.10	2026. 9.17	2027. 1.2
	5,000 만 원	5,000 만 원	5,000 만 원	5,000 만 원	5,000 만 원	5,000 만 원	5,000 만 원	1억 5,000만 원

계약 초기에 내는 비용에는 계약금뿐만 아니라 발코니 확장비, 유상 옵션 비용 등도 일부 포함되는 경우가 많으니 함께 잘 납부하도록 한다. 계약금담보대출은 없으므로 계약금은 현금으로 납부해야 한다.

만약 계약금 낼 돈이 모자란다면 어떤 대출을 활용할 수 있을까? 대표적으론 신용대출을 활용하는 방법이 있다. 물론 신용대출을 받을 때는 DSR 계산을 잘해야 한다. 신용대출과 더불어 예·적금담보대출, 청약담보대출, 보험약관대출 등도 있다. 이 대출들이 좋은 이유는 DSR을 보지 않는다는 것이다. 또한 적금이나 청약, 보험을 해지하면 그동안 쌓아온 혜택을 일순간에 날려버릴 수도 있는데, 대출을 일으키면 혜택은 유지하면서 자금은 활용할 수 있으니 일석이조다. 입지가 좋은 곳에 청약 당첨이 됐는데 계약금이 없어 포기하지 않도록 위 대출들을 잘 활용하여 계약금을 잘 마련하길 바란다.

중도금대출

중도금대출은 시행사나 한국주택금융공사, 주택도시보증공사의 보증서를 담보로 하여 실행되는 보증서 담보대출로, 중도금대출 자체를 실행할 땐 DSR을 보지 않는다. 보통 신용불량자만 아니면 소득이 부족해도 중도금대출은 실행된다. 소득이 잡히지 않는 노인이나 주부 등도 중도금대출은 실행되는 이유다. 이전에는 분양가 12억 원이하의 아파트만 중도금대출이 가능했는데 지금은 중도금대출에 대한 분양가 기준도 폐지되어 모든 분양가에 대해 중도금대출이 실행된다.

플팩의 상급지로 가는 대출력

다만 중도금대출의 세대당 보증 건수 제한은 여전히 유지되고 있다. 즉 규제지역과 비규제지역을 합해 **세대당 총 2건**까지 사용 가능하다. 규제지역은 총 1건, 비규제지역은 총 2건까지 가능하기에 규제지역에서 먼저 중도금대출을 실행하고 후에 비규제지역의 중도금대출을 일으키면 된다. 반대로 비규제지역에서 먼저 중도금대출을 실행하면 규제지역의 중도금대출은 불가하게 되니 순서에 주의해야 한다.

중도금대출은 **시행사 협약은행에서만 실행 가능**하다. 즉 모든 은행에서 가능한 것이 아니라 시행사에서 협약을 맺은 은행들에서만 중도금대출을 실행해야 한다는 얘기다. 중도금대출이자는 시행사마다 다른데 무이자로 실행해주는 곳도 있고, 중도금대출이 회차별로 실행될 때마다 내는 곳도 있으며 잔금대출 때 후불제 이자로 일괄 납부하게 하는 곳도 있다.

규제지역에서 중도금대출은 한 번은 직접 납부, 즉 자납해야 한다. 그런데 중도금대출을 연체해도 계약취소나 기타 불이익이 없는 경우라면 잔금 때까지 일부러 연체하며 끌고 가는 경우도 많다. 사실 중도금대출을 일부러 연체하는 이유는 몇천만 원이나 되는 큰돈을 마련하지 못했거나, 마련은 할 수 있지만 일시적으로 다른 곳에 투자하기 위해서 자납 부분을 일부러 미루고 잔금 때까지 끌고 가는 경우도 있다.

또한 금리 인상기에 중도금대출을 일부러 연체하기도 했다. 자납 시 중도금대출은 여유자금(현금)이나 신용대출 등을 통해 조달하는 경우도 많다. 2022년 11월 시중은행 신용 1등급 기준, 신용대출 금리는 5%대 후반부터 신용등급에 따라 6~9%대까지 형성되어 있었다. 실제 11월 15일 자 시중은행 마이너스통장 연장 시 적용된 신용대출 금리를 살펴보면, 신용 최고 등급인 1등급에 부수거래까지 넣어 우대받은 금리가 6.441%(금융채 6개월 4.491% + 가산금리 1.95%)였다.

그렇다면 당시 중도금대출 연체이자는 어느 정도였을까? 중도금대출 연체이자는 주택담보대출과 비슷하게 형성되는데 당시 6%대 초반인 경우가 많았다. 신용대출 금리와 비교해봤을 때 중도금대출 연체이자가 더 낮았기에 연체하는 전략을 폈던 것이다.

그러나 연체하면 신용점수가 하락한다는 것은 누구나 다 아는 사실이다. 연체는 어떤 경우에도 피해야 한다. 연체가 지속되면 전 금융권에 공유되며 신용점수 하락이 불가피하여 다른 대출을 받을 때 악영향을 미치기 때문이다. 다만 여기서도 틈새 포인트가 있는데, 중도금대출 자납 부분에서 연체하는 것은 은행과는 상관없는 시공사와의 관계인 경우가 많아 건설사·시행사에서 자체 처리한다는 점이다. 따라서 일반적으로 생각하는 신용점수 산정과는 다르게 신용점수가 떨어지지 않는 경우도 많다(물론 건설사·시행사마다 다를 수 있으므로 별도로 확인은 꼭 해야 한다).

따라서 중도금대출 연체로 인한 계약해지나 신용점수의 불이익도 없고, 마이너스통장이나 신용대출로 충당해야 했는데 오히려 자납 부분 연체가 금리 면에서도 더 유리한 경우라면 중도금대출을 연체하고 끌고 가는 것이 더 유리할 수도 있다. 연체하면서 그동안의 신용대출 사용도 줄이고 오히려 건설사 레버리지를 최대한 활용할 수 있기 때문이다.

잔금대출

준공이 다 되어 입주를 할 때 받는 대출을 잔금대출이라고 한다. 중도금대출을 받을 땐 DSR을 보지 않지만 잔금대출 때는 DSR을 본다. 즉 소득이 모자라면 잔금대출이 나오지 않을 수 있단 얘기다. 따라서 잔금대출 계획을 사전에 잘 세워둬야 한다.

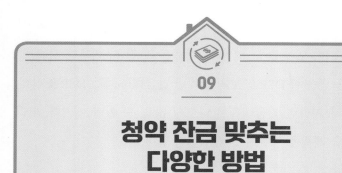

09

청약 잔금 맞추는
다양한 방법

실거주해야 한다면 잔금대출을 최대한 활용한다

잔금대출 때 기준이 되는 시세는 보통 감정가다. 아직 KB시세는 나
오지 않은 경우가 많아 주변 신축 대비 감정가가 설정되는데 분양가
보다는 높은 경향이 있다. 물론 지금은 지방을 보면 미분양 단지도
있어 주의해야 하지만 서울 주요 지역 등 입지가 탄탄한 곳은 분양
가 대비 준공 후 시세가 높은 경우가 대부분이다. 따라서 분양가 기
준으로 대출이 나갈 때보다 더 많은 대출을 받을 수 있다.

앞서 배우 김○○ 씨도 분양가는 15억이었지만 입주 때 잔금대출
을 해주는 협약은행이 분양가보다 훨씬 높은 감정가로 설정해주어
잔금대출을 받을 수 있었기에 기존의 중도금대출을 갚고도 잔금을
충분히 마무리할 수 있었다.

Q 분양가 5억 원 비규제지역 아파트를 프리미엄 1억 5,000만 원을 주고 2022년에 분양권 투자하여 2024년에 잔금 치르고 실거주 예정입니다. 사전점검 때 은행을 방문해보니 주변 신축 시세 대비 감정가 9억은 나올 것 같다고 하더라고요. 무주택자 기준 대출이 얼마나 나올까요? 다른 대출은 없습니다.

A 시행사 협약은행에서 감정가 9억으로 맞춰준다면 비규제지역의 무주택자는 70%까지 대출이 나오니, 소득 기준만 통과하면 6억 3,000만 원을 대출받을 수 있을 것입니다. 30년 원리금 상환 4% 기준, 부부 합산 연소득 1억 정도면 소득 요건을 충족합니다.

위 Q&A의 예처럼 세팅하면 분양가 이상으로 대출이 나오기에 잔금을 다 치르고도 오히려 돈이 남는 구조(플피 투자)가 된다. 만약 잔금대출을 받는 차주의 소득이 부족하다면 혼인신고를 한 부부인 경우 부부 합산 소득을 쓰면 된다.

입지가 좋은 곳에 청약 당첨이 되면 처음엔 계약금만으로도 내 집 마련이 가능하다. 준공 전까지는 중도금대출을 충분히 활용하고, 시간이 흘러 분양가 이상의 신축 아파트가 되면 잔금대출을 잘 활용하면 되기 때문이다. 당장 분양가 몇억이 모두 있어야 하는 것이 아니다. 청약 대출을 잘 활용할 줄만 알면 가장 적은 돈으로도 가장 큰 시세차익을 누리는 가성비 넘치는 투자를 할 수 있다. 대한민국에서 신축 아파트를 가장 현명하게 매수하는 방법이 '청약'인 이유다.

시행사 협약은행을 잘 찾아라

잔금대출도 중도금대출처럼 시행사 협약은행에서만 가능하다. 아무 은행에서나 취급할 수 없다는 뜻이다. 신축 아파트는 아직 보존등기가 나오지 않은 미등기 아파트다. 보통 주택담보대출을 실행할 땐 차주에게 대출을 실행해주면서 등기부에 근저당을 우선 설정하는 안전한 선취담보 형태로 진행한다. 하지만 신축 아파트는 등기부를 설정할 수 있는 보존등기가 나오기까지 시간이 꽤 걸리는 편이다. 따라서 신축 아파트의 보존등기가 나오기 전에는 후취담보 형식으로 대출을 진행해야 하므로, 시행사의 협약은행을 통해서만 잔금대출을 받을 수 있는 것이다. 즉 입주 후에 보존등기가 나오면 후취담보 형식으로 대출을 진행해야 하기 때문에 은행 입장에선 위험한 대출이 된다. 은행은 대출을 실행할 때 채권을 안전하게 확보하기 위해 등기사항전부증명서에 근저당을 설정하며 대출을 내주는데, 신축 아파트의 보존등기는 늦게 나오는 경우가 많기에 시행사 협약은행에서만 실행해주는 것이다.

중도금대출을 실행해준 협약은행과 잔금대출 협약은행은 같은 경우도 있고 다른 경우도 있다. 따라서 중도금대출 후 잔금대출을 실행할 때 잔금대출을 실행해주는 은행을 찾아 반드시 사전 상담을 받아야 한다.

잔금대출을 실행해주는 협약은행은 사전점검 때 지하나 지상층에 부스가 설치되어 알 수 있는 경우가 많으며, 입주자 모집 카페를 통해서도 알 수 있다. 잔금대출 협약은행으로는 1금융권 은행들과 2금융권 은행들이 들어온다. 1금융권 은행은 금리가 좋을 것이고, 2금융권은 DSR에 여유가 더 있으므로 대출한도가 좋을 것이다. 은행들끼리는 대출 영업 경쟁이므로 입주자들에게 최대한 금리상 혜택이나 한도상 혜택들을 주어 대출을 유치하려 한다. 1금융권 협약은행들은 DSR 40%의 규정 등을 지키되 금리상 혜택을 주려는 경향이 강하고, 2금융권 은행들은 지점별·조합별 독자 운영 시스템이기 때문에 DSR 50%에 국한되지 않고 자체적으로 풀기도 한다. 감정가 역시 다른 은행보다 높게 설정되는 경우도 많기에 잔금대출한도가 급할 때는 2금융권에서 먼저 상담을 받아보는 것이 좋다. 조건이 좋은 은행일수록 대출한도가 일찍 소진되기 때문이다.

잔금대출을 받아 그동안 실행해온 중도금대출을 모두 상환하고 중도금대출이자도 납부한다. 또한 남은 발코니 확장비와 유상 옵션 잔금 등의 기타 부대비용도 모두 납부해야 입주지원센터에서 키를 받을 수 있다.

입주자 모집공고일로 DSR 적용 여부 갈린다

같은 아파트라고 하더라도 차주별로 적용되는 DSR은 제각각이다. 2019년 11월에 입주자 모집공고가 발표된 서울 아파트의 청약 당첨자 입주가 2023년이라면, 잔금 때 차주별 DSR이 적용될까? 아니다. 차주별 DSR 시행일 전 입주자 모집공고가 있었으므로 차주별 DSR이 아닌 금융사별 DSR이 적용된다. 하지만 이 청약자의 분양권을 프리미엄 주고 2022년 1월에 매수한 사람은 입주 시 차주별 DSR 대상자가 된다. 즉 원분양자의 입주자 모집공고가 차주 단위 DSR 규제 시행 날짜 전이면 금융사별 DSR이 적용되고, 분양권 매수자는 계약 당시의 날짜가 DSR 규제 시행 뒤라면 차주별 DSR 대상자가 되는 것이다.

청약 당첨자의 차주별 DSR 적용일은 입주자 모집공고일 기준이다. 즉 입주자 모집공고가 차주별 DSR이 적용되기 전에 났다면 금융사별 DSR을 적용받아 최대 DSR 70%까지 잔금대출을 받을 수 있다. 단 분양권 전매자는 매매 거래를 한 계약일이 기준이 된다. 2019년 이전에 입주자 모집공고가 난 아파트의 분양권을 2022년에 매수했다면 그 시점이 기준이 되기 때문에 차주별 DSR 대상이 되는 것이다.

DSR에 걸려 잔금대출이 안 나온다면 전세를 잘 맞추어 그 전세보증금으로 잔금을 치르는 방법을 생각해볼 수 있다. 물론 대단지 입주장에서는 전세 세입자를 구하는 게 쉬운 일은 아니지만 분양가 대비 감정가가 훨씬 높게 형성된 신축단지라면 전세금과 분양가가 비슷한 경우도 많아 전세금으로 잔금을 치를 수도 있다.

 ## 20억 로또 반포 래미안 원펜타스 청약 잔금 세팅 방법

반포 15단지를 재건축한 또 하나의 대어, 반포 래미안 원펜타스 청약이 핫했다. 후분양으로 진행된 이 단지는 중도금대출 없이 계약금

20% 납부 후 바로 잔금을 치렀다.

실제 분양가 상한제를 적용받는 아파트로 실거주 의무가 있었지만, 실거주 의무 3년 유예기간이라는 빈틈을 활용하면 전세금으로 잔금을 치를 수도 있었다.

24평 분양가는 17억 4,000만 원(주변 시세 35억 원), 34평 분양가는 23억 3,000만 원(주변 시세 43억 원)이었다. 34평에 당첨된다면 시세차익 20억을 거둘 수 있는 그야말로 20억 로또 청약이었다

반포는 규제지역이라 무주택자 기준 소득만 된다면 LTV 50%까지 대출이 된다. 즉 24평 청약 시 주변 시세 35억의 2분의 1인 17억 5,000만 원이 소득만 되면(부부 합산 연소득 2억 5,000만 원 정도) 대출되기에, 계약금 20%인 3억 5,000만 원 정도만 준비가 된다면 나머지는 잔금대출로 해결하여 실거주할 수 있었다. 단 이렇게 풀대출을 받아 실거주에 성공하려면 주변 시세대로 감정을 잘해주는 협약은행을 만나야만 한다.

34평을 당첨받아 잔금 때 전세로 세팅하는 것도 가능했다. 주변 신축의 34평 전세가가 당시 19억 정도였기에 계약금 20%인 4억 6,000만 원 정도만 마련하면 나머지는 전세보증금으로 충당하면 됐다. 실거주 유예 3년을 활용해 실입주 기간으로부터 3년의 시간이 있으니, 일단 전세금을 받아 잔금을 치른 뒤 2년 뒤에 실거주하러 들어오면 되기 때문이다.

보존등기 전 대부상품을 잠깐 활용하는 것도 방법이다

만약 입주장이라 전세가 바로 안 맞춰진다면 전세가 맞춰질 때까지 대부상품을 활용하는 것도 방법이 될 수 있다. 잔금 때 보존등기가 나오기 전이라도 DSR 보지 않고 시세의 80%까지 사용할 수 있는 대부상품으로 일단 잔금을 치르고, 후에 전세보증금을 시세대로(또는 더 높게) 받아 대부대출을 상환하면 된다. 물론 대부대출이라 금리가 높아(12% 정도) 금융비용은 들겠지만 20억 로또를 날리는 것보단 나은 선택이 될 것이다. 소득이 부족해 개인 DSR을 못 맞추거나 잔금 사고가 날 것 같으면 일단 대부대출을 잠깐 활용해 잔금을 해결하는 것도 방법이 될 수도 있으니 염두에 두자(해당 상품은 저자가 협력하는 금융기관과 특별히 만든 대출상품임을 참조).

실제로 반포 래미안 원펜타스에서는 해당 대부상품으로 잔금을 치른 후 입주 기간이 끝나고 전세금이 올랐을 때를 기다려 최고 금액으로 전세 세팅을 한 사례도 있었다. 보통 입주장이 끝나면 전세금이 오르는 경우가 많기에 대부대출도 짧은 기간 잘 활용하여 레버리지 수익률을 극대화한 사례다.

 ## 청년주택드림청약통장을 활용한 '청년주택드림대출'

19세에서 34세 미만 청년이라면 '청년주택드림청약통장'에 가입하는 것이 좋다. 이자율도 2~4.5%로 일반 예금보다 높은 편이다. 현역

청년주택드림청약통장의 혜택

자산 형성 강화
- 우대금리 4.5%
- 이자소득 비과세
- 납입금 40% 소득공제

가입 대상 확대
- 무주택 세대주(또는 세대원) → 본인만 무주택
- 현역 장병 가입도 허용

자금 부담 경감
- 청약 당첨 시 분양대금의 최대 80% 금리 2%대 전용 대출

구분	주택청약 종합저축	(기존) 청년우대형청약저축	청년주택드림 청약통장
이자율(연)	2.0~2.8%	2.0~4.3%	2.0~4.5%
가입 가능 연령	제한 없음	19~34세	19~34세
현역 장병	가입 가능	가입 불가능	가입 가능
회당 납입 한도(월)	2~50만 원	2~50만 원	2~100만 원
소득공제	가능	가능	가능
비과세	해당 없음	적용	적용
중도인출	불가능	불가능	가능 (당첨 이후 계약금 납부 목적)
청약 당첨 후 추가 납입	불가능	불가능	가능
분양대금 대출 연계	해당 없음	해당 없음	청년주택드림대출 지원

청년주택드림청약통장과 청년주택드림대출 연계

1단계: 청년주택드림청약통장 가입
(기존 청년청약통장보다 완화된 가입 요건)

- 소득: 3,600만 원 → 5,000만 원
- 무주택 세대주 → 무주택자
- 이자율: 최대 4.3% → 4.5%
- 납입한도: 최대 50만 원 → 100만 원

2단계: 분양 후 청년주택드림대출

- 청년주택드림청약통장 1년 이상 가입
- 1,000만 원 이상 가입
- 미혼 연 7,000만 원, 기혼 연 1억 원 이하
- 당첨 시 분양가의 80%까지 대출
- 금리 최저 연 2.2%(만기, 소득별 차등)
- 6억 원 이하·전용면적 85제곱미터 이하 주택

장병도 가입할 수 있으며, 소득공제도 된다(자세한 사항은 앞의 표 참조).

청년주택드림청약통장으로 청약에 당첨되면 청년주택드림대출까지 지원받을 수 있다. 올해 3월 말부터 출시 예정인 이 청년주택드림대출은 6억 원 이하의 주택(전용면적 85제곱미터 이하)에 당첨된 경우 분양가의 80%까지 2%대의 저금리로 대출받을 수 있다.

잔금대출 + 월세 세팅

잔금을 마련하는 또 하나의 신박한 방법은 잔금대출은 잔금대출대로 최대한 받고 모자라는 금액은 월세보증금을 받아 일명 '풀세팅'을 하는 것이다. 예를 들어 4억 5,000만 원의 잔금대출과 5,000만 원의 월세보증금으로 5억 원 분양가 아파트의 잔금을 치르는 형태다.

여기서 잔금대출은 은행권 주택담보대출을 받을 수도 있고 정책자금대출 중에서 보금자리론을 활용할 수도 있다. 은행대출이나 보금자리론 모두 실거주 의무가 없기에 월세 세팅과 함께 진행할 수 있기 때문이다.

특례보금자리론과 월세 세팅을 통해 플피로 내 집 마련에 성공한 실제 사례를 소개한다. 2021년 연봉 1억 원의 대기업 직장인이 대출력을 최대한 활용하여 분양가 5억 1,100만 원의 조정대상지역 아파트(34평) 분양권에 투자하여 내 집을 마련한 사례다. 해당 지역은 서울에 인접한 경기도 상급지로서 신축 아파트에 대한 수요가 높은 입지력이 충만한 곳이었다.

분양권 투자 시 계약금과 프리미엄(웃돈)은 현금이 필요했다. 하지만 현금이 모자랐기에 전적으로 대출의 힘을 빌렸다. 초기 투자금으로 필요한 총 2억 원(계약금 5,000만 원 + 프리미엄 1억 5,000만 원)은 마이너스통장 1억 2,000만 원과 DSR을 보지 않는 회사 내 대출(사내대출) 1억 원으로 마련했다(참고로 사내대출은 종류가 다양하다. 은행권 대출에 포함되는 부채도 있고, 회사 복지 차원에서 저리로 지원하여 은행권 부채에 포함되지 않는 대출도 있으니 각 사정에 맞게 알아보면 된다). 입주 전까진 중도금대출을 받았고 2021년 당시 상승장이 계속되어 분양가 대비 이미 실거래가가 9억 원을 넘어가는 상황이었다.

해당 신축 아파트로 성공적인 내 집 마련 이후 바로 부인의 사업소득을 활용해 마련한 자금으로 비규제지역 분양권 투자도 이어갔다. 조정대상지역에 먼저 투자해야 중도금대출이 규제지역과 비규제지역 두 군데 모두 실행되기 때문에 투자 순서를 잘 지킨 것이다. 실거주는 전세자금대출을 받아 해결했다. 분양권과 입주권은 몇 개가 있든지 간에 전세자금대출에서는 주택 수에 포함되지 않으므로 무주택자 조건으로 은행권 전세자금대출을 받을 수 있었다.

시간이 흘러 조정대상지역 아파트 입주 시기가 다가왔는데 잔금을 치르는 2023년 이 지역은 비규제지역으로 풀려 실거주 의무도 없어지고 잔금대출 조건도 완화됐다. 다만 이 가정은 초창기 분양권 투자로 사용했던 신용대출이 발목을 잡았다. 이미 신용대출이 연봉 이상 있으므로 DSR 비율이 25%를 훨씬 넘어 은행에서 잔금대출을 받으려 해도 원하는 한도가 다 나오지 않았기 때문이다.

이때 2023년에만 시행했던 9억 원 이하의 아파트에 대해 차주의 소득 조건 없이 DSR 보지 않는 대출이 나왔으니 바로 '특례보금자리론 일반형'이었다. 앞서 살펴본 대로 특례보금자리론은 일시적 2주택자에게는 기존 주택 처분 조건부(3년)로 DSR 보지 않고 DTI 60%만 통과하면 실행해줬기에 은행에서 나오지 않았던 주택담보대출이 특례보금자리론을 통해서는 가능했다.

다만 특례보금자리론으로 신축 아파트 잔금을 치를 경우 시세를 감정가로 쳐주지 않고, 분양가 기준으로 대출을 해줬기에 분양가 5억 1,100만 원의 70%인 3억 5,700만 원까지가 잔금대출로 가능했다. 이미 낸 계약금 5,000만 원을 제하고 1억 원 정도가 더 필요한 상황. 이 가정은 모자라는 금액을 월세 세입자를 받으면서 해결했다. 심지어 월세보증금을 1억이 아닌 1억 5,000만 원을 받아 오히려 5,000만 원을 남기는 구조로 세팅하여 5,000만 원은 원리금통장으로 활용했다.

이렇게 플피로 월세 세팅을 잘했던 이유는 다음과 같은 사전 작업이 있었기 때문이다.

첫째, 선순위 주택담보대출이 있으므로 월세보증금과 월세는 34평 시세가 아닌 25평 시세로 최대한 저렴하게 세팅했다. 그래야 대단지 입주장에서 경쟁력을 가질 수 있기 때문이다.

둘째, 월세 세입자가 원하는 에어컨을 방마다 모두 설치해주었으며 월세 세입자 전세자금대출을 받는 것도 적극 협조했다.

셋째, 선순위 채권최고 금액(3억 9,300만 원)과 월세보증금의 합이 감정가의 80% 이하가 되도록 세팅했다. 당시 이 아파트의 감정가는 7억 원으로 잘 나와 5억 6,000만 원까지는 대출이 가능했기에 월세보증금 1억 5,000만 원을 받아도 선순위 주택담보대출을 받는 것과 전세자금대출을 받는 데 아무 문제가 없었다.

　더 주목할 것은 이후 등기가 나와 특례보금자리론이 선순위가 되어야 할 경우 월세 세입자가 잠시 전입을 빼줘야 하는데, 계약 당시 미리 양해를 구하고 합의했다는 점이다. 특약사항에 '전세 세입자는 임대인이 주택담보대출을 받는 모든 과정에 적극 협조한다'라는 문구를 넣어 향후 문제가 발생하지 않도록 해두었다. 또 월세 세입자가 전입을 빼면서 전세대출이 회수될 위험에 대비해 애초 전입에 자유로운 전세자금대출(HF전세대출)을 받도록 적극 도와준 점도 있다. 심지어 2년 뒤 매도 계획이 있어 계약갱신권까지 쓰지 않는 조건을 특약사항에 걸어두었다. 매수할 때 매도 전략까지 철저히 세워둔 훌륭한 투자 전략이 아닐 수 없다.

대출력을 발휘해
내 집 마련에 성공한 사례들

$ 부부 합산 연봉 1억, 자본금 3억으로
송파구 헬리오시티 33평을 매수하다

수강생 중 강남에 내 집을 마련하는 것이 목표인 분이 계셨는데 종
잣돈이 적어 강남은커녕 서울 어디서도 내 집 마련은 어려울 것으로
생각했다고 한다. 부부가 열심히 모은 돈이 3억 원가량이나 되는데
적다니! 물론 서울 아파트 평균 가격이 11억 원을 넘으니 충분히 그
렇게 생각할 수 있다. 하지만 생애최초 자격을 활용할 수 있는 부부
였고 생애최초 후순위 주택담보대출을 이용하면 종잣돈 3억 원으로
바로 강남 3구인 송파구에 내 집 마련을 할 수 있다고 알려드렸더니
너무 놀라고 기뻐하셨다.

송파구 대단지 준신축 아파트인 헬리오시티 33평의 KB시세는
2024년 3월 기준으로 하한가 19억 원, 상한가 20억 8,000만 원이

었으며 전세가는 10억 원 정도였다. KB시세는 20억 원이지만 19억 1,000만 원으로 전세 10억 3,000만 원을 끼고 매수했는데 이때 생애최초대출 가능금액은 5억 7,000만 원이었다.

20억 원의 80%는 16억 원이다. 즉 전세보증금과 생애최초대출의 합계가 16억 원 이하면 된다. 16억 원에서 선순위 전세보증금 10억 3,000만 원을 차감하고 나면 후순위 대출가능금액은 5억 7,000만 원이 된다. 10억 3,000만 원 전세를 끼고도 5억 7,000만 원의 대출이 실행되어 결론적으로 내 돈 3억 1,000만 원으로 강남에 내 집을 마련할 수 있었던 것이다.

DSR 계산기를 돌려보면 다른 대출이 없다는 전제하에 연봉 9,000만 원 정도면 주택담보대출 5억 7,000만 원은 실행된다. 하지만 연

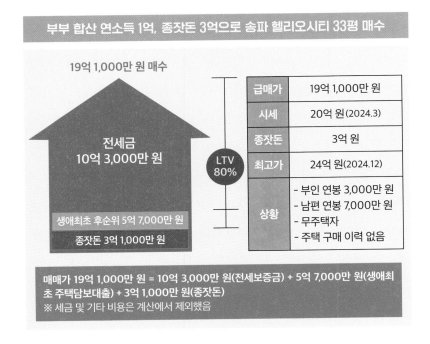

부부 합산 연소득 1억, 종잣돈 3억으로 송파 헬리오시티 33평 매수

19억 1,000만 원 매수

전세금 10억 3,000만 원

LTV 80%

생애최초 후순위 5억 7,000만 원

종잣돈 3억 1,000만 원

급매가	19억 1,000만 원
시세	20억 원(2024.3)
종잣돈	3억 원
최고가	24억 원(2024.12)
상황	- 부인 연봉 3,000만 원 - 남편 연봉 7,000만 원 - 무주택자 - 주택 구매 이력 없음

매매가 19억 1,000만 원 = 10억 3,000만 원(전세보증금) + 5억 7,000만 원(생애최초 주택담보대출) + 3억 1,000만 원(종잣돈)
※ 세금 및 기타 비용은 계산에서 제외했음

봉 3,000만 원인 차주가 어떻게 5억 7,000만 원을 받을 수 있었을까? 바로 '부부 합산 소득'을 활용한 것이다. 혼인신고를 한 부부는 소득 합산이 가능하기에 남편의 연봉 7,000만 원을 합해 총 1억 원의 연봉자로 인정받아 소득이 낮은 배우자 명의로 주택담보대출을 실행한 것이다.

주택담보대출에선 증빙소득인 경우 부부 합산 소득을 사용할 수 있다. 즉 근로소득이나 사업소득, 연금소득은 서로 합산이 되기에 이를 최대한 활용하는 것이 좋다. DSR은 소득이 높으면 유리하기 때문이다. 다만 인정소득과 카드소득 같은 대체소득은 소득 합산이 되지 않는다. 증빙소득은 부부 연봉을 각각 계산하여 합산 금액을 모두 인정해주지만 대체소득은 아무리 많이 인정받아도 5,000만 원을 넘을 수 없다.

물론 부부 합산 소득을 활용하려면 혼인신고는 필수이며, 부부 합산 소득을 사용할 경우 부채도 함께 계산됨을 주의해야 한다. 따라서 이미 부채가 많은 배우자의 소득은 합산하는 것이 불리할 수도 있기 때문에 가정마다 부부 합산 소득을 사용하는 것이 유리한지 아닌지를 잘 따져보고 계산해보는 것이 좋다.

앞 사례의 부부는 모두 근로소득자이고, 한쪽의 연봉은 3,000만 원이며 다른 쪽의 연봉은 7,000만 원이다. 이 경우 신용대출까지 활용해야 한다면 어느 배우자가 주택담보대출을 받는 것이 유리할까? 차주 설정을 어떻게 하느냐에 따라 같은 조건이라도 대출의 최대한도가 달라진다.

우리는 DSR 시대에 살고 있으므로 연봉이 높은 배우자가 대출을 받는 것이 언제나 좋을 것이라고 생각하는 경향이 있다. 하지만 신용대출을 함께 활용해야 할 때는 정답이 아닐 수 있다. 오히려 혼인신고를 한 부부인 경우 **주택담보대출은 연봉이 적은 배우자가 받고, 신용대출은 연봉이 높은 배우자가 DSR 범위 내에서 최대로 받는 것이 가장 좋다.** '차주별 DSR 시대'이므로 소득만 제공해준 배우자는 소득을 합산해주는 데 도움을 준 것일 뿐 함께 차주로 등재되는 것은 아니기 때문이다. 그럼 신용대출을 받을 때 어떤 대출도 잡혀 있지 않기 때문에 DSR 계산 시 40% 범위 내에서 최대한 받을 수 있다.

현재 규제지역은 강남 3구와 용산이므로 송파 헬리오시티는 규제지역에 속한다. 따라서 이 경우엔 연봉이 적은 배우자 명의로 집을 매수하되 부부 합산 방식으로 주택담보대출을 먼저 일으키고, 후에 연봉이 높은 배우자가 신용대출을 최대한도로 일으키면 대출을 가장 잘 활용할 수 있다.

이렇듯 대출에는 전략이 필수다. 소득에 따른 차주 설정을 어떻게 할 것인지, 대출 순서는 어떻게 할 것인지, 대출규제 사항의 빈틈을 어떻게 파고들 것인지에 따라 매수의 성패가 갈린다.

연봉 9,000만 원, 종잣돈 3억으로 송파구 올림픽 훼밀리 32평을 매수하다

생애최초는 신축 아파트를 매수하기에 최상의 조건이기도 하다. 갭투자의 특성상 전세보증금이 높아야 초기 투자비용이 적게 투입된다. 전세보증금이 높게 지속된다는 것은 전세 수요가 많고 실수요자 층이 두텁다는 의미다. 실수요자들은 구축보다 신축 아파트의 실거주 선호도가 훨씬 높기에 같은 입지라면 구축보다 신축을 선택하는 경향이 강하다. 따라서 생애최초라는 자격을 잘 활용해 전세보증금을 최대한 높이고 주택담보대출비율은 낮추는 것이 원리금 상환 부담을 줄이는 방법이기에 구축보다 신축 아파트를 선택하는 것이 더 유리하다.

실제 사례로 생애최초 무주택자가 재건축 시세차익을 노려 송파구 문정동 올림픽 훼밀리 아파트 32평을 선택한 분이 계셨다. 올림픽 훼밀리도 좋은 입지이지만 구축이기에 헬리오시티 33평과 비교하면 선호도는 약간 떨어지는 것이 사실이다. 하지만 이 가정은 아이가 태어난 지 얼마 안 돼 육아휴직이 끝나면 친정의 도움을 계속 받아야 하는 맞벌이였기에 친정이 같은 올림픽 훼밀리에 있어서 이곳을 선택했다고 한다.

올림픽 훼밀리의 32평 KB시세는 2024년 2월 기준으로 하한가 15억 8,500만 원, 상한가 16억 8,000만 원이었으며 전세가는 7억 원 정도였다. 16억 원으로 매수했을 때, 생애최초 LTV 80%로 받을 수 있는 금액은 KB시세 16억 8,000만 원의 80%인 13억 4,400만 원이 된다. 그럼 같은 방법으로 전세보증금 7억 원을 선순위로 세팅한다면 후순위 대출가능금액은 최대 6억 원이 된다. 생애최초대출 금액은 최대 6억 원 한도로 제한되기 때문이다.

여기서 주택담보대출 6억 원을 모두 대출받으려면 적어도 연봉이 9,000만 원은 되어야 할 뿐만 아니라 내 자본금 3억 원이 있어야 매

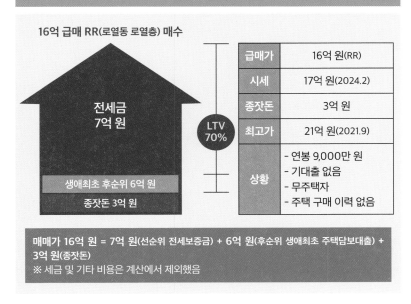

16억 급매 RR(로열동 로열층) 매수

전세금
7억 원

LTV
70%

생애최초 후순위 6억 원

종잣돈 3억 원

급매가	16억 원(RR)
시세	17억 원(2024.2)
종잣돈	3억 원
최고가	21억 원(2021.9)
상황	- 연봉 9,000만 원 - 기대출 없음 - 무주택자 - 주택 구매 이력 없음

매매가 16억 원 = 7억 원(선순위 전세보증금) + 6억 원(후순위 생애최초 주택담보대출) +
3억 원(종잣돈)
※ 세금 및 기타 비용은 계산에서 제외했음

수할 수 있다. 다행히 이 가정은 종잣돈과 대출금이 매수 범위 내로
들어와 친정 근처 내 집 마련에 성공했다

결과적으로 헬리오시티를 매수할 때의 비용과 같은데 대출 금액
은 5억 7,000만 원이 아닌 6억 원으로 늘어나니 원리금 상환 부담도
커졌다. 더욱이 올림픽 훼밀리는 구축 아파트이므로 인테리어 비용
까지 더해질 경우 초기 투자금은 더 늘어날 수 있다(다행히 컨디션이
좋은 매물을 잘 잡아 인테리어 비용이 추가로 들진 않았고 세금 등 추가 비용은
부모님 도움을 좀 받았다고 한다).

그러므로 생애최초로 신축 아파트를 세팅하는 것이 입지, 투자금,
원리금 상환 부담 등 여러 측면에서 살펴보아도 유리하다. 신축 아
파트의 수요는 점점 늘어가는데 구축보다 더 유리한 조건으로 세팅

이 가능하고 같은 값으로 입지도 더 좋은 곳을 선택할 수 있다면 이보다 좋은 선택지가 어디 있겠는가! 지금 시장은 확실히 생애최초에게 가장 큰 특권을 주고 있다.

💰 종잣돈 2억 5,000만 원으로 강동구 고덕 래미안 힐스테이트 25평을 매수하다

강동구 대단지 준신축 아파트인 고덕 래미안 힐스테이트(고래힐) 25평 로열동 로열층을 종잣돈 2억 5,000만 원으로 원리금통장까지 세팅하며 내 집 마련에 성공한 수강생 사례도 있다.

해당 아파트 KB시세는 2024년 2월 기준으로 12억 4,000만 원이었으며 전세가는 5억에서 6억 정도였다. 이미 전세 5억 2,000만 원에 전세 세입자가 살고 있는 물건을 12억 원에 매수했다.

12억 4,000만 원의 80%는 9억 9,200만 원이다. 즉 전세보증금과 생애최초대출의 합계가 이 금액 이하면 된다. 9억 9,200만 원에서 선순위 전세보증금 5억 2,000만 원을 차감하고 나면 후순위 대출가능금액은 4억 7,200만 원이 된다. 부부 합산 연소득이 1억 원을 넘었기에 DSR은 충분히 통과됐다. 종잣돈 2억 5,000만 원으로 생애최초 후순위 대출을 잘 활용하여 누구나 갖고 싶어 하고 살고 싶어 하는 강동 준신축에 내 집을 마련해낸 것이다.

더욱이 생애최초 우대금리 요건도 적용받아 대출금리도 3.66%로 저렴하게 잘 받았다. 당시 대출 평균금리가 4% 정도였던 것을 고려

플팩의 상급지로 가는 대출력

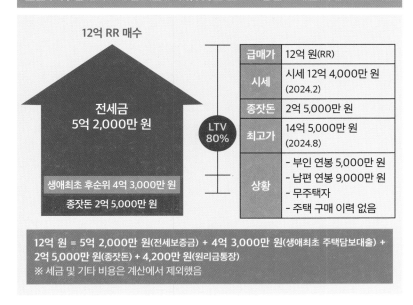

신혼부부, 생애최초의 종잣돈 2억 5,000만 원으로 강동 고래힐 25평 내 집 마련

12억 RR 매수

전세금
5억 2,000만 원

생애최초 후순위 4억 3,000만 원

종잣돈 2억 5,000만 원

LTV
80%

급매가	12억 원(RR)
시세	시세 12억 4,000만 원 (2024.2)
종잣돈	2억 5,000만 원
최고가	14억 5,000만 원 (2024.8)
상황	- 부인 연봉 5,000만 원 - 남편 연봉 9,000만 원 - 무주택자 - 주택 구매 이력 없음

12억 원 = 5억 2,000만 원(전세보증금) + 4억 3,000만 원(생애최초 주택담보대출) + 2억 5,000만 원(종잣돈) + 4,200만 원(원리금통장)
※ 세금 및 기타 비용은 계산에서 제외했음

하면 굉장히 좋은 금리 조건이었다. 이렇듯 생애최초 후순위 대출은 금리 면에서도 이점이 있다.

이때 사실 잔금에 필요한 후순위 대출 금액은 4억 3,000만 원이면 충분하다. 하지만 이 수강생이 잘한 것은 원리금통장만큼 대출을 더 받아둔 것이다. 즉 총대출가능금액인 4억 7,200만 원을 다 받아 4억 3,000만 원은 잔금을 맞추는 데 사용하고, 남는 4,200만 원은 원리금통장에 넣어두고 매월 원리금이 잘 빠져나가도록 자동이체를 걸어두었다. 3.66%의 40년 원리금 상환 방식이라 월 원리금 상환액은 190만 원 정도인데 근 2년 치 원리금 상환 금액을 원리금통장에 넣어두었으니 부담 없이 집값이 오르는 것을 지켜보면 되었다. 실제로 2024년 4월 12억 원에 매수한 이 아파트는 2025년 2월 최고가 14

억 5,500만 원을 돌파했다.

고래힐 매수 당시 5억 2,000만 원의 전세 낀 매물이 아니라 사실 더 높은 금액의 전세 세입자를 새롭게 맞출 수도 있었다고 한다. 그럼 초기 투자금도 덜 들어가고 더 좋았을 것이다. 하지만 갭으로 사둔 집인 만큼 당분간 실거주 생각은 없기도 했고, 기존 세입자가 해당 금액에 계속 살게 해주면 깨끗하고 오래 살겠다고 했단다.

사실 이렇게 '선전세 후대출'로 세팅한 곳에 전세 세입자가 중간에 퇴거한다고 하면 새로운 전세 세입자를 찾아야 한다. 그러면 후순위로 받은 대출이 선순위로 올라와 일명 '선대출 후전세'가 되어버린다. 전세 세입자 입장에서는 자신보다 앞서 있는 근저당이 부담스럽기에 선대출 금액을 갚아달라고 요구하거나 전세금을 시세보다 낮춰달라고 할 수 있다. 따라서 애초 전세금을 낮게 받아두는 것이 당장 초기 투자금은 더 들어가도 여러 가지 리스크 관리상 좋은 선택일 수 있다.

또한 전세 낀 매물은 생애최초 후순위 대출을 받아 매매하기에 더욱 좋은 조건이다. 일단 전세 낀 매물은 시세보다 저렴한 경우도 많고, 해당 전세 세입자가 우선순위로 세팅이 되어 있기 때문에 잔금일에 근저당을 설정해도 전세 세입자의 순위가 밀리지 않아 후순위로 근저당을 설정하는 데 문제가 없기 때문이다.

2024년 하반기 은행별 가계대출이 시행됐을 때 조건부 전세자금 대출도 제한됐다. 즉 갭투자에 사용되는 전세대출은 막겠다는 취지였는데, 이 경우 생애최초 후순위 주택담보대출을 활용하며 전세 세입자를 새로 맞출 경우에도 해당 전세 세입자가 받는 전세대출은 조건부 전세대출에 해당하여 매수 시 어려움을 많이 겪었다. 이때 전세 긴 매물로 생애최초 후순위 주택담보대출을 사용하면 저평가된 핵심 매물을 잡을 수 있었다. 전세 긴 매물은 조건부 전세대출에서도 자유로웠기 때문이다.

2024년에 본격적으로 시작된 가계대출 규제 속에서도 생애최초 대출만큼은 규제에 얽매이지 않았다. 앞서 살펴본 대로 생애최초는 규제지역에서도 주택 가격 제한 없이 LTV 80%까지 사용할 수 있다는 것은 엄청난 이점이다. 하지만 가계대출 규제의 속도가 가팔라지고 세부적인 규제가 더 강화돼야 하는 부동산 시장 상황이 오면 이렇게 생애최초에게만 적용해주는 LTV 80% 비율이 계속되리란 보장은 없다. 부동산 시장의 온기가 열기로 바뀌는 순간 대출규제는 제일 먼저 규제지역부터 좁혀 들어올 가능성이 크기 때문이다. 늘 그렇듯 대출은 될 때 받는 것이다.

송파구 재건축 아파트를 단 1억 원으로 매수하다

'서민 실수요자 요건'이란 부부 합산 소득 9,000만 원 이하의 무주택자 세대주가 투기과열지구에서 9억 원 이하의 주택을 구매하거나 조정대상지역에서 8억 원 이하의 주택을 구매할 때 적용되는 개념이다. 서민 실수요자의 LTV는 지역 상관없이 70%까지 가능하며 대출 한도에 제한도 없다(DSR은 충족해야 함). 규제지역에서도 50%가 아닌 70%가 가능하다는 의미다. 따라서 규제지역에서 9억 원 이하의 주

택 구매 시 서민 실수요자 요건을 사용하는 것이 기본 무주택자 조
건보다 훨씬 더 유리할 수 있다.

시공사 선정(포스코)까지 마치고 재건축을 앞두고 있는 송파구 한
아파트의 22평은 KB시세가 2024년 2월 일반가 기준으로 7억 5,000
만 원이었다. 한때 이 아파트 22평은 10억 가까운 실거래가를 기록
하기도 했는데 현재는 시세가 많이 내려온 상태다. 대단지에 평지,
쾌적하고 주변에 재건축이 함께 진행되는 단지들도 있어 시너지를
낼 것으로 평가받는 이곳은 상승 가치가 충분한 저평가된 아파트로
분류된다.

자본금 9,000만 원을 가진 무주택자가 대출력을 활용해 이 집을
급매 7억에 구매한 실제 사례를 소개하고자 한다. 이 무주택자는 현
재 대출은 아무것도 없으나 모은 돈이 9,000만 원밖에 안 된다고 했
다. 물론 9,000만 원이 적은 돈은 아니지만 9,000만 원으로는 경기도
신축 아파트도 살 수 없을 것이라며 절망했는데, 대출을 잘 활용한
덕분에 강남 3구의 재건축 아파트를 손에 쥘 수 있었다.

부부 합산 소득이 9,000만 원(남편 6,000만 원, 부인 3,000만 원)이고,
기존 대출은 없으며 이전에 집을 구매한 이력이 있지만 현재는 무주
택 상태다. 이들은 이미 집을 구매한 이력이 있으므로 생애최초 조
건에는 해당하지 못하지만 서민 실수요자 요건은 충족한다.

따라서 규제지역이라고 하더라도 LTV 70%, 즉 5억 2,000만 원
정도까지 주택담보대출이 가능했으며, 방공제 보험상품에 가입하여
방공제 없이 LTV 최대 70%까지 대출받을 수 있도록 세팅했다. 더욱
이 부부 합산 소득 적용으로 연봉 3,000만 원인 부인 명의로 대출을

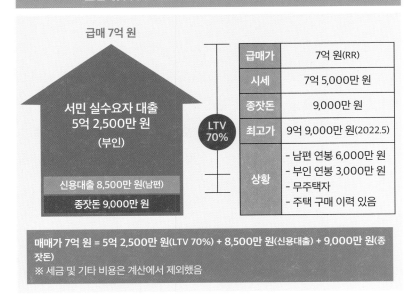

연봉 9,000만 원으로 송파구 재건축 아파트 구입

급매 7억 원

서민 실수요자 대출
5억 2,500만 원
(부인)

신용대출 8,500만 원(남편)

종잣돈 9,000만 원

LTV
70%

급매가	7억 원(RR)
시세	7억 5,000만 원
종잣돈	9,000만 원
최고가	9억 9,000만 원(2022.5)
상황	- 남편 연봉 6,000만 원 - 부인 연봉 3,000만 원 - 무주택자 - 주택 구매 이력 있음

매매가 7억 원 = 5억 2,500만 원(LTV 70%) + 8,500만 원(신용대출) + 9,000만 원(종잣돈)
※ 세금 및 기타 비용은 계산에서 제외했음

받아도 DSR이 거뜬히 통과되어 부인이 차주가 되어 주택담보대출을 받았다. 여기에 덧붙여 주택담보대출 실행 이후 남편 명의의 신용대출 9,000만 원을 실행하여 결과적으로는 구매자금 7억 중 내 돈은 9,000만 원만 들어가는 기염을 토했다.

급매이기 때문에 본 시세보다 훨씬 저렴하게 매수한 것도 행운이었다. 이 지역의 경매 낙찰가가 급매 가격과 비슷할 정도였다. 전도유망한 송파구 재건축 아파트, 그것도 로열동 로열층을 자본금 1억원이 안 되는 가격에 매수할 수 있었던 것은 '서민 실수요자 대출'을 잘 활용한 덕분이었다.

만약 이 사례에서 월세 세팅이 가능하다면 어떨까? 즉 서민 실수요자 대출과 더불어 월세보증금을 9,000만 원으로 맞출 수만 있다면 내 돈 한 푼 없이 송파구 재건축 아파트를 가져오게 된다.

월세는 선순위 대출이 있더라도 입지가 좋고 전월세 대기 수요가 항상 있는 곳이라면 충분히 맞출 수 있다. 실제로 이 아파트는 평지 학군지에 교통, 인프라 등이 두루 갖춰져 있는 곳의 재건축 아파트이면서 월세 가격이 주변보다 훨씬 저렴해 대기 수요가 충분하다.

더 나아가 인테리어 등을 활용해 오히려 플피 구조를 만들 수도 있다. 월세는 물건지의 컨디션이 다른 월세 매물보다 좋다면 선순위 대출이 끼어 있더라도 충분히 이점이 있다. 실거주할 곳이 있다면 종잣돈 9,000만 원으로 인테리어를 하여 오히려 월세보증금을 9,000만 원보다 높여 받을 수도 있다. 물론 이 경우 월세 세입자가 월세보증금 대출을 받겠다고 하면 선순위 대출금을 줄여야 하겠지만 보통 월세는 컨디션이 최상일 경우 상호협의가 되면 보증금 대출 없이 들어오기에 플피 구조도 충분히 가능하다. 규제지역의 아파트를 심지어 플피 매수라니, 매력적이지 않은가! 대출력은 활용하는 자의 몫이다.

7장

1주택자 전략:
전세대출과 갈아타기를
적극 활용하라

앞서 우리는 무주택자가 일반 무주택자 조건뿐만 아니라 생애최초 조건이나 서민 실수요자 요건으로 집을 사는 다양한 방법을 살펴봤다. 또한 신생아특례대출을 포함한 디딤돌대출과 보금자리론에 대해서도 알아보고 그에 따른 빈틈 전략까지 익혔다. 이 모든 것이 집을 살 때 받는 대출인 '구매자금대출(=매매잔금대출)'이다.

이렇게 똑똑한 내 집 마련 이후 1주택자가 활용할 수 있는 대출에는 무엇이 있는지 살펴보자.

1주택자의 전세대출 활용법

전세자금대출에서 주택 수는 부부(차주와 배우자)의 주택 보유 수만 체크한다

1주택자가 활용할 수 있는 대출 중 전세자금대출부터 알아보자. 전세자금대출에서 주택 수는 부부(차주와 배우자)의 주택 보유 수만 체크한다. 가족 내 다른 무주택자나 1주택자는 세대분리를 하지 않더라도 전세대출을 받을 수 있다는 뜻이다.

실례로 1주택 1분양권을 가진 부부가 무주택자인 어머니를 모시고 1주택자 전세자금대출을 받고 살고 있었는데, 이 분양권이 입주시점이 되어 주택담보대출을 받아 잔금을 치러야 하는 상황이 됐다. 아이들 학업 때문에 이사는 하지 않고 살던 집에서 계속 전세로 살기를 원했는데, 다주택자가 되면 은행에서는 전세자금대출을 회수하겠다고 연락이 온 것이다. 고민하던 찰나 무주택자 어머니 명의로 전세자금대출을 받을 수 있다는 것을 알고, 임대인과 어머니가 새롭게 전세계약을 맺어 주택도시보증공사 안심전세를 일으켜 살고 싶은 집에 계속 살게 됐다.

만약 전세자금대출에 관한 대출력이 없었다면 전세자금대출을 회수당해 계속 살고 싶은 집에서 살지 못하고 쫓겨났을지도 모른다. 대출력 하나로 가족 모두가 행복한 생활을 이어갈 수 있었던 것이다.

💰 전세대출에서 분양권과 입주권은 주택 수에 포함되지 않는다

보유 주택이 분양권 및 입주권 상태라면 실제 주택 취득 전, 즉 보존등기가 나오기 전까지는 전세자금대출에서 주택 수에 포함되지 않는다. 주택담보대출에서는 분양권과 입주권도 주택 수에 포함됐는데, 전세자금대출에서는 분양권이나 입주권이 여러 개라도 무주택으로 본다는 뜻이다.

하지만 보존등기 전이라도 이 분양권이나 입주권에 잔금대출을 조금이라도 받으면 바로 주택 수에 포함되어버리니 주의하자. 만약 잔금 때 주택담보대출을 받지 않고 전세금으로만 잔금을 치른다면 보존등기 나오기 전까지는 계속 전세자금대출을 받을 수 있다.

예를 들어 1주택 1분양권이 있는 사람은 1주택자 기준의 전세자금대출을 받을 수 있다. 하지만 이 분양권이 후에 입주 시 잔금대출을 받거나 보존등기가 나오면 바로 주택 수에 포함되어 다주택자가 된다. 그러면 은행 전세자금대출이 바로 회수될 수 있으니 다주택자가 되기 전에 이사를 가든지 회수 전 전세자금대출 상환 계획을 세워둬야 한다.

💰 중간에 갈아타는 전세대출은 불가하다: 전세자금대출 vs 전세보증금담보대출

이 경우 다주택자가 되기 전에 전세자금대출을 갈아탈 수 있을까? 즉 전세대출을 사용하는 중간에 2금융권 다주택자 전세자금대출로 갈아타면 안 되냐는 것이다.

안타깝지만 불가능하다. 왜냐하면 전세대출을 받고 있는 중간에 갈아타는 전세대출은 전세자금대출이 아니라 '전세보증금담보대출'로 보기 때문이다. 전세자금대출 자체를 받을 때 DSR을 보지 않는데 전세보증금담보대출은 DSR이 통과되어야 실행을 해준다.

그러나 전세보증금담보대출은 DSR 계산 시 '원금 ÷ 4'로 계산하기 때문에 연봉이 상당히 높지 않고는 DSR 관문을 통과하기 어렵다. 신용대출만 해도 '원금 ÷ 5'로 계산하기에 DSR에서 가장 불리한 대출에 속하는데, 전세보증금담보대출은 연봉이 웬만큼 높지 않고는 2금융권 DSR 50%의 관문을 넘기가 힘들다.

Q 현재 살고 있는 전셋집의 전세보증금을 대출 없이 치렀는데 지금이라도 전세자금대출을 받을 수 있을까요? 그러면 그 돈을 투자금으로 활용할 수 있을 것 같아 문의드립니다.

A 새롭게 계약한 전세가 아니라 이미 살고 있는 집에서 전세대출을 받고자 할 때 은행에선 이를 전세자금대출로 보지 않고, '전세보증금담보대출'로 봅니다. 앞서 살펴본 것처럼 전세보증금담보대출은 연봉이 상당히 높지 않고는 DSR 관문을 통과하기 어렵습니다. 이럴 때는 새롭게 전세계약을 맺은 후 전세자금대출을 활용해야 합니다.

증액하여 새롭게 전세계약을 맺자

그렇다면 이 경우엔 어떻게 하면 전세자금대출로 원활히 대출을 진행할 수 있을까? 바로 집주인과 증액을 하여 새롭게 전세계약을 맺으면 된다. 은행에서 전세대출을 일으키려면 '전세계약서'가 있어야 하기 때문에 집주인과 전세계약서를 새롭게 써야 한다. 그러나 멀쩡히 살고 있는 집에 대해 전세계약서를 다시 써달라고 하면 순순히 써줄 집주인은 많지 않을 것이다. 이때는 집주인에게 보증금을 500~1,000만 원 정도 증액해주며 새롭게 전세계약을 맺자고 하면 합의점을 찾을 수 있을 것이다. 물론 증액 금액은 상호협의하기 나름이다.

또한 전세를 월세로 전환한 후 그 월세보증금에 대해 전월세대출을 받는 것도 좋은 방법이다. 6억 원의 전세를 보증금 1억 5,000만 원의 월세로 전환하여 4억 5,000만 원은 현금으로 전환했다고 가정해보자. 이때 1억 5,000만 원의 보증금에 대해서도 전월세자금대출을 활용하여 1억 2,000만 원은 다시 대출로 현금화해 사용할 수 있다면 3,000만 원만 보증금에 묶이고 자그마치 5억 7,000만 원을 현금으로 쥘 수 있다. 그야말로 대출로 현금을 만들어내는 비법이 아닐 수 없다.

하지만 주택도시보증공사 안심전세 상품을 이용하면 전세보증금의 80%에서 월세 부분만큼은 차감되고 전세대출이 실행되니 주의해야 한다. 따라서 월세 금액이 차감되지 않는 주택금융공사 전세대출이나 서울보증보험 전세대출을 이용하는 것이 유리하다.

대출력 레벨업을 위한 Q&A

Q 현재 살고 있는 집을 매도하고 주인전세 형태로 해당 집에 계속 살려고 합니다. 지금 상황에서 현금화할 수 있는 대출이 신용대출 말고도 있을까요?

A 개인적인 사정으로 본인의 집을 매도하고 그 집에 전세로 거주하는, 이른바 '주인전세' 물건에서 이전 집주인, 즉 매도자가 매도한 집의 차익만을 가져오는 것에 만족하지 않고 더 많은 현금을 만들어내는 방법도 있습니다. 매도자는 이제 집주인에서 전세 세입자 입장으로 바뀌었으니 무주택자 전세대출을 활용하여 현금흐름을 더 만들어낼 수 있는 것입니다.

전세보다 월세로 전환하여 최대한 현금을 확보한 후 남은 보증금에 대해 전월세대출을 받는 방법도 생각해볼 수 있습니다.

전세대출도 DSR 전체 계산에서 이자 부분이 포함되지만, 여타 대출과는 달리 DSR에서 차지하는 부분이 원리금이 아니기 때문에 그 비율이 높지 않습니다.

그리고 전세대출 자체를 받을 땐 DSR을 보지 않으니 현금흐름이 막혔을 땐 전세대출을 최대한 활용하는 것이 여전히 좋은 방법입니다.

주인전세의 경우 매도자의 집에 가계부채가 있었다면 매도 후 주택담보대출도 정리됐을 테니 그만큼의 DSR 비율도 살아나 대출 여력이 확보됐을 것입니다. 그러면 늘어난 대출한도만큼 신용대출 등을 통해 당장 사용 가능한 현금을 더 마련할 수 있을 것입니다.

주택담보대출: 구매자금대출과 생활안정자금대출

1주택자는 보통 갈아타기를 잘하기 위해 대출을 최대한 현명하게 활용하고 싶어 한다. 갈아타기를 하면서 본격적으로 부의 퀀텀 점프가 일어나기에 갈아탈 지역과 시점이 굉장히 중요하다.

그러나 막상 갈아타고 싶은 지역에 알맞은 물건이 나온다고 하더라도 내 집이 팔리지 않아서 갈아타기에 실패하거나, 기존 부채가 많아 갈아탈 집에 대출이 원하는 만큼 나오지 않아서 포기하게 된다. 더욱이 기존 집에서 대출을 받아 갈아탈 집에 사용하려 해도 이미 대출받을 때 집은 사지 않겠다고 은행과 약정해둔 것이 있어서 움직이지 못한다.

반대로 생각해보면, 이런 '추가 매수금지 약정'을 피할 수만 있다면 현명한 갈아타기가 가능해진다. 주택 구입 후 3개월 이후에 주택을 담보로 받는 주택담보대출, 일명 '생활안정자금대출'의 예외 규정을 잘 활용하는 대출 비법을 알면 되는 것이다. 사실 이 비법은 은행

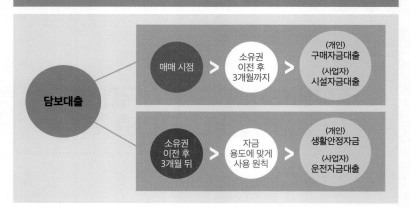

주택담보대출의 종류와 형태

담보대출

매매 시점 > 소유권 이전 후 3개월까지 > (개인) 구매자금대출 (사업자) 시설자금대출

소유권 이전 후 3개월 뒤 > 자금 용도에 맞게 사용 원칙 > (개인) 생활안정자금 (사업자) 운전자금대출

원도 잘 알지 못한다. 실제 은행 규정에는 어긋나지 않지만 합법적인 대출 전략을 잘 활용할 수 있다면, 막연하게 주택 투자가 불가하다고 생각하는 사람과는 달리 상급지로 점프업하는 이 시장의 승자가 될 것이다.

생활안정자금대출에 대한 비법을 전수하기 전에 주택담보대출의 종류와 형태를 세세히 설명하고자 한다. 기본을 잘 닦아둬야 응용할 수 있기 때문이다.

 구매자금대출(매매잔금대출)

주택담보대출을 받을 때 그 집의 등기를 가져가 매매 시점에 받는 대출을 '구매자금대출'이라고 한다. 매매 당시에 대출을 활용하지 못했다고 하더라도 소유권 이전등기 후 3개월 이내까지는 구매자금 형태로 대출을 활용할 수 있다. 즉 개인이 매매 시점에 대출을 받는 주택담보대출을 '구매자금대출' 또는 '매매잔금대출'이라고 하는데, 잔금 시점에 사업자 명의로 대출을 일으키면 '시설자금대출'이 된다. 매매임대사업자에 대해 DSR 보지 않고 규제지역 LTV 30%, 비규제지역 LTV 60%까지 대출이 나오는 것도 이 시설자금 형태다. 구매자금대출을 받고는 본 주택 외에 추가로 집을 늘리면 안 된다는 '추가매수금지 약정서'를 쓰지 않는다.

대출력 레벨업을 위한 Q&A

Q 다주택자도 대출이 가능한가요? 2024년 말 은행에서 다주택자는 대출이 아예 안 된다고 해서요. 사실 현재 1주택자(서울 노원구)인데 이 집은 전세 끼고 매수해둔 거라 대출은 없습니다. 이 집을 팔고 갈아타려 했으나 매도가 안 됐고, 현재 상태로는 추가로 집을 매수하면 다주택자에 해당된다고 하네요. 평소 눈여겨보던 곳이라 꼭 매수해두고 싶은데 가능할까요? 규제지역이라 대출은 많이 안 나올 거 같긴 한데 시세는 20억이고 전세는 10억에 맞출 예정입니다. 4~5억만 나와도 좋을 거 같아요. 이번 갈아타기에 꼭 성공해서 노원구에서 강남으로 바로 입성하고 싶습니다.

A 2024년 말 은행 자율적으로 DSR 규제를 하고 가계대출총량규제의 일환으로 대출을 줄이기 위해 다주택자에 대한 대출을 일시적으로 금지한 은행이 많았습니다. 하지만 이는 단기적인 은행별 규제이지 행정지도가 아닙니다. 2025년 2월 현재 대부분의 은행에서 다시 다주택자에게도 매매잔금대출을 실행해주고 있습니다. 즉 다주택자

도 DSR만 통과된다면 규제지역에서 LTV 30%, 비규제지역에서는 LTV 60%까지 대출이 가능합니다. 규제지역이라도 다주택자 역시 LTV 30%까지는 대출이 나온다는 소리입니다.

기존 집이 처분되지 않은 상황에서 추가로 주택을 매수하면 다주택자로 취급되는 것이 맞습니다. 전세가 이미 맞춰져 있는 경우라면 이미 전세보증금만으로 LTV 범위를 넘어서므로 1금융권에선 다주택자 대출이 나오지 않습니다. 하지만 아직 전세를 맞추기 전이라면 전세입자 동의를 얻을 수 있다는 전제하에 전세보증금 앞으로 대출이 가능합니다. 즉 선대출 채권최고액과 전세보증금의 합이 시세의 80% 이내가 되도록 세팅하면 선대출 후전세 조건을 충족하므로 4~5억 정도까지는 대출이 가능합니다. 전세입자와 원만한 합의를 통해 갈아타기에 성공하길 바랍니다.

구매자금대출을 받고 집을 사면 안 되나?

한 수강생이 새마을금고에 구매자금대출을 받으러 다녀왔다면서 메일을 보냈다. 개인 구매자금대출을 받고는 추가 매수금지 약정을 쓰지 않아 집을 사도 된다고 알고 있는데, 새마을금고 은행원이 본 대출 실행 후 집을 늘리면 안 된다고 했다는 것이다. 이는 구매자금대출을 실행할 때 작성하는 추가 약정서 3조의 규정을 잘못 해석한 오류였다.

구매자금대출 실행 전 대출자는 제2조에 보유하고 있는 주택을 모두 명시하게 되어 있다. 그리고 제3조에는 채무자가 속한 세대주와 세대원 전원은 대출 실행일 기준으로 제2조에 명시되지 않은 주

추가약정서(구매자금대출용)

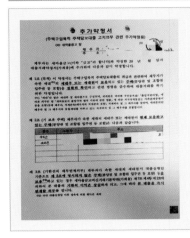

2조: (기 보유 주택) 채무자가 속한 세대의 세대주 또는 세대원이 현재 보유하고 있는 주택(분양권 및 입주권 포함) 명시

3조: (기한 전의 채무변제의무) 채무자가 속한 세대의 세대주 또는 세대원이 대출 실행일 기준으로 제2조에 명시되지 않은 주택을 보유하고 있는 경우 본 대출의 기한의 이익은 상실되고, 그에 따라 본 대출은 즉시 변제할 의무를 집니다
→ 추후 주택구입 금지의 의미가 아니다

택을 보유하면 안 되며, 보유 시 본 대출은 회수된다는 내용이 있다. 이는 구매자금대출 이후에 집이 늘어나면 안 된다는 의미가 아니라, 대출 실행일 기준으로 2조에 신고되지 않은 주택이 늘어나면 안 된다는 의미이므로 추후 주택 구입을 금지하는 것이 아니다.

하지만 은행에서는 이 규정을 본래대로 해석하지 않고 생활안정자금대출처럼 대출 실행 후 집이 늘어나면 안 된다고 주장했다고 한다. 결국 이 수강생은 소개해드린 다른 은행으로 가서 추가 매수금지 약정을 쓰지 않고 구매자금대출을 받아 향후 분양권 투자를 잘 이어나갔다.

이렇듯 금융기관이나 은행원에 따라 은행 대출 규정을 해석하는 의견이 다를 수 있다. 그래서 같은 조건의 차주라도 이 은행에서는 대출이 된다고 하고, 저 은행에서는 안 된다고 하는 것이다.

심지어 같은 은행인데 지점별로 해석을 달리하기도 한다. 규정을 잘 알고 해석할 수 있다면 은행원 말에 휘둘리지 않고 내가 원하는 대출을 받아낼 수 있다.

중도금대출을 받고 집을 사도 될까?

중도금대출은 구매자금대출일까, 생활안정자금대출일까? 결론부터 말하면 중도금대출은 구매자금대출에 해당한다. 아직 등기가 나오기 전에 실행되는 대출이기 때문이다. 따라서 중도금대출은 추가 매수금지 약정 대상이 아니므로 추후 주택 투자를 이어가도 된다. 그런데 중도금대출을 받고 집을 사면 안 되냐는 수강생이 있었다. 본인이 실행한 중도금대출 시행사 협약은행은 추가 매수금지 약정을 쓰게 했다는 것이다. 이 경우엔 어떻게 해야 할까?

중도금대출과 이주비대출, 잔금대출 등 집단대출은 시행사 협약은행의 규정을 따라야 한다. 비록 중도금대출은 원래 구매자금대출이라 추후 집을 사도 된다고 하더라도, 본인의 약정서에 금지되어 있다면 집을 사면 안 된다. 본인의 약정서가 가장 우선하기 때문이다. 따라서 은행 규정은 기본으로 알고 있되, 본인 약정서가 가장 우선한다는 사실을 잊지 말자.

💰 생활안정자금대출

소유권 이전등기 3개월 이후부터는 같은 집에서 대출을 일으켜도 대출의 성격이 변한다. 즉 소유권 보존등기 3개월 이후 그 집을 담보로

플팩의 상급지로 가는 대출력

개인이 대출을 받으면 '생활안정자금대출'이라고 하고 사업자가 대출을 받으면 '운전자금대출'이라고 한다. 이때 개인사업자가 대출을 받으면 '개인사업자대출'이 되고 법인사업자가 대출을 받으면 '법인사업자대출'이 되는 것이다.

소유권을 이전하고 3개월 이후 받는 대출은 꼭 자금의 용도에 맞게 써야 한다. 개인의 생활안정자금대출인 경우 생활비, 의료비, 교육비 등의 목적으로만 써야 하고 주택을 구매하는 데 사용해서는 안 된다. 그래서 생활안정자금대출을 받을 때 주택 '추가 매수금지 약정서'를 작성하게 되며, 약정을 어길 경우 본 대출은 회수되고 3년간 주택 관련 대출이 금지됨과 동시에 신용불이행 차주로 등록된다. 주택 매수금지 약정에는 채무자 기준으로 주민등록등본상에 합가되어 있는 직계가족과 배우자 모두가 해당한다.

개인의 생활안정자금대출에서 가장 대표적인 대출이 전세 세입자를 내보낼 때 받는 '전세반환대출(세입자퇴거자금대출)'이다. 따라서 전세반환대출을 받았다면 전세금을 내주는 용도로만 써야지 그 돈으로 집을 구입하면 안 된다. 여기서 집이란 청약으로 당첨된 것만이 아니라 분양권, 입주권도 모두 포함됨을 주의해야 한다. 예컨대 전세반환대출을 받고 줍줍에 당첨되어 계약해버리면 전세반환대출이 회수되어 3년간 주택 관련 대출 금지에 걸리니 주의해야 한다.

주택 관련 대출에는 주택담보대출뿐만 아니라 전세자금대출, 중도금대출, 이주비대출 등도 포함됨을 명심해야 한다. 생활안정자금대출 약정 위반자가 되어 전세자금대출 실행이 불가하다든지 중도금대출이 나오지 않아 곤욕을 겪는 경우도 종종 있기 때문이다.

Q 이번에 전세퇴거자금을 받아 세입자를 내보내고 갭으로 사둔 집에 들어와 실거주 중인데요, 운 좋게 줍줍에 당첨되었는데 은행에서 기존 주택담보대출을 회수해야 한다고 연락이 왔습니다. 피해 갈 방법이 없을까요?

A 전세퇴거자금도 생활안정자금대출의 일종이므로 대출 실행 후 집을 매수하면 안 됩니다(대출 회수를 피하려면 줍줍 정당 계약만 안 하면 됩니다). 여기서 집이란 청약과 줍줍 분양권 모두를 포함하기에 줍줍이라 하더라도 주택 매수로 보고 기존 전세퇴거자금대출을 회수시킵니다. 또한 추가 매수금지 약정서 위반에도 해당되기에 3년간 주택 관련 대출(전세자금·중도금·이주비 대출 포함)이 금지되고 신용불이행 차주로 등록됩니다.

여전히 남아 있는 가계대출 규제 약정 사항은?

윤석열 정부가 들어온 뒤 대출규제는 많이 완화됐다. 현재 남아 있는 가계대출 규제가 무엇인지만 정리해도 될 정도로 촘촘했던 규제들이 많이 풀렸다. 현재 남아 있는 가계대출 규제 약정 사항은 다음과 같다.

여전히 남아 있는 가계대출 규제 약정 사항

- 신용대출: 1억 원 초과 신용대출을 실행한 차주가 1년 이내에 규제지역의 주택을 추가로 구입한 경우
- 전세대출
  - 투기과열지역 3억 원 이상 아파트 취득자에 대한 전세대출 제한(9억 원 이하 갭투자 예외)
  - 다주택자 1금융권 보증기관 전세대출 제한
- 주택담보대출: 처분 조건, 추가 매수금지 약정(신규 주택 전입 의무는 폐지)
  - 생활안정자금대출: 추가 주택 구입(매수)금지 약정 계속 유효함
  - 규제지역 신규 주택 취급 시 기존 주택 처분 조건: 6개월 → 2년
- ※ 약정 위반 시 기한의 이익 상실로 대출금이 회수되며, 주택담보대출(처분 조건 및 추가 주택 매수금지)과 전세대출 약정 위반의 경우에는 향후 3년간 주택 관련 대출취급 제한 및 신용불이행 차주로 등록됨

특히 전세대출과 주택담보대출에서는 약정 위반 시 향후 3년간 주택 관련 대출이 금지되고 신용불이행 차주로 등록되니 주의해야 한다. 한번 페널티에 걸리면 본 대출을 상환하거나 해당 물건지를 매도한다고 하더라도 페널티 자체는 없어지지 않는다. 즉 추가 주택 매수 후 본 대출을 상환하거나 추가 주택을 매도한다고 해도 계속 약정 위반자로 본다는 뜻이다.

물론 약정 위반에 걸리지 않는 것이 가장 좋겠지만, 사실 약정 위

반에 걸렸다고 하더라도 빈틈은 있다. 다음 사례를 통해 그 빈틈 전략을 찾아보자.

전세퇴거자금대출을 받아 세입자를 내보내고 갭으로 사둔 집에 들어와 실거주 중인 분이 계셨다. 이후 운 좋게 줍줍에 당첨이 됐다. 그런데 기뻐하던 것도 잠시, 은행에서 기존 전세퇴거대출을 회수해야 한다고 연락이 왔다고 한다. 줍줍으로 당첨된 분양권도 주택담보대출에서는 집으로 보기에 그로 인해 페널티에 걸린 것이다. 전세퇴거자금대출은 생활안정자금대출이므로 집을 매수하면 안 되는 것이 맞다.

대출을 회수당하지 않으려면 당첨된 줍줍을 계약하지 않으면 된다. 계약 전 당첨 이력은 주택을 보유한 것으로 보지 않기 때문이다. 하지만 그분은 줍줍한 물건이 너무 좋아 계약까지 한 상태다. 이 난관을 어떻게 헤쳐나가야 할까?

여기에 또 하나의 꿀팁이 있다. 3년간 주택 관련 대출금지엔 신용대출과 사업자대출 등은 포함되지 않아 이 대출들은 이용할 수 있다는 점이다. 덧붙여 해당 페널티는 약정을 어긴 차주에게만 적용되고 배우자에게는 적용되지 않는다. 따라서 배우자 명의로는 대출이 가능하여 투자를 계속 이어갈 수 있다는 점을 적극 활용해보는 것도 현명한 빈틈 전략이 된다.

생활안정자금대출을 받고도 집을 사는 방법

앞서 생활안정자금대출을 받으면 '추가 매수금지 약정'을 쓰기에 집을 추가로 늘리면 안 된다고 했다. 이미 생활안정자금대출을 실행한 후라면 사실 방법이 없다. 무조건 약정을 따라야 한다. 하지만 아직 생활안정자금대출을 실행하기 전이라면 예외 규정을 적용하여 집을 늘리는 방법이 있다. 이 예외 규정을 인정해주는 은행을 잘 만나기만 하면 생활안정자금대출을 받고도 집을 늘릴 수 있다.

생활안정자금 추가 매수금지 약정서 2조를 노려라

1주택자가 갈아타기하고 싶은 집을 발견했다고 가정해보자. 문제는 기존 집이 처분되는 동시에 갈아탈 집으로 이사를 가야 자금이 맞는데, 아직 기존 집이 처분되지 않은 상태라 대출을 받아야 하는 상황

추가약정서
(생활안정자금 주택담보대출 추가약정용)

주식회사 하나은행 앞   20   년   월   일

채 무 자: (인)
주   소:

제 2조 (기 보유 주택)
채무자가 속한 세대[주1]의 세대주 또는 세대원이 **현재 보유하고 있는 주택**(분양권 및 조합원 입주권 등 포함)은 다음과 같습니다.
주1) "세대"라 함은 세대주 및 세대원으로 구성되며, 세대원은 세대별 주민등록표(「출입국관리법」에 따른 외국인 및 「재외동포의 출입국과 법적 지위에 관한 법률」에 따른 외국국적동포는 가족관계증명서 등을 포함)상에 배우자, 직계존속(배우자의 직계존속 포함), 직계비속 및 그 배우자를 말하며, 세대분리된 배우자 및 그 배우자와 동일세대를 이루고 있는 직계비속 및 그 배우자를 포함합니다.

① 담보로 제공하는 주택

종류	소유자	주소

② 보유 중인 주택 등

종류	소유자	주소

제 3조 (주택 등의 추가 구입 금지의무 등)
① 채무자가 속한 세대의 세대주 또는 세대원은 본 대출 실행일부터 전액 상환 전까지 제 2조 제2항에 명시된 주택 등 외에 **추가로 주택 등을 구입**[주2]**하지 않습니다.**
주2) 매매, 증여, 신축 등에 따른 소유권 취득. 다만 상속에 의한 취득은 제외, 이하 같음
② 채무자는 본 대출 전액 상환 전까지 **세대주 또는 세대원에 변경**이 생긴 때에는 **지체없이** 그 변경내용을 은행에 신고하여야 합니다.

이라고 하자. 이때 기존 집에서 ATM처럼 뽑아 쓸 수 있는 대출이 바로 생활안정자금대출이다.

하지만 생활안정자금대출을 받고는 추가로 집을 구매하면 안 된다. 추가 약정서의 3조(주택 등의 추가 구입 금지 의무)를 어기면 약정 위

반자가 되기 때문이다. 이때 생활안정자금 대출규제 약정 예외 사항을 적용하여 갈아탈 집의 구매자금으로 사용하는 방법이 있다. 바로 2조에 채무자가 속한 세대주와 세대원이 현재 보유하고 있는 주택을 사전에 은행에 신고하는 방법이다. 아직 잔금을 치르진 않았지만 계약만 한 집이라도 2조에 명시하면 된다.

사실 생활안정자금대출의 목적 자체가 은행 몰래 집을 늘리는 것에 대한 규제이기 때문에 기존 집에서 대출받아 계약서가 첨부된 집을 산다고 은행에 명확히 목적을 밝히면 오히려 약정 위반이 아니다.

예외 규정을 적용받는 방법은 다음과 같다. 우선 새로 갈아탈 집을 계약한 뒤, 계약금 영수증을 챙겨 은행에 가서 생활안정자금대출 상담을 받는다. 아직 생활안정자금대출을 실행하기 전이므로 갈아탈 집의 계약서와 계약금 영수증을 첨부하면서 추가 매수금지 약정서 2조에 명시한다. 갈아탈 집을 계약은 했지만 아직 잔금을 안 치러서 등기가 나기 전이고, 생활안정자금대출 실행 후에 등기가 날 예정이라고 밝힌다. 따라서 이 주택은 3조의 약속을 어기고 주택을 매수한 것이 아니라 미리 은행에 말하고 신고한 주택이 된다. 그렇기에 지금 신청하는 생활안정자금대출 실행 후 갈아탈 집의 등기가 나와도 약정 위반으로 보지 말아달라고 요청한다.

이와 같은 방법으로 생활안정자금대출 예외 규정을 적용해주는 은행을 만나면 생활안정자금대출을 받고도 집을 살 수 있다. 물론 모든 1금융권 은행이 생활안정자금대출 예외 규정을 적용해주는 것은 아니다. 같은 은행이라도 되는 지점이 있고 안 되는 지점이 있다. 따라서 언제나 그렇듯 나에게 대출해주는 그 은행 한 곳을 찾아야 한다.

추가 매수금지 약정을 피해 가는 방법

이전등기 3개월 이후에 대출을 받으면 생활안정자금에 속하게 되는데, 구매자금대출로 인정받아 추가 매수금지 약정에서 벗어나는 방법도 있다. 바로 '구매자금대출로 취급된 증액 없는 동액대환'이다.

한 수강생은 분양 아파트 입주 시 잔금대출을 받았는데, 이 대출을 몇 년 뒤 다른 대출로 갈아타고 싶어 하셨다. 대환도 이전등기 3개월 이후에 일어나면 보통 생활안정자금대출에 속하는데, 이 경우는 처음 대출받은 형태가 '구매자금대출'이었고 같은 금액으로 갈아타는 것(동액대환)이었기에 추가 매수금지 조항 없이 구매자금 대환으로 인정받은 것이다. 그 덕에 기존에 추가로 보유한 분양권도 추가 매수금지 약정에 걸리지 않았고, 구매자금대출을 받고 집을 구매하는 것은 문제가 없기에 이후 등기가 늘어나도 상관없다는 통지를 받았다. 분양권이 상급지 분양권이었기에 후에 분양권 잔금대출을 받아 입주를 하면 상급지 갈아타기에 성공하는 것이다.

이렇듯 기존 대출이 '구매자금대출'이고 증액 없는 동액대환을 하는 경우라면, 중간에 갈아타도 추가 매수금지 약정을 쓰지 않는다. 이는 전 은행 공통 규정 사항인데 은행원들이 잘 알지 못하는 경우도 많다. 따라서 해당 사항을 잘 숙지하여 오히려 은행원을 설득해 규정을 살펴달라고 부탁하고 구매자금대출로 승인받아 상급지 갈아타기를 하면 된다.

역전세반환대출 한계 극복하기

생활안정자금대출의 대표적인 대출이 바로 전세반환대출이다. 특히 역전세 때문에 기존 세입자의 전세금반환에 어려움을 겪는 집주인(임대인)에게 '역전세반환대출'이 시행되고 있다. 이는 DSR 40%를 적용하는 대신 DTI 60%를 적용하고, 임대사업자에게는 RTI(Ratio To Interest, 임대업이자상환비율) 1.0배만 적용하는 것으로 규제 수위를 낮춰 궁극적으로 대출한도를 늘려주는 정책이다.

역전세반환대출은 2023년 7월 27일부터 2025년 12월 31일까지 본 건 대출의 채무자가 담보로 제공하는 주택 등으로 체결한 임대차계약의 종료 또는 해지 시 임차인에게 임차보증금을 반환하는 목적으로 받을 수 있다. 전세금 차액분을 대출해주는 것이 원칙이며 후속 세입자를 구하지 못했을 경우 완화된 대출규제(DTI 60%, RTI 1.0배) 범위 내에서 반환 자금을 지원하되, 1년 이내에 후속 세입자를 구해 해당 전세금으로 대출 금액을 상환해야 한다(이때 중도상환 수수료는 면제). 집주인이 직접 입주하는 경우에는 대출 실행 후 1개월 이내에 입주해야 하며, 최소 2년 이상 실거주 여부가 모니터링된다.

전세반환대출을 받을 임대인은 후속 세입자와 '전세금반환보증 가입'을 특약으로 하는 임대차계약(한방 계약서 특약)을 공인중개소에서 체결해야 한다. 그뿐 아니라 집주인은 후속 세입자를 위해 전세보증금반환보증보험을 의무적으로 들어줘야 하며, 이런 의무가 이행되지 않을 경우 대출금 전액 회수 및 제재 조치가 이뤄질 수 있기에 주의해야 한다.

후속 세입자를 구하지 못한 집주인은 세입자를 구한 이후에 받는 전세보증금으로 대출금부터 바로 갚겠다는 특약을 맺어야 하며, 해당 자금은 전세금반환 외 다른 용도로 사용하지 못한다.

전세반환대출도 생활안정자금대출의 일종이므로 추가 주택 매수 금지 약정서를 작성하며, 반환대출 이용 기간에는 신규 주택 구입이 제한된다. 만약 주택 구입이 적발되면 대출금 전액 회수와 함께 3년간 주택 관련 담보대출취급이 금지되는 등 페널티가 부과되니 주의해야 한다.

1주택자가 전세반환대출을 받을 때 규제지역 LTV 50%, 비규제지역 LTV 70%까지 가능하며 DTI는 60%가 적용된다. 다주택자는 규제지역 LTV 40%, 비규제지역 LTV 60%까지 가능하다. 그런데 설령 DTI만 본다고 하더라도 LTV를 함께 완화해주지 않으면 한계가 있다. 예컨대 다주택자가 규제지역에 시세 15억 아파트에 기존 세입자에게 10억 전세를 주고 있다면, DTI 60%가 통과될 경우 전세반환대출가능금액이 LTV 40%인 6억까지 가능할 것이다. 이 경우 대출가능금액이 10억보다 적어 이 금액으로는 역전세반환을 모두 해결할 수 없다.

실제로 다주택자 수강생이 비슷한 사례로 역전세를 맞았다. 비규제지역 KB시세 13억 아파트에 기존 전세는 9억이었는데, 7억 5,000만 원으로 후속 세입자를 맞췄다고 한다. 역전세반환대출 조건에 부합하여 대출 신청을 넣었는데 기타 대출은 없고 연봉이 8,000만 원 정도라 DTI 60%는 통과됐다. 하지만 이 경우 기존 세입자에게 돌려줘야 하는 9억 원이 모두 실행되지는 않는다. 비규제지역 다주택자

LTV는 60%이므로 대출가능금액이 최대 7억 8,000만 원이기 때문이다. 후속 세입자가 있는 경우 보증금 차액만큼을 대출받을 수 있으므로 1억 5,000만 원이 실행되는데, 이 금액이 후속 세입자의 전세금 7억 5,000만 원보다 먼저 실행될 것이므로 결국 '선대출 후전세' 개념이 되는 구조다. 그래서 전세금반환보증보험의 의무 가입이 된 것이다.

여기서 한 가지 주의할 점은 후속 세입자가 들어오는 날과 기존 세입자가 나가는 날, 그리고 이 대출이 실행되는 날이 모두 같아야 한다는 점이다. 그래야 역전세반환대출도 실행되고 기존 세입자를 잘 내보낼 수 있다.

04

이주비대출을 활용한
1주택자의 대체주택 투자

1주택을 소유한 경우, 살던 집이 정비사업 등으로 재건축이나 재개발을 할 때 그 기간에 거주하기 위해 또 다른 주택을 매입한 경우는 '대체주택'으로 인정받아 비과세 혜택까지 누리는 방법도 있다.

대체주택은 재개발·재건축으로 기존 주택이 멸실되는 1주택자가 임시로 거주할 집을 구매하고, 재개발·재건축 완료 후 임시거주 주택을 팔면 양도세를 면제해주는 제도다. 1주택자가 가격 변동 부담이 큰 전월세 대신 안정적으로 거주할 수 있게 부담을 줄여준다는 취지다. 이때 대체주택을 마련하기 위해 사용되는 대출이 바로 '이주비대출'이다.

이주비대출은 조합에서 협약을 맺은 금융기관, 즉 시행사 협약은행에서만 실행 가능하다. 이주비대출의 한도 역시 조합에서 정하기 나름이다. 이주비대출은 중도금대출과 마찬가지로 DSR을 보지 않는다. 즉 본인의 소득이나 부채와는 상관없이 해당 지역의 LTV 규제

플팩의 상급지로 가는 대출력

를 따른다.

다만 빌라는 KB시세가 형성되지 않은 경우가 많아 조합원 감정평가 금액 대비 이주비대출이 실행된다. 규제지역에서도 다주택자만 아니면 LTV 50%까진 대출이 되기에(다주택자는 규제지역 LTV 30%) 이제는 이주비대출도 대부분 LTV 50%까진 무난하게 나오는 편이다.

한남 3구역 같은 경우 이주비대출이 감정가의 100%가 나왔던 것으로 유명하다. 감정가가 15억인 빌라라면 15억 전체가 모두 이주비대출로 실행됐다는 뜻이다. 실제로 한남 3구역에서 조합원들은 기본 이주비대출로 부족한 경우에 시공사 현대건설이 지원하는 추가 이주비대출도 받을 수 있었다. 무주택자 또는 1주택자는 나머지 50%, 2주택자 이상은 60%까지 받을 수 있었다.

조합마다 천차만별이지만 보통 이주비대출을 받고는 추가로 집을 사면 안 된다는 '추가 주택 매수금지 약정서'를 쓰는 경우가 많다(특히 규제지역). 하지만 이주비를 대출받아 추가 매수금지 약정서 등을 작성하더라도 가족 간 이주비를 빌려주고 재투자에 나설 수 있기 때문에 빈틈을 노리는 투자가 횡행하는 것도 사실이다. 세법상 가족 간에는 2억 1,739만 원까진 무이자로 차용할 수 있으므로 가족에게 이주비를 빌려주고 주택을 구입하게 하는 것이다. 대체주택 제도로는 재개발·재건축 1주택자의 주택 구매를 권장하면서 금융규제로 주택 구입을 막는 것은 어불성설이지만, 이런 일관성 없는 정책 속에서도 투자자들은 빈틈을 놓치지 않는다.

05

경락잔금대출을 활용한 갈아타기

부동산을 시세보다 싸게 사는 방법은 단연코 경매다. 부동산 하락장에서도 수익을 낼 수 있고 요즘같이 경기가 좋지 않을 때는 우량 물건들도 경매 시장에 많이 나오기에 경매를 통해 내 집 마련이나 갈아타기를 하려는 사람들이 늘어나고 있다. 이렇게 경매를 통해 낙찰을 받아 잔금을 치를 때 사용하는 대출을 '경락잔금대출'이라고 한다.

 ## 경락잔금대출의 한도와 이점

경락잔금대출은 보통 감정평가액의 70~80%와 낙찰가의 80~90% 중 낮은 금액이 한도다. 단 개인명의로 경락잔금대출을 실행할 경우 일반 개인대출 규정이 적용되어 DSR, LTV 이내로 한도가 제한된다.

예를 들어 무주택자가 감정평가액이 4억 원인 비규제지역 아파트를 3억 원에 낙찰받았다고 해보자. 이 경우 감정가의 70%인 2억 8,000만 원과 낙찰가의 90%인 2억 7,000만 원 중 낮은 금액을 대출받을 수 있으니 최대 2억 7,000만 원이 나올 것이다. 다만 이 2억 7,000만 원도 개인대출 규정 내, 즉 LTV·DSR 한도 범위 내에서 실행 가능하니 소득이 뒷받침되어야 한다. 스트레스 DSR 2단계 기준 2억 7,000만 원 정도가 은행권에서 실행될 수 있으려면 다른 대출이 하나도 없다는 전제하에 연봉이 4,500만 원 이상이어야 한다.

만약 다주택자가 이 물건을 낙찰받았다면 얼마의 대출이 가능할까? 비규제지역에서 다주택자의 LTV 비율은 60%이므로, 감정가의 60%인 2억 4,000만 원과 낙찰가의 90%인 2억 7,000만 원 중 낮은 금액이 실행된다. 즉 다주택자도 DSR 소득 범위 내에서 2억 4,000만 원을 대출받을 수 있다. 낙찰가가 3억 원인데 다주택자도 2억 4,000만 원까지는 대출이 나오니 낙찰가의 80%까지는 대출이 되는 것이다. 80%라고 하면 현재 생애최초만이 가질 수 있는 혜택이고 매매임대사업자도 최대한도가 60%인 것에 비하면 큰 이점이 아닐 수 없다. 즉 시세보다 싸게 낙찰을 받을 수만 있다면 개인대출 규정이 적용된다고 하더라도 경락잔금대출은 여전히 이점이 있다.

경매로 상급지 토지거래허가구역 뚫기

경매의 장점은 토지거래허가구역 내 부동산 취득 시 허가를 받지 않아도 되고, 자금조달 계획서 의무도 사라지며, 실거주를 하지 않아도 된다는 점 등이다. 2025년 2월 현재는 토지거래허가구역에서 풀렸지만, 당시에는 대표적인 토지거래허가구역이었던 잠실 리센츠의 경매물건으로 실거주 의무도 피하며 갈아타기에 성공한 사례를 살펴보자.

한 수강생이 경매를 통해 잠실 리센츠로 갈아타기를 하고 싶다고 대출상담을 요청했다. 이번에 집이 팔려 대략 11억 원의 현금이 있으며 부부 모두 대출은 없고, 남편 명의로 대출을 받으면 소득 대비 12억 원까진 나온다고 은행에서 확인받았다고 한다. 아이들 학교 문제로 실거주를 옮길 수는 없어서 해당 물건을 낙찰받으면 실거주 하지 않고 바로 전세를 맞출 예정이라고 했다. 그 수강생은 2024년 5월에 진행된 토지거래허가구역 물건을 경매로 받고 싶다고 했다.

당시 해당 아파트의 매매 시세는 24억 정도였고 감정평가액은 20억이었으며 전세 시세는 12억 정도였다. 해당 물건의 낙찰가는 22억 3,500만 원이었기에 낙찰가 80%와 감정평가액 80% 중 낮은 금액이 개인대출 규정 내에서 실행될 수 있었다. 즉 낙찰가의 80%인 17억 8,800만 원과 감정평가액의 80%인 16억 원 중 낮은 금액인 16억 원이 LTV, DSR 범위 내에서 나올 수 있었다. 하지만 규제지역 무주택자의 LTV가 50%이므로 16억 원은 대출이 불가하고, 시세 24억의 50%인 12억까지가 소득 범위 내에서 가능했다.

12억 원 대출과 가지고 있는 현금으로 잔금을 치르고 후에 대출금은 전세금으로 상환하면 성공적인 갈아타기가 가능하다. 특히 경락잔금대출 특성상 단기간에 상환 시 중도상환 수수료 혜택이 있는

경매에 부쳐진 토지거래허가구역 물건

2023 타경 ▮▮▮ (강제)		매각기일 : 2024-05-20 10:00~ (월)		경매3계 02-2204-2407	
소재지	(05502) 서울특별시 송파구 올림픽로 135, ▮▮▮▮▮ (잠실동,리센츠) [도로명] 서울특별시 송파구 올림픽로 135(잠실동)				
용도	아파트	채권자	이▮▮	감정가	2,000,000,000원
대장용도	아파트	채무자	송▮▮	최저가	(100%) 2,000,000,000원
대지권	40.11㎡ (12.13평)	소유자	송▮▮	보증금	(10%)200,000,000원
전용면적	84.99㎡ (25.71평)	매각대상	토지/건물일괄매각	청구금액	1,351,005,341원
사건접수	2023-03-06	배당종기일	2023-06-05	개시결정	2023-03-07

기일현황 ⊙ 입찰7일전

회차	매각기일	최저매각금액	결과
신건	2024-05-20	2,000,000,000원	

모의입찰가	0 원	입력	?

대출상품도 있으므로 여러 상품을 비교해보고 활용하면 된다. 경매가 아니었다면 토지거래허가구역은 실거주를 해야 하기에 상급지입성이 불가능했을 것이다. 이처럼 경매를 통해서라면 최상급지인 토지거래허가구역으로 갈아타기가 가능하다. 이런 점을 적극 활용한다면 선택지가 많아질 것이다.

| 8장 |

다주택자 전략:
다양한 경우의 수를 활용해
부를 늘려라

요즘 다주택자들은 똑똑한 한두 채의 세팅이 끝나고 나면 근로소득 외에 사업소득을 늘리거나 비주택 투자 등을 통해 현금흐름을 창출하는 추가 투자를 많이 한다. 2020년 8월 지방세법 개정으로 주택 수에 따라 1%이던 취득세율이 최대 12%까지 올라갈 수 있게 되어 추가로 주택을 늘리는 것에 부담이 큰 탓이다.

상가나 오피스텔에서 월세를 받기도 하고, 직접 사업을 영위해 사업소득을 늘리기도 한다. 일반 매매뿐만 아니라 경매를 통해 상가·오피스텔·토지 투자를 하기도 하고, 명의 자체를 사업자로 돌려 사업자대출로 DSR을 극복하기도 한다.

부자는 자신의 집을 잘 활용하여 부를 늘려간다. 개인대출로는 DSR에 막혀 여러 물건에 담보대출을 일으킬 수 없을뿐더러 추가 매수금지 약정에도 걸려 추가로 주택을 늘리지는 못한다. 하지만 이때 차주의 명의를 사업자로 하면 상황이 달라진다. 이런 비주택대출과 사업자대출을 자세히 살펴보자.

01

오피스텔
투자

 오피스텔 투자와 지방 투자가 줄어든 이유, DSR

차주별 DSR 대상이 총대출액 기준으로 바뀌면서 비규제지역과 상
가·오피스텔 같은 비주택 투자를 이어갔던 사람들이 타격을 많이
받았다.

　DSR이 도입되기 전에는 오피스텔과 비규제지역 같은 경우 무주
택자는 LTV 최대 80%까지도 주택담보대출이 가능했다. 특히 거실
과 주방, 방 2~3개를 갖춘 아파트의 편리함과 오피스텔의 장점을
두루 갖춘 일명 '아파텔'은 아파트를 대체할 신개념 투자처로 인식
되어왔다. 여기서 아파텔의 큰 장점은 일반 아파트보다 대출이 더
잘 나온다는 것이었다. 서울 수도권에 소재한 아파텔은 낙찰가율이
100%에 육박해 감정가의 70% 이상 최대 80%까지도 대출이 무난
하게 나왔으니까 말이다. 이렇게 오피스텔 풀대출을 받고 그 뒤로

월세 세팅을 하면 내 돈은 거의 들이지 않는 무피 투자가 가능해 입지가 좋은 아파텔은 수요가 엄청났었다.

하지만 이제는 모든 대출의 합계가 1억 원이 넘으면 바로 차주별 DSR 대상이 되어버리니 대출가능한도가 확 줄어들었다. 이 1억 원에는 비규제지역에서 받은 대출과 오피스텔대출도 모두 포함되기에 더 이상의 이점이 없어진 것이다.

💰 오피스텔대출 규제 완화

오피스텔은 세금과 달리 거주용이든 업무용이든 상관없이 모두 '비주택'으로 취급하여 대출을 진행한다. 개인명의 오피스텔 DSR 계산 시 상환 만기를 비주택 기준인 8년으로 일괄 적용하여 계산해버리면, 일반 주택담보대출이 50년 만기까지 있는 데 비해 굉장히 불리하게 산출되는 것이 사실이다. 개인명의 오피스텔 담보대출을 실행하면 이후 신용대출, 주택담보대출 등의 다른 대출은 못 받을 정도로 DSR을 이미 너무 많이 차지하기 때문이다. 이로 인해 개인명의 오피스텔을 분양받은 상당수가 잔금 때 DSR을 못 맞춰 어려움을 겪으며, 급기야 2금융권에서도 대출이 불가능해져 울며 겨자 먹기로 손해를 감수하고 매도하는 사례가 늘어났다.

이를 보완하기 위해 2023년 5월부터 오피스텔 가계대출 규정이 일부 개정되어, 이제는 개인명의 오피스텔의 분할상환 시에는 실제 약정만기를 적용해주기로 했다. 이렇게 되면 DSR이 완화되는 효과를 누릴 수 있다. 오피스텔 담보대출의 상환 방식을 전액 분할상환, 일부 분할상환, 만기 일시상환으로 구분하여 이 중 만기 일시상환만 원래대로 DSR 산정 시 8년을 적용하고 나머지 분할상환 방식은 실제 원리금 상환액만 반영하기로 했다. 주택담보대출처럼 오피스텔도 30년 분할상환 상품으로 하면 일괄 8년으로 적용하는 것이 아니라 실제 만기인 30년으로 DSR을 계산하는 것이다. 따라서 오피스텔을 개인명의로 대출받을 땐 만기 일시상환 방식이 아닌 **장기 분할상환 방식으로 해야 DSR에서 유리해져 대출이 많이 나옴을 잊지 말자.**

오피스텔대출 최대로 받으려면

오피스텔은 개인명의보다 임대사업자나 일반 사업자로 대출받는 것이 한도 면에서 가장 유리하다. 사업자대출은 개인대출과 달리 DSR을 보지 않기 때문이다. 이 중 일반 사업자로 오피스텔대출을 받는 것이 한도 면에서 가장 유리한데, 일반 사업자대출은 임대를 주는 것이 아니라 그 오피스텔에서 직접 사업을 하는 명목이어서 기업대출의 취지에 가장 부합하기 때문이다.

오피스텔은 KB시세가 있으면 KB시세를 따르지만 KB시세가 없는 경우가 많아 감정가 기준으로 대출한도를 설정한다. 물건의 컨디션과 지역의 낙찰률에 따라 감정가가 달라지며 최대 'LTV 80% – 방공제(최우선변제액)'로 진행해볼 수 있다. 여기에 신탁대출을 넣으면 방공제 없이 LTV 최대 80%까지도 대출을 받을 수 있다(신탁대출은 뒤

상가임대차보호법 적용 범위 및 최우선변제 범위			
지역	환산보증금	보증금 기준	최우선변제액
서울특별시	4억 원 이하	6,500만 원 이하	2,200만 원
수도권 및 과밀억제지역	3억 원 이하	5,500만 원 이하	1,900만 원
광역시, 안산, 용인, 김포, 광주	2억 4,000만 원 이하	3,800만 원 이하	1,300만 원
기타 지역	1억 8,000만 원 이하	3,000만 원 이하	1,000만 원

※ 환산보증금 이상 보호 범위: 계약갱신요구권, 권리금 보호 규정, 대항력

에서 별도로 다룬다).

오피스텔은 대출 용도에 따라 방공제 금액이 달라진다. 즉 주거용과 비주거용의 오피스텔 방공제 금액이 각각 다르다. 주거용으로 오피스텔대출을 받으면 주택 기준으로 방공제를 하기에, 서울 기준으로 방 1개당 5,500만 원을 공제한다. 만약 비주거용으로 대출을 진행하면 상가 기준으로 방공제를 한다. 즉 서울 기준 방 1개당 2,200만 원이 차감된다.

 ## 법인명의 오피스텔로 RTI를 극복하자

RTI란 이자 대비 임대료를 뜻하는 것으로 '임대업이자상환비율(연간 임대소득 ÷ 연간 이자비용)'이라고 하며, 개인 임대사업자에게 적용되는 개념이다. 한마디로 개인 임대사업자 임대소득(월세)으로 이자를

상환할 수 있는지를 보는 지표라고 할 수 있다. 임대수익이 높으면 (월세가 높으면) 대출이 잘 나오며, 월 임대료가 높지 않거나 공실이면 RTI가 충족되지 못해 대출이 잘 나오지 않는다.

RTI가 도입되기 전 상가나 오피스텔은 담보의 60% 정도는 대출 승인이 나오는 편이었는데, 지금은 RTI가 1.5 이상은 되어야 대출을 받을 수 있다. 이는 상가가 100만 원의 이자를 내려면 임대료가 월 150만 원은 되어야 RTI가 충족된다는 뜻이다. 예를 들어 'RTI 1.5'는 이자 100만 원을 받으려면 월세 150만 원 이상은 받아야 상가대출이 2억 4,000만 원 이상 나온다는 의미다(약 5% 금리 가정).

주택은 RTI 1.25배 이상을 충족해야 대출을 받을 수 있다. 주택 임대사업자가 비규제지역 아파트 3억 원짜리를 구입할 경우 현재 LTV 60%까지 대출을 받을 수 있다. 이곳에서 월세를 95만 원 이상 받을 수 있다면 5%의 이자로 1억 8,000만 원까지 실행 가능하다. 한 달 이자가 75만 원 정도 발생하므로 RTI 1.25 이상을 충족한다(95만 원 ÷ 75만 원 = 약 1.266).

이 경우 월세는 그대로인데 대출이자가 오르면 어떻게 될까? 1.25보다 낮아져 대출을 받지 못하게 된다. 즉 **임대사업자가 대출을 잘 받으려면 월 임대료를 높이든지 대출이자를 낮춰야 한다.** 변동금리 대출이자가 한창 높았던 시기에 월 임대료를 높여 'UP 계약서'를 쓰며 편법적인 이중 계약이 성행했던 이유이기도 하다. 하지만 대출이자가 낮아지는 시기가 되면 RTI 문턱도 낮아져 임대사업자 투자에 숨통이 트이기도 한다.

앞서 스트레스 DSR이 기타 모든 대출에도 도입되는 2025년부터는 비주택 투자 시 대출 활용에도 특히 주의해야 한다고 언급했다. 스트레스 금리가 이런 비주택에도 도입되면 RTI 계산 시 대출이자 부분에 스트레스 금리가 더해져 대출한도가 줄어들거나 급기야 1.5의 문턱을 넘지 못해 대출이 안 나올 수도 있다. 따라서 대출 레버리지 수익을 도모해야 하는 비주택대출에서는 변동금리뿐만 아니라 혼합형이나 주기형 등의 고정금리 상품도 함께 알아보기를 권한다.

가능하다면 금융기관에 특별심사를 올려보는 것도 좋다. 그러면 비주택의 RTI 비율을 1.5가 아닌 1.25까지로, 주택은 RTI 1.25에서 1까지로 유연하게 봐줄 수 있다. 요즘 워낙 경기가 안 좋다 보니 RTI를 1.5까지 맞추지 못하는 상가가 늘어나고 있다. 그래서 은행도 예외적으로 RTI가 1.25 정도만 되어도 기타소득이 입증된다면 그 소득을 참고하여 RTI를 통과시켜주기도 한다.

물론 모든 물건에 대해 특별심사를 해주는 것은 아니다. 하지만 기타소득 증빙이 가능하거나 물건지의 수익성이 좋아 월세의 향후 상승폭이 크고 내부가치가 충분하다고 판별되는 등 금융기관의 특별심사 대상 요건을 충족하면 심의에서 통과되기도 하니 이 방법 또한 염두에 두고 은행원을 설득해보는 것도 좋겠다.

분양받은 오피스텔 중에는 임대사업자 물건이 많다. 따라서 RTI 통과는 필수인데, 만약 통과가 어렵다면 법인명의 오피스텔대출을 알아볼 수도 있다. 법인은 RTI를 보지 않기 때문이다. 따라서 공실이라도 법인 신탁대출로 진행해볼 수 있으며 손실법인만 아니라면 LTV 최대 80%까지도 대출을 받을 수 있다. 특히 재무제표가 나오지 않고 매도 기록이 없는 신규 법인의 경우에는 오피스텔의 KB시세가

플팩의 상급지로 가는 대출력

없으면 감정평가 없이 바로 매매가를 기준으로 대출한도를 설정하기도 한다. 대표이사의 신용만 좋으면 오피스텔 방공제 없이 매매가의 80%까지 진행해볼 수도 있다.

상가대출 잘 받는 법

상가는 임대료, 즉 월세만 잘 받으면 임대인의 현금흐름을 가장 잘 받쳐줄 제2의 월급 파이프라인이다. 다주택자들에게 특히 현금흐름이 더욱 중요해진 요즘 상가 투자에 성공하기 위해 그 초석이 되는 상가대출의 필수 사항들을 조목조목 짚어보자.

감정평가를 최대한 잘 받자

상가는 토지나 오피스텔처럼 비주택에 속한다. 아파트처럼 담보대출의 기준이 되는 KB시세나 감정원 평가 금액이 명확히 드러나지 않기 때문에 정확한 대출한도를 바로 알기가 어렵다. 따라서 가치를 개별 평가하여 담보가치 금액을 설정해야 하는데, 상가도 감정평가를 잘 받아야 대출이 잘 나온다.

상가의 지역별·물건별 담보가치는 모두 다르다. 즉 LTV가 천차만별이다. 서울은 낙찰가율이 높기 때문에 LTV가 높은 편이다. 일반적으로 상가 대출한도는 감정가의 60% 정도(최대 80%)다[상가 대출한도 = 감정가(매매가의 90%) × 60~80% - 보증금].

예를 들어 매매계약서상 서울에서 4억 원에 상가 계약을 했다면 감정가는 통상 매매가의 90% 정도로 책정된다. 즉 은행에서 그 가치를 3억 6,000만 원으로 봐준다는 의미다. 서울 상가의 대출한도는 보통 감정가의 60~80% 정도다. 여기서 보증금도 대부분 차감하기에 통상 감정가의 60%를 상가 대출한도로 본다.

그럼 3억 6,000만 원의 60~80%인 2억 1,600만 원~2억 8,800만 원이 대출가능금액인데, 여기서 보증금을 차감한 금액이 실제 대출되는 금액이라고 보면 된다. 따라서 최종적으로 '(2억 1,600만 원~2억 8,800만 원) - 3,000만 원'인 1억 8,600만 원~2억 5,800만 원이 대출가능금액이 된다.

DSR은 피하고 RTI를 높여라

상가대출은 대출받는 주체를 누구로 설정할지 명확히 해야 한다. 개인명의로 할지, 법인명의로 할지에 따라 대출가능금액과 한도가 달라지기 때문이다. 또한 차주를 개인사업자로 설정한다면 임대사업자대출로 대출을 일으킬 것인지 아니면 일반 사업자대출로 할 것인지도 명확하게 구분해야 한다.

개인명의로 상가대출을 받으면 DSR이 계산된다. 이때 원금을 8로 나누어 계산하기에 일반 주택담보대출보다 DSR에서 훨씬 불리한 조건이 된다. 따라서 기존에 신용대출이 많거나 개인부채가 많다면 상가대출이 안 나올 수도 있으니 주의해야 한다. 이렇듯 개인명의로 하면 DSR 때문에 대출 승인이 안 되는 사람들이 많아 보통은 사업자대출로 상가대출을 받는데, 만약 개인사업자가 개인 임대사업자 명의로 상가대출을 실행하면 RTI를 보게 된다. 상가대출은 월세만 잘 받으면 대출한도를 잘 뽑을 수 있기에 일반 사업자보다 임대사업자의 대출이 더 잘 나오는 경향이 있다. RTI를 높게 맞출 수 있으면 감정평가 금액이 잘 안 나오는 대신 대출을 많이 받을 수 있다. 따라서 보증금을 낮추더라도 월세를 많이 받는 것이 상가대출 잘 받는 꿀팁이다.

일반 사업자는 시설자금대출로 풀기에 일부 은행에서는 RTI를 보지 않고, 감정가 기준에 신용 등을 덧붙여 대출한도를 높이기도 한다. 그렇다고 모든 상가에 대해 임대사업자의 대출이 더 잘 나오는 것은 아니다. 서울 수도권 오피스텔(특히 아파텔)의 경우 일반 사업자로 대출을 받으면 최대 80%까지도 가능하기에 RTI 맞추는 임대사업자보다 대출이 잘 나오는 경향이 있다.

💰 신축 상가는 조심하라

'신도시에 분양되는 상가는 원수에게나 권해라'라는 말이 있다. 신축 상가에는 일명 작전 세력이 등장하기도 한다. 예를 들어 분양사와 상가 세입자가 사전에 짜고 매수인에게 '여기 신축 상가에 비싼 월세로 이 임차인이 들어올 예정이다'라는 내용을 일부러 흘리기도 한다. 그러면 매수인은 이곳에 비싼 임대료를 지급해주는 월세 세입자가 들어온다는 정확하지도 않은 정보만 가지고 RTI가 충족되어 대출이 잘 나오겠다고 판단하고 덥석 투자해버릴 수도 있다. 매수 이후 갑자기 세입자가 못 들어오게 됐다고 하고 후속 세입자도 잘 구하지 못해 애를 먹는 일들이 많으니 신축 상가 투자는 신중해야 한다.

사실 신축 상가는 대출에서도 불리하다. 신축 상가는 감정가가 분양가보다 낮은 경향이 있다. 상가대출은 분양가가 아닌 감정가 기준으로 나오는 경우가 많은데, 실무적으로 분양가의 80% 정도로만 감정가가 측정된다. 예를 들어 분양가 10억인 상가를 분양받았는데 감정가가 8억이라면 실제 대출은 감정가의 60%인 4억 8,000만 원만 나오게 된다. 이처럼 신축 상가는 생각보다 대출이 적게 나와 내 돈이 많이 들어갈 수 있으므로 주의해서 접근해야 한다.

💰 오픈상가는 대출이 잘 안 나온다

앞서 살펴본 대로 월세가 잘 나와야 상가대출도 잘 받을 수 있다. 사실상 매출이 좋은 상가가 월세도 잘 낼 수 있기에 매출을 높이기 위해 사업을 확장하여 오픈상가(호수별 경계벽을 허물고 오픈된 형태로 운영하는 상가)로 변경하기도 하는데 여기서 조심해야 할 사항이 있다. 구분상가가 아닌 오픈상가인 경우엔 대출이 잘 안 나온다는 점이다. 동대문 상가 등을 보면 101호, 102호가 합실하여 오픈상가 형태로 운영되는 곳이 많은데 이런 곳은 대출이 잘 안 나오기에 주의해야 한다.

반면 구분상가는 대출이 잘 나온다. 호실마다 임대료를 높게 받을 수 있다면 RTI도 높아지기 때문이다. 따라서 오픈상가도 구분해서 리모델링이나 인테리어를 할 수 있다면 구분상가 형태를 갖춰 RTI를 높이길 권한다.

상가도 부동산의 일종이므로 당연히 입지가 중요하지만 입지가 전부는 아니다. 같은 상가라고 하더라도 배후 수요와 유동 인구, 주요 동선을 잘 파악해야 매출을 추정할 수 있다. 여기에 덧붙여 이 정도 입지에 이 정도 월세가 적정한지도 잘 판별해야 대출에서도 사고가 안 난다. 혹자는 토지 투자보다 어려운 영역이 상가 투자라고도 한다. 실패하지 않는 상가 투자 전략으로 대출까지 잘 활용하자.

 ## 경락잔금대출로 상가 월세수익 올리기

상가나 오피스텔 등도 경매를 활용하는 것이 훨씬 유리한 경우가 많다. 상가를 경매로 싸게 낙찰받으면 대출에서도 유리해진다. 일반 매수 시엔 감정가의 50% 정도만 대출이 나오던 상가도 경락잔금대출로 받으면 낙찰가의 80~90%까지 받을 수 있기 때문이다. 즉 감정평가 50억짜리 상가 매수 시 일반적으로는 감정가의 50~60%만 대출이 나오는데, 법인명의로 30억에 낙찰을 받는다면 24억에서 27억까지도 대출이 가능해 최고의 레버리지 효과를 얻을 수 있다. 상가는 여러 번 유찰되는 경우도 많기에 저평가된 상가를 경매로 저렴한 가격에 매입하는 것을 추천한다.

상가는 전형적인 수익형 부동산이다. 특히 상가에서 직접 사업을 영위하는 사업장을 경매로 낙찰받으면 경락잔금대출이 잘 나오는 편이다. 은행 입장에선 대항력 있는 세입자가 없어 인수해야 하는 권리가 없기 때문이다.

상가 경락잔금대출은 상가 감정가의 LTV 비율과 낙찰가의 90% 중 낮은 금액으로 진행된다. 주택에 관한 경락잔금대출도 결국은 LTV·DSR 범위 내에서 대출이 결정되는데, 상가는 낙찰만 싸게 받으면 낙찰가의 최대 90%까지도 대출이 가능하니 투자자들은 보통 상가 투자 시 경매를 많이 활용하려 한다.

예를 들어 비규제지역 상가 감정평가액이 5억 원인데 이를 4억 원에 낙찰받았다고 해보자. 상가의 LTV 비율은 개별성이 강해 지역별·용도별로 모두 달라지나, 해당 물건의 주변 상가 낙찰가율이 LTV 70%까지 인정받았다고 치면 5억 원의 70%인 3억 5,000만 원과 4억 원의 90%인 3억 6,000만 원 중 낮은 금액인 3억 5,000만 원을 대출받을 수 있다(상가 최우선변제금은 공제한다). 물론 개인명의 경락잔금대출이면 DSR도 충족되어야 할 것이다. 상가 LTV 비율은 지역별·용도별 낙찰가율로 정해지는데, 상가가 위치한 지역의 최근 낙찰가율이 70%라면 방금 언급한 대로 70%를 인정해준다.

만약 이 상가가 임차인이 운영하는 가게였다면 어떻게 될까? 상가임대차보호법상 임차인에게 대항력이 있는지를 살펴봐야 한다. 대항력이 없으면 보증금 차감 없이 위와 같은 방식으로 대출이 가능하고, 대항력이 있다면 감정평가액의 LTV 비율에서 보증금만큼 차감한 금액이 나온다. 상가보증금이 적고 월세가 높다면 RTI도 높게 나올 것이기에 대출받는 데 거의 문제가 없다. 따라서 월세가 잘 나오는 상가를 경매로 싸게 낙찰받으면 경락잔금대출도 수월해지고 월세수익도 높일 수 있다.

03

신탁대출로 대출한도
최대한 받는 법

 신탁대출을 통해 대출한도 높이기

개인명의 대출에서는 MCI, MCG를 통해 대출한도를 높일 수 있었다. 이런 MCI, MCG 보증보험은 본인과 본인 가족이 거주할 때 사용할 수 있다. 하지만 제3자가 거주하거나 거주할 가능성이 있다면 그 물건은 보증보험에 가입할 수 없다. 이 경우 신탁대출을 활용하면 방공제를 하지 않고 대출한도를 최대한 높일 수 있다.

일반적으로 다음과 같은 경우에 보증보험 가입이 되지 않기에 신탁대출을 활용한다.

- 소유자가 법인인 경우
- 사업자대출인 경우
- 다가구주택이나 상가주택처럼 방이 여러 개인 경우

- 선순위 임대차(전세, 월세)가 있는 경우
- 고시원, 모텔, 호텔 등의 비주택인 경우에도 방 개수가 많을 때

예를 들어 임대사업자가 비규제지역의 다가구주택 매수 시 신탁대출을 활용하면 LTV 60%까지 방공제 없이 대출을 받을 수 있다. 방이 10개 이상이라도 상관없다. 고시원을 비롯해 방이 30개가 넘는 통건물을 법인명의로 매수할 때도 신탁대출을 활용할 수 있다. 30억짜리 통건물을 법인명의로 매수할 때 신탁대출을 활용하면 방공제 없이 LTV 최대 70%를 인정받을 수 있다. 사실 이 경우엔 신탁대출을 하지 않고는 대출이 불가할 수도 있다. 방이 많으면 많을수록 신탁대출을 활용해야 대출이 최대한도로 나온다.

근저당권 vs 신탁대출

신탁대출이란 부동산 소유권을 신탁회사에 이전하며 받는 대출로 담보신탁이라고도 하는데, 대부분 2금융권에서 진행한다. 일반적으로 주택담보대출을 받으면 근저당을 설정하는데, 이렇게 근저당을 설정하는 것 외에 담보대출을 받기 위해 소유권을 신탁하는 것을 '신탁대출'이라고 한다. 근저당권은 소유자가 그대로인 반면, 담보신탁은 소유자가 신탁회사로 바뀐다.

등기사항전부증명서 갑구에는 소유권에 관한 사항, 을구에는 소유권 이외의 권리가 표기된다. 근저당권 방식은 소유자가 그대로이

[집합건물] 서울특별시 영등포구 ▨▨▨▨▨ ▨▨▨ ▨▨▨ ▨▨▨ ▨▨ ▨▨▨ ▨▨▨▨

(대지권의 표시)

표시번호	대지권종류	대지권비율	등기원인 및 기타사항
1	1 소유권대지권 2 소유권대지권	178.7분의 3.1688 130.9분의 3.4493	2022년11월4일 대지권 2022년11월4일 대지권 2022년11월23일 등기

【 갑　　　구 】　　(소유권에 관한 사항)

순위번호	등 기 목 적	접 수	등 기 원 인	권리자 및 기타사항
1	소유권보존	2022년11월23일 제232299호		소유자 ▨▨▨ ▨▨▨▨▨-▨▨▨▨▨▨▨ ▨▨ ▨▨ ▨▨▨ ▨▨▨ ▨▨▨ ▨▨▨
1-1	민간임대주택등기	2022년11월23일 제232300호	2022년11월4일 민간임대주택 등록	이 주택은 민간임대주택에 관한 특별법 제43조제1항에 따라 임대사업자가 임대의무기간 동안 계속 임대해야 하고 같은 법 제44조의 임대료 증액기준을 준수해야 하는 민간임대주택임
2	소유권이전 신탁	2022년11월23일 제232302호	2022년11월23일 신탁	수탁자 신영부동산신탁주식회사 110111-7126835 서울특별시 영등포구 국제금융로8길 16, 8층(여의도동,신영증권빌딩) 신탁원부 제2022-1?068호

【 을　　　구 】　　(소유권 이외의 권리에 관한 사항)

기록사항 없음

-- 이 　하　여　백 --

기 때문에 갑구의 소유자 변동이 없고, 을구에만 저당권설정 표시가 나타난다. 반면 담보신탁은 갑구의 소유권이 기존 소유자에서 신탁회사로 변경되고, 신탁등기의 을구에는 대출 사항이 따로 표기되지 않는다.

　그렇다면 신탁대출의 대출기관과 대출 금액에 대한 내용은 어디서 확인할 수 있을까? 바로 **'신탁원부'**다. 신탁원부는 인터넷으로는 발급이 되지 않기에. 등기소에서 직접 발급받아야 한다.

　신탁 부동산은 소유자가 신탁회사이므로 가압류, 압류 등의 조치를 할 수 없다. 달리 얘기하면 등기사항전부증명서를 살펴봤을 때 해당 사항이 표기되지 않으므로 매매 시 유리할 수 있다는 것이다.

신탁원부 예시

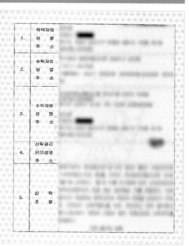

 신탁대출 받는 방법

신탁대출은 '대출약정서'와 '담보신탁계약서'를 작성하여 신탁계약
을 체결한 후, 부동산 소유권을 신탁회사에 이전하며 받는 대출을
의미한다. 신탁대출을 받는다고 해서 소유권 자체가 없어지는 것이
아니다. 그저 신탁이 됐을 뿐(잠시 맡겨졌을 뿐)이다. 신탁회사로 소유
권이 넘어갔다고 해서 내가 점유할 수 있는 권리마저 사라지는 것은
아니다. 후에 대출이 상환되면 소유권은 다시 소유자에게 넘어온다.
또한 신탁대출로 취급한 물건도 주택 수 계산에 포함되며 재산세, 종
합부동산세 등도 신탁회사가 아닌 실제 소유자에게 부과된다.

신탁대출을 받으면 잔금 날 소유권 이전이 두 번 이루어진다. 매

플팩의 상급지로 가는 대출력

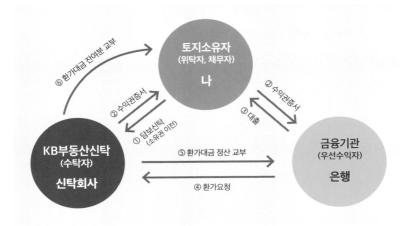

신탁대출

매계약을 통해 전 소유자(매도인)에서 현 소유자(매수인)로, 소유권 이전이 된 후 연이어 현 소유자(신탁자)에서 신탁회사(수탁자)로 이전된다.

소유자가 자신의 부동산을 신탁회사에 위탁하면 신탁회사는 '수익권증서'를 교부해준다. 그럼 채무자는 위탁자가 되고, 신탁회사는 수탁자, 금융기관은 우선수익자가 된다. 부동산 실물 자체가 아니라 수익권증서를 담보로 하여 실행되는 대출이기에 방공제가 필요 없고 LTV 상한까지 대출이 다 나오게 된다.

신탁 부동산의 임대차계약 시 주의점

소유자는 부동산을 매매할 수 있고 임대차도 할 수 있다. 매매할 때 신탁사 동의가 필수는 아니다. 계약 사항에 '매매잔금 시 신탁사로부터 소유권을 이전한다'라는 내용을 넣고 진행하면 된다. 하지만 임대차 시에는 반드시 신탁사와 은행의 동의를 받아야 한다. 신탁 부동산인 경우 소유권이 신탁회사로 넘어갔기 때문에, 임대차계약을 반드시 신탁회사와 맺어야 하고 소유자와 맺을 때는 반드시 은행 동의가 필요하다. 그런데 소유자가 금융기관 동의 없이 임차인과 임대차계약을 맺어버리면 적법한 임대차계약이 성립되지 못하여 임차인은 보증금을 보호받지 못하게 된다. 반드시 신탁회사에 보증금을 내고 우선수익자인 은행의 동의를 받아야만 임대차보호법의 보호를 받아 자신의 보증금을 지킬 수 있다. 은행에서 신탁 부동산의 임대차에 동의한다는 것은 임대차보증금이 대출금보다 선순위채권이 된다는 것을 의미한다. 따라서 일반적으로 은행은 임대차보증금만큼 대출금을 상환하는 조건으로 임대차 동의를 해준다.

채무자가 신탁대출금을 전액 상환하면 소유자는 신탁회사에 신탁 해지를 요청한다. 신탁회사는 은행에 대출금이 상환됐는지 확인한 후 신탁 해지를 진행하며, 그러면 소유권이 신탁회사에서 기존 소유자에게 되돌아온다.

신탁대출 연체 시에 은행은 강제 처분 조치인 '공매'를 진행한다. 근저당권으로 취급했을 때 경매를 진행하는 것과는 다른 방식이다. 공매는 경매와 다르게 '명도집행'을 할 수 있는 권한이 없어 명도소송을 따로 진행해야 한다.

DSR을 돌파하는
사업자대출의 비밀

앞서 대출을 받는 사람에 따라 개인이 받으면 개인대출, 사업자(기업)가 받으면 사업자(기업)대출로 분류된다고 했다. 개인대출의 차주가 무주택자인지, 1주택자인지, 다주택자인지에 따라 LTV 비율이 달라지며 DSR은 전 차주에게 모두 동일하다(1금융권 40%, 2금융권 50%).

다주택자도 규제지역 LTV 30%, 비규제지역 60%까지는 DSR 범위 내에서 대출을 받을 수 있다. 갭투자로 여러 채를 소유한 다주택자 중에 의외로 대출이 적은 사람들도 있다. 그들이 추가로 집을 늘리거나 전세반환대출 등을 받을 때 LTV, DSR 범위 내에서 대출이 가능한 것이다. 하지만 대부분의 다주택자는 신용대출이나 기존 주택담보대출 때문에 DSR이 다 차 있어서 추가 대출이 불가한 경우가 많다.

개인사업자대출(사업자 운전자금대출)

이 경우 개인사업자대출이 가능한 차주는 개인의 DSR 한계에 제약을 받지 않는다. 사업자대출은 DSR을 보지 않기 때문이다. 이제부터 언급할 사업자대출은 잔금을 치를 때 사용하는 시설자금대출이 아니라 보존등기 3개월 후부터 사용하는 개인사업자 운전자금대출을 의미한다.

사업자대출은 3개월이 지난 사업자등록증을 보유한 사업자가 보존등기가 나온 지 3개월 이상이 된 담보 물건에서 담보대출을 받는 것을 말한다. 물론 2금융권에는 사업을 막 시작해서 사업자등록증을 만든 지 얼마 되지 않은 '즉발 사업자'도 사업자대출이 가능한 은행이 있지만, 대부분은 3개월 이상의 사업자등록증을 소지한 사업자 차주에게 대출이 나간다.

본 사업자대출은 반드시 용도에 맞게 사용해야 한다. 즉 사업자대출이니 사업자금으로만 사용해야 한다. 개인대출에서 보존등기 3개월 후에 일으킨 주택담보대출을 생활안정자금대출로 분류하여 생활비나 의료비 등 용도에 맞게 사용하게 한 것과 마찬가지다. 은행에서는 사업자대출 실행 후 대출이 용도에 맞게 사용됐는지를 최대 6개월까지는 관리하고 체크한다. 간혹 사업자대출에서 생활안정자금대출처럼 '추가 매수금지 약정서'를 작성해야 대출이 실행되는 곳도 있다.

이렇게 운영자금이 필요한 사업자 차주에게 집을 담보로 최대 80%까지 대출을 해주는 것이 개인사업자대출이다. 만약 이 경우 법인이 대표이사의 집을 담보로 주택담보대출을 받으면 법인사업자 운전자금대출이 된다.

사업자대출이 좋은 점은 앞서 살펴본 대로 DSR을 보지 않고 'LTV 80% - 방공제'가 최대 대출가능한도이기에 개인대출이 많아 은행에서는 대출을 받지 못하는 차주더라도 사업자대출의 조건만 되면 대출을 받을 수 있다는 점이다. LTV 80%는 개인대출에서 생애최초만이 가지는 특권이다. 물론 생애최초라고 하더라도 개인대출이기에 DSR이 통과되어야 LTV 80%의 혜택을 누릴 수 있고 최대한도도 6억 원이다.

그러나 사업자대출은 **DSR을 보지 않는 데다 최대 대출한도도 제한되어 있지 않고 LTV 최대 80%까지 가능**하니 주택담보대출 중 한도를 가장 많이 가져갈 수 있는 대출이다. 더 좋은 것은 대부분 사업자대출의 상환 방식이 만기 일시상환이라 **거치식으로 이자만 납부**하며 사용할 수 있다는 점이다. 개인 주택담보대출은 원리금 상환이나 원금 상환 등 원금과 함께 상환해야 하는 형태인데 사업자대출은 이자만 상환하면 되니 상환 부담도 훨씬 적다. 대출이자 또한 실제 사업을 하는 실사업자라면 1금융권 은행에서는 현재 3% 후반도 가능하고, 2금융권 같은 경우 4%대 중후반의 특판 금리도 있어 금리상 이점도 누릴 수 있다.

물론 1금융권 은행에서 사업자대출을 실행하려면 실제 사업한 지 1년은 지나고 매출이 충분히 증빙되어야 하는 등 대출 조건이 까다로운 것이 사실이다. 하지만 2금융권에서는 사업한 지 얼마 되지 않았거나 매출이 거의 없어도, 사업을 시작하는 차주에게는 사업지원금 형태의 성격으로 대출이 나갈 수 있다. 심지어 매출이 없어도 대출이 가능한 조합도 있다. 따라서 DSR에 막혀 더 이상의 대출이 불가하다고 단념했던 다주택자 중 2금융권 사업자대출의 조건을 갖춘 사람이라면 사업자대출을 적극 활용해보길 권한다.

대출력 레벨업을 위한 Q&A

Q 개인사업을 시작하고 소득이 별로 없을 때 주거래 은행에서 담보대출을 받아 생활비에도 보태고 했는데요, 알고 보니 이 대출이 생활안정자금대출이라 추가 매수금지 약정이 걸려 있다고 하더군요. 이 집 시세는 30억인데 생활안정자금대출 규제가 있을 때 대출을 실행해서 2억 원만 대출받아둔 상태입니다. 사실 생활안정자금대출을 받기 전 지방에 줍줍으로 당첨된 아파트가 있는데 8개월 뒤 입주입니다. 입주 날짜가 다가오니 잔금을 못 맞출까 봐 가슴이 답답합니다. 세금 내기가 부담스러워 경비처리를 많이 했더니 실질적으로 잡히는 사업소득은 사실 적어서 DSR 통과하기가 힘들 거 같아 기존 집에서도 더 이상 추가로 대출을 받을 수도 없고요. 방법이 없을까요?

A 생활안정자금대출을 받기 전에 줍줍에 당첨된 상황이니 추가 매수금지 약정 위반은 아닙니다. 잔금대출 때 잔금이 모자라면 해당 집에서 생활안정자금대출을 더 받아 보태도 된다는 소리입니다. 하지만 이 경우 DSR 통과는 되어야 하는데 소득이 뒷받침되지 않으면 추가로 생활안정자금대출을 받긴 힘듭니다. 사업자에 대해서는 소득을 산정할 때 소득금액증명원에서 수입금액이 아닌 소득금액을

플팩의 상급지로 가는 대출력

봅니다. 그래서 경비처리를 많이 한 경우엔 소득금액이 적게 잡혀 DSR 통과가 쉽지 않죠.

이 경우 실제 사업자이기에 사업자대출을 활용하길 권합니다. 사업자대출은 DSR을 보지 않고 시세의 80%에서 방공제 정도를 하기에 최대 20억은 대출이 가능합니다. 해당 사업자대출로 기존의 생활안정자금대출을 상환하면 기존의 추가 매수금지 약정도 사라지고 개인 DSR도 살아납니다. 물론 사업자대출로 받은 이 20억은 사업자 운전자금으로만 사용되어야 하고, 자금 용도 증빙을 해야 하며, 대출 실행 후 6개월까진 사후관리도 받습니다. 하지만 2금융권 조합 중에는 연체 없이 성실 상환을 하는 실사업자 차주에게는 용도 증빙이 끝나고 6개월이 지나면 사후관리를 더 이상 하지 않는 경우도 많기에, 이 점을 활용하는 것도 방법이 될 것입니다.

 ## 사업자대출의 현명한 활용 예시

개인 신용대출이 많아 DSR이 꽉 차서 은행에선 더 이상 개인대출이 불가하다고 통보받은 다주택자 사업자가 있다. 이분은 온라인에서 영업하던 쇼핑몰 사업을 오프라인으로도 확장하려고 경매로 오픈상가를 낙찰받았는데, 오픈상가라 대출이 나오지 않아 급한 김에 개인 신용대출을 최대치로 받아 메꿨다고 한다. 이 신용대출 때문에 DSR 40%가 넘어 더 이상 1금융권 은행에선 개인대출이 불가하기에 갈아타기의 꿈도 접었다고 했다. 기존 집에 대출이 없어 주택담보대출을 활용해보려 했는데 이미 DSR이 초과해 방법이 없다고 생각한 것이다.

그에게 두 가지 제안을 했다. 오픈상가를 구분상가 형태로 리모델링을 하면 대출이 나올 수 있으니 그렇게 하여 상가 사업자대출을 받아 기존의 신용대출을 대환하는 것을 추천해드렸다. 본래 오픈상가 리모델링 계획이 있었기에 대출이 가능한 구조로 리모델링해서 대출을 받았고, 이로써 기존 개인 신용대출을 갚을 수 있었다. 그러자 개인 DSR이 다시 살아났으며, 살아난 DSR을 충분히 활용해 갈아타기도 할 수 있게 됐다. 그는 남는 LTV로 사업자대출을 받아 운전자금으로 활용하면서 사업도 크게 확장해 사업소득도 늘리고 있다. 상가대출과 사업자대출의 바른 활용과 개인 DSR을 살려내는 대출력을 통해 갈아타기와 사업소득 확장을 이루어낸 것이다.

이렇듯 사업자대출을 잘 활용하면 개인 DSR을 극복할 여러 가지 방안이 나온다. 다주택자의 DSR을 극복하는 개인사업자대출의 다양한 활용이야말로 다주택자의 투자에 날개를 달아주는 대출이다.

05

부동산 법인대출의
모든 것

투자자에게 명의를 선물해주는 투자 분신인 '부동산 1인법인'은 법인 규제가 심화되기 전까진 다주택자들에게 필수적인 투자법이라고 할 정도로 많이 활용됐다. 지금은 법인의 취득세와 종합부동산세 등의 허들을 넘기가 어려워 이전만큼 활발히 활용되고 있지는 않지만 여전히 유효한 투자 방법이다.

부동산 법인대출 프로세스는 다음과 같다. 예를 들어 플팩 강*옥

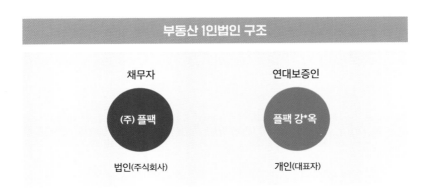

부동산 1인법인 구조

채무자	연대보증인
(주) 플팩	플팩 강*옥
법인(주식회사)	개인(대표자)

은 개인이고 (주)플팩은 법인으로, 법인대출은 (주)플팩이 받게 된다. 즉 대출자(차주)가 법인이 되는 것이다. 이때 플팩 강*옥은 법인의 대표자로서 (주)플팩의 연대보증인이 된다.

부동산 1인법인 투자가 유리한 이유

부동산 1인법인이란 보통 개인명의가 아닌 법인명의로 대표자가 부동산 법인을 세워 부동산 매매 및 임대를 영위하는 법인을 의미한다. 개인명의의 투자가 막혔을 때 나의 투자 분신인 법인명의를 활용하여 투자를 하면 대출과 세금 측면에서 혜택이 있다.

우선 세금 측면에서, 양도 시 법인이 개인보다 유리하다. 개인은 부동산을 매매하고 2년 이내에 매도할 경우 최대 70%의 세금을 내야 하지만, 법인은 단기에 매도하더라도 20% 정도의 법인세율만 적용받는다. 따라서 '단기 투자에는 법인'이라는 공식이 나올 정도로 세금 혜택도 많은 게 사실이라 고소득자일수록 법인명의로 투자했다.

그 이상의 기간을 잡고 투자할 때도 개인보다 법인의 세금 혜택이 훨씬 크다. 한 고객이 근린생활시설을 20억 원에 법인명의로 매수하여 5년 뒤 40억 원에 매도해 20억 원의 양도차익이 발생했다. 법인으로 투자했기에 양도세는 법인세율을 적용받아 3억 6,000만 원 정도를 냈고, 지방세는 법인세의 10%인 3,600만 원을 내서 세후 순수익이 16억 원 정도 됐다.

이 근린생활시설을 개인명의로 투자했다면 어떻게 됐을까? 개인명의로 투자하여 양도하면 양도세율 45%와 양도세의 10%인 지방세 등을 포함하여 총 49.5%가량의 세금이 발생한다. 여기서 3년 이상 보유 시 적용되는 장기보유특별공제 혜택을 받더라도 총 세금이 9억 넘게 발생하기에 개인명의 투자 시 세후 순수익은 11억도 안 된다. 법인으로 투자했을 때 5억 정도의 절세 효과를 얻는 것이다.

만약 이 근린생활시설의 시세차익이 커서 60억에 매도하여 양도차익 40억이 발생했다면 세후 순수익은 어떻게 될까? 개인은 세금이 49.5%는 발생하므로 20억 가까이 세금을 내고 나면 세후 순수익이 20억 원 정도 될 것이다. 하지만 법인으로 투자했다면 세금이 총 7억 4,000만 원 정도 발생하여 32억 6,000만 원의 양도차익을 거두게 된다. 개인은 양도차익의 반 이상이 세금으로 나가는 반면, 법인은 개인에 비해 12억 정도의 절세 효과를 거둘 수 있다. 따라서 취득세의 벽을 넘을 수만 있다면 양도차익이 큰 근린생활시설 같은 경우는 법인으로 투자하는 것이 훨씬 유리하다. 취득세뿐만 아니라 각종 비용의 경비처리도 받을 수 있기 때문이다.

대출 부분에서 법인명의 차주는 DSR이나 RTI 등을 따지지 않아 대출한도가 개인명의나 개인사업자보다 유리해지는 경우가 많다. RTI가 충족되어야 개인 임대사업자는 기업대출을 받을 수 있는데, 법인은 RTI를 보지 않으므로 공실이더라도 담보가치만 충분하다면 LTV 최대 80%까지도 대출이 나올 수 있다. 그래서 월세가 잘 나오지 않는 재개발·재건축 상가도 법인으로 매수했을 때 개인 임대사업자보다 대출이 잘 나오는 것이다.

부동산 법인대출과 관련한 다양한 질문

소득이 부족해도 부동산 1인법인 대출을 받을 수 있나요?

법인은 사업자이기에 법인사업자등록증과 개인의 주민등록번호에 해당하는 법인등록번호를 가진다. 또한 법인은 개인사업자와 달리 재무제표가 필수인데, 이 재무제표로 법인의 자산과 부채 등 현금흐름을 파악하여 법인의 신용도를 파악하게 된다.

법인대출은 개인처럼 DSR을 보지 않기 때문에 담보물건의 가치가 높고 어느 정도 소득 증빙만 가능하면 대출을 받을 수 있다. 즉 담보가치가 충분하면 소득은 필수 조건이 아니다. 카드 사용 내역으로 대체소득을 만들어 증빙해도 되고 국민연금 납부 금액이나 건강보험료 납입 금액 또는 배우자의 소득이 많으면 배우자 소득을 추가해 소득을 증빙할 수도 있기 때문이다.

특히 부부 중 한쪽이 겸업금지 등의 직종이라 대표자가 될 수 없는 경우에는 배우자가 법인의 대표자가 되는 경우도 많다. 신규 법인대출을 받을 경우 재무제표가 없으면 대표자의 소득과 신용을 가장 중점적으로 보는데, 대표자의 소득이 미미하다면 배우자의 소득 증빙을 위해 연대보증 입보는 필수다. 기본적으로 법인대출을 받을 때 대표자나 최대주주 중 1명의 연대보증은 필수인데, 대표의 소득 증빙이 불가할 경우에 최대주주의 연대보증을 넣어야 하기 때문이다.

부동산 1인법인을 세울 때 소득이 없는 사람을 차주로 해야 한다면 주식은 꼭 가져가는 게 좋다. 차주인 대표자가 주식도 보유하고 있지 않다면 은행에서는 채무자가 과연 상환 능력이 있을지 의심하기 때문이다.

법인에서 대표이사에게 월급을 3개월 이상 주면 건강보험 자격득
실 확인서에서 직장 가입자로 확인되어 소득 증빙이 된다는 이점이
있다. 분양권 잔금을 해결해야 하는데 법인에서 월급 받은 것으로도
소득을 인정해주는 협약은행이 있다면 유리하게 활용할 수 있다.

실제로 한 수강생의 어머님이 누구나 살고 싶어 하는 경기도 과
천의 신축단지에 청약 당첨이 됐다. 과천은 '서울시 서초구 과천동'
이라고 불릴 정도로 입지가 좋고 그곳의 신축은 확실한 자산임이 분
명했기에 청약에 도전하여 어머님이 행운의 주인공이 된 것이다. 이
곳은 입주 시엔 분양가보다 2배 이상의 감정가도 기대해볼 만한 단
지였는데, 문제는 어머님이 무소득자라 잔금대출이 안 나올 수도 있
다는 것이었다. 입주 시에 어머니 명의로 대출을 받으려면 미리미리
소득을 만들어둬야 한다고 말씀을 드렸고, 기존에 운영하고 있던 법
인에 어머님을 직원으로 등재해 꾸준히 월급을 지급하게 해두었다.
다행히 입주 시 시행사 협약은행에서도 해당 월급을 급여로 인정해
어머니 명의로 잔금대출을 실행해주었다.

하지만 여기서 주의할 점은 모든 시행사 협약은행이 법인으로 월
급을 책정한 금액을 소득으로 인정해주진 않는다는 것이다. 비슷한
시기 과천에 입주를 앞둔 다른 아파트 단지는 해당 법인 소득을 가족
간 거래 성격으로 보고 급여로 인정해주지 않았다고 한다. 입주 시
소득 판별은 최종적으로 시행사 협약은행에서 하기에 무턱대고 법
인의 월급 책정을 소득으로 쓰겠다고 하면 안 되지만, 단지마다 해당
소득을 급여로 인정해주는 곳도 분명히 있으니 참고하길 권한다.

부동산 법인 대출금리는 어떤가요?

부동산 법인 대출금리는 개인사업자 대출금리와 비슷한데 보통 실사업자의 대출보다는 높은 편이다. 법인으로 실제 사업을 운영하는 사람들보다 부동산 1인법인의 금리가 높다. 특히 신용등급이 낮은 법인은 기준금리보다 더 금리가 높을 수 있는데, 신용등급이 좋고 매출도 좋으면 그에 따라 금리가 낮아진다.

요즘 부동산 법인에 대해 실행되는 금리는 4~5%대다. 여기에 법인의 신용등급에 따라 가감금리가 적용된다. 부동산 신규 법인이라면 재무제표가 나오기 전이고 앞으로 운영이 잘될지 아직은 불확실하기에 은행은 대손충당금을 쌓아두고 대출을 실행한다. 이 충당금이 금리에 반영되어 신규 법인의 신용등급은 보통 BBB 정도로 형성된다. 후에 법인의 매출이 커지면서 순이익이 증가하면 신용등급이 오르면서 금리는 낮아진다. 설립된 지 3개월 미만의 신규 법인이면 사실 대손충당금 때문에 대출을 잘 내주려 하지 않는 금융기관도 있다.

대손충당금이란 대출해준 금액을 받지 못할 것을 대비해 은행에서 장부상 따로 빼두는 금액이라고 생각하면 된다. 대손충당금은 보통 10% 정도를 쌓아두는데 만약 3억의 대출이 실행된 법인이라면 대손충당금은 3,000만 원 정도를 예비해둔다. 만약 법인의 연간 이자수익이 3,000만 원보다 적으면 대손충당금이 더 많아 은행에선 손실로 잡힌다. 이렇게 되면 이자를 성실히 상환하는 것과는 별개로 요주의 법인이 되어버려 은행에 손실을 끼친다고 판단한다. 이 때문에 신규 법인은 취급하지 않으려는 은행들도 많다.

신규 법인대출이 유리한 경우는 언제인가요?

'신규 법인'이란 보통 재무제표가 아직 나오지 않았거나 3년 미만으로 운영된 법인을 뜻한다. 부동산 법인 같은 경우에는 매도 기록이 없는 법인이면 신규 법인으로 보는 곳도 있다. 기존 법인이 대출을 받을 때는 보통 은행에서 최근 3개 연도의 재무제표를 요구하는데, 재무제표가 아직 나오지 않은 신규 법인인 경우에는 담보가치에 더 중점을 두고 대표이사의 신용점수와 소득을 참고하여 대출을 실행한다.

신용등급이 우수한 법인이라면 대출을 최대한도로 진행할 수 있다. 개인이 신용평가를 통해 신용점수를 내듯, 기존 법인은 대출을 받으려면 기업신용평가를 우선 진행한다. 해당 법인의 현금흐름 및 자산건전성과 더불어 원리금 상환확실성, 채무 상환 능력 등을 파악하여 AAA부터 D등급까지로 나누어 표시하며 상대적 우열 정도에 따라 +, 0, -를 부여하여 최종 신용등급을 매긴다. 만약 신용등급이 AAA인 기업이고 대표자의 신용까지 우수하다면 대출한도를 최대로 내줄 수 있는 근거가 된다.

이미 **손실이 되어버린 법인은 중간결산이나 가결산을 하여 재무제표를 플러스로 돌려두는 것이 좋다.** 재무제표가 기업의 성적표이기 때문이다. 결손(마이너스) 부분을 수익으로 전환해두기 위해 대표의 가수금을 채무면제액 등으로 회계상 처리 가능한 부분은 없는지, 또 대표의 가수금을 증자할 방법은 없는지도 살펴보는 것이 좋다. 단 수익으로 전환된 가수금은 추후 가지급금으로 출금하는 것과는 다르게 세금 문제 때문에 자유롭게 출금하기가 어려울 수 있으니 주의해야 한다.

자본잠식(적자가 누적돼 납입자본금까지 잠식되기 시작한 상태)이 된 법인은 자본금 유상증자를 통해 자본잠식을 탈출하거나 가결산 등을 통해 (추정)재무제표라도 제시해보는 방법이 좋다. 단 유상증자나 가결산이 본결산에 포함되게 하려면 12월 결산 전에 해둬야 한다. 그 이후에 유상증자나 가결산이 진행되면 표준재무제표에는 반영이 안 될 수도 있기 때문이다.

그런데 부동산 1인법인의 경우 매수 후 매도차익을 남기지 못하고 비용처리만 계속하여 결손법인이 됐다면, 기존 법인을 유지하는 것보다 신규 법인을 설립하는 것이 훨씬 낫다. 실적이 좋지 않아 재무제표가 나쁜 기존 법인보다는, 대표자의 신용이나 소득이 우수하다면 담보가치가 우수하고 대표자 연대보증이 가능한 신규 법인이 훨씬 유리하기 때문이다.

부동산 1인법인은 매매 시 대출이 얼마나 나오나요?

현재 법인 매매임대사업자도 주택 구입 시 DSR 보지 않고, 규제지역 LTV 30%, 비규제지역 LTV 60%까지 법인 주택담보대출을 받을 수 있다. 만약 LTV 60% 이상의 대출이 필요하다면 매매임대의 구입자금 형태로는 불가능하고, 매매임대가 아닌 일반 업종인 경우 운전자금 형태로 LTV 최대 80%까지 가능하다.

예를 들어 법인사업자등록증에 매매임대가 표기되어 있지 않고 도소매 형태만 표기되어 있다면 일반 사업자대출을 받을 수 있어 LTV 최대 80%까지가 가능하다. 하지만 사업자등록증상 매매임대사업자로도 표기된 경우 금융기관에서는 해당 법인을 매매임대사업

플팩의 상급지로 가는 대출력

자로 판별하여 대출을 내주게 된다. 따라서 매매임대사업자가 LTV 80%까지 최대한 대출받으려면, 보존등기가 나온 매물인 경우 사업자등록증과 정관에서도 매매와 임대를 빼고 일반 도소매 업종 등으로 바꿔야 한다.

단, 2020년 7월 1일 이전에 매매한 법인사업자 같은 경우에는 법인 매매임대사업자 명의로 전세퇴거대출을 실행할 때 1금융권 은행에서도 LTV 최대 80%까지 대출을 받을 수 있다. 그 이후에 거래한 매매임대 법인사업자는 규제지역 LTV 30%, 비규제지역 LTV 60%까지 대출이 나온다고 보면 된다.

법인대출을 잘 받으려면 어떻게 해야 하나요?

자산 현황이나 부채, 자본 등 법인의 재무상태를 나타내는 지표가 바로 재무제표다. 신규 법인이 사실 단기에 수익을 내기는 어려우며 은행도 이 점을 잘 안다. 하지만 신규 법인이 아니라 1년 정도 경과되어 재무제표가 나오는 법인이 자본잠식 상태에 빠지거나 결손 법인이 되면 법인대출이 어려워진다(물론 대부대출에서는 가능한 곳도 있다).

사실 1~2년 손실이 났다고 해서 법인대출을 금하는 규정은 없다. 하지만 굳이 그런 법인에 대출을 해주면서 리스크를 감당하지 않으려는 이유는 대손충당금 때문이다. 그동안 결손이 난 법인이 지금은 아니더라도 올 후반기에 결국 결손이 나면 은행 입장에서는 그만큼 채권 보존이 어려워져 채무자에게 회수하기 어렵겠다고 판단한다. 그러면 그만큼 회계상 비용(대손충당금)을 많이 빼두어야 하는데 보통 이 비용이 웬만한 이자비용보다 높기 때문에 은행 회계상 불리해진다. 따라서 이런 리스크 있는 법인은 은행 내부적으로 걸러지기 마련이다. 법인의 종합부동산세 부담이 높아지면서 수익보다 손실이 더 많은 법인이 많아지고 있는데 재무제표 관리는 필히 잘해두어야 한다.

만약 대표자의 신용점수가 좋고 소득이 많다면 결손이 난 법인으로 대출을 받기보다 신규 법인을 설립하는 것이 대출 면에선 더 유리하다. 또한 대표자의 소득이 불리하고 최대주주의 소득이 더 좋다면 법인대출 시 대표자보다는 최대주주를 입보시키는 것이 더 좋다. 물론 이때 대표자의 소득을 대표자 신용카드 사용 금액 등의 대체소득으로 인정받을 수 있다면 그 부분을 활용해도 좋다.

법인대출 받았던 곳에서 최대주주 명의로는 추가 대출이 안 된다는데 이유가 뭘까요?

법인이 결손이 됐거나 자본잠식도 아닌데 최대주주 명의 증액대출이 부결됐을 때는 '동일인 여신한도'를 따져봐야 한다. 동일인 여신한도란 한정된 금융자산이 특정한 사람이나 기업에 집중되는 현상을 방지하고 금융기관의 안정성을 위해 마련된 제도다.

예컨대 가족법인의 동일인 여신한도에는 법인 대표, 가족, 직계존비속, 주주, 이사 등이 모두 동일인으로 간주된다. 동일인 여신한도는 은행마다 천차만별이긴 하나 1금융권보다 2금융권에서 더 타이트하게 적용되는 경향이 있다. 새마을금고, 농협, 수협, 신협 등과 같은 곳에서 무분별한 신용공여를 통한 몰아주기 대출을 근절하기 위해서이기도 하다.

사업자대출의 한도가 남아서 추가로 대출을 받고 싶을 땐 우선 같은 지점에서 증액하는 것을 추천한다. 증액 대출을 하면 근저당을 또 설정해야 하는데, 다른 곳에서 증액하여 근저당 순위가 밀려서 2·3순위가 되면 금리 면에서 불리해지는 경우도 많기 때문이다. 하지만 동일 지점이라도 동일인 여신한도에 막혀 한도 면에서 유리하지 않을 수도 있다. 상호금융권은 지점별 독자 운영 시스템이므로 은행은 같게 하되 지점은 다르게 설정하는 것이 유리하다. 예를 들어 새마을금고 대구지점에서 동일인 여신한도가 다 찼다면, 새마을금고 부산지점에 의뢰해보는 것이다.

자본잠식이 되어 법인대출 기한 연장이 불가한 경우

자산보다 부채가 훨씬 많아 자본잠식 법인이 되어 대출만기 시점에 자동연장이 거절되는 경우가 있다. 실제로 만기 연장 때 부동산 임대매출이 실제 사업소득보다 높아 일부 원금을 상환하는 조건으로 연장을 해주겠다는 통보를 받은 투자자도 있었다. 실제 사업을 영위하는 기업이 아닌 투자자들이 많이 운영하는 부동산 법인 같은 경우 대출만기가 다 되어가면 유동성 비율, 즉 부채와 유동자산의 비율을 더 따지기도 한다. 만기가 도래한 대출을 상환할 수 있는 유동자산이 얼마나 되는가를 더욱 면밀히 살펴보기 때문에, 기업의 부채는 많은데 그에 비해 현금자산 비중이 너무 작으면 대출 연장에 어려움을 겪을 수 있다.

혹 이와 같은 상황에서 대출 연장이 안 된다는 통보를 받았다면, 최소한 얼마 정도의 원리금을 상환해야 연장이 가능한지 은행원에게 물어보는 것이 좋다. 그럼 담당자가 '이 차주는 지금 상황은 어렵지만 그래도 대출을 상환하려는 의지가 충분하구나'라고 판단하여 대출 연장심사를 올릴 때 정성평가 부분에서 큰 점수를 줄 수도 있기 때문이다. 그동안 원리금을 연체 없이 상환 중이었다면 성실 차주로 판단되기에 자동연장을 바로 거절할 수는 없다.

만약 자동연장이 결국 되지 않는다고 하면 다른 은행을 알아봐야 할 것이다. 하지만 대환 가능한 은행을 찾기가 쉽진 않을 것이고 시간이 많이 걸릴 수도 있다. 그럴 때는 타 은행으로 대환을 하겠으니 최소 3개월이라도 연장을 해달라고 부탁하는 것도 방법이다. 어차피 타 은행으로 대환하는 것이 목적이기에 본 은행은 향후 책임 소재에서 벗어날 수 있고, 또 기한이 지나 대출을 못 갚고 연체가 되면 본 은행에서도 연체 사유로 인한 부실채권을 떠안아야 하므로 수락할 가능성이 크다.

💰 법인대출을 활용한 꼬마빌딩 투자

다주택자 중에는 똘똘한 한두 채를 개인명의로 세팅한 후 사업자명의로 꼬마빌딩을 지어 건물주로서 살아가는 사람들도 많다. 대부분

땅을 사서 그 위에 건물을 올리는 방식으로 진행하는데, 빈 땅을 매입하기도 하고 노후 건물이 있는 땅을 매입하기도 한다. 건물 지을 땅을 매입할 경우 빈 땅을 구입하면 지역별·용도별로 달라지긴 하지만 통상 80%까지는 대출이 나온다. 노후 건물은 보통 주택이 아닌 비주택으로 구분되는 상가주택을 매입하여 진행하는 경우가 많은데, 주택이 아니기에 최대 80%까지 대출을 받을 수 있다.

이때 토지대출을 잘 받으려면 감정평가가 잘 나오는 반듯한 땅이나 주변 공시지가와 비교할 때 가격상의 이점이 있는 땅을 구입하는 것이 레버리지를 활용하기에 유리하다. 주변에 이렇게 토지를 매입하여 건축한 사례가 있는지를 잘 살펴보고 해당하는 건물의 등기사항전부증명서를 떼어보면 근저당을 설정해준 은행이 나올 것이다. 해당 은행에 토지대출이나 건축자금대출이 어떻게 진행됐는지 직접 문의해보는 것도 좋다. 비슷한 토지가치를 인정받을 수 있거나 더 높은 감정평가를 받을 수 있다면 좋은 조건으로 대출해줄 은행을 찾는 수고를 덜 수 있기 때문이다.

이렇게 땅이 매입되고 나면 건축자금대출을 받아 건물을 짓는다. 보통 규모가 작은 건축자금대출을 '기성고대출', 규모가 큰 건축자금대출을 'PF(Project Financing, 프로젝트 파이낸싱)대출'이라고 한다. PF 대출은 현재 건물은 없으나 미래에 지어질 건물까지 담보로 취급하는 모든 대출을 의미한다.

기성고대출에 해당하는 다가구주택이나 상가주택의 소규모 건축자금대출은 대부분 2금융권에서 취급한다. 건축자금대출은 공사 진행에 따라 공사비를 순차적으로 지급해주는 형식으로 이루어지는

데, 공사가 30% 진행되면 30%만큼 대출금을 지급하고, 공사가 50% 진행되면 50%만큼 지급하는 구조다.

기성고대출의 한도는 보통 토지비의 80%와 공사비의 70%를 합한 금액만큼이다. 예를 들어 토지비가 10억 원이고 공사비가 15억 원일 때, 10억 원의 80%인 8억 원의 토지비와 15억 원의 70%인 10억 5,000만 원의 공사비를 합친 18억 5,000만 원만큼이 총대출금이 된다. 여기서 토지를 구매할 때 토지비 8억 원은 바로 지급되지만 공사비 10억 5,000만 원은 공사가 진행되는 만큼 나눠서 지급된다.

2020년 법인명의로 역삼동 소재 상가건물을 58억 원에 매입하여 건축을 한 뒤 2년 뒤 150억 원에 매도한 실제 연예인 투자 사례가 있다. 심지어 이 투자는 레버리지 끝판왕 투자라고도 불렸는데 본인 자본금 투입 금액이 13억 원이 채 안 돼 수익률이 엄청났기 때문이다.

당시 꼬마빌딩 투자는 부동산 상승기와 맞물려 대출이 잘 나오던 시기였기에 감정평가를 잘 받아 상가건물에서 무려 매매가의 90%까지 대출을 받았다. 즉 매매가 58억 중 52억 정도를 대출받아 상가건물을 매수한 것이다. 후에 건축비는 총 24억이 필요했는데 그중 건축자금대출 18억 정도를 받았다. 공사비용의 74%다. 즉 상가주택 매매대금 58억과 건축비 24억을 합쳐 총 82억이 필요했는데 상가주택건물에서 토지비로 90%, 건축자금대출 74%의 대출로 건물을 매매하여 빌딩을 신축한 대표적인 사례다.

본래 이 신축건물에서 직접 사업을 할 계획이었으나 코로나 때문에 건물을 매각했다고 한다. 총 필요 금액의 85%에 해당하는 금액을 대출받아 투자하여 세전 68억이라는 큰 차익을 거두고 매도함으로

법인대출을 통한 꼬마빌딩 투자 예시

매수자: 주식회사 OO

- 매매가 58억 + 건축 자금 24억 = 82억(69억 7,600만 원 대출)
- 매도가 150억
- 매수 시 6억 + 건축 시 6억 2,400만 원 = 자기자본 12억 2,400만 원

항목	내용	비고
① 건물 + 부대비용(67억 원)	매매가 58억 원 (52억 원 대출)	대출 비중 89.7%
	제세공과금 + 설계감리비 9억 원	총매매가 대비 대출 비중 77.6%
② 건축자금(약 24억 원)	건축비 24억 원 (건축자금대출 17.76억 원)	공사비용 74% 대출
총 82억 원(① + ②) (매매가 58억 원 + 건축비 24억 원)	총 69.76억 원 대출 (52억 원 + 17.76억 원)	대출 비중 85.1%
매도가 150억 원	- 자기자본 12.24억 원(매수 6억 원 + 건축 6.24억 원) 으로 82억 원 매수 - 차익 68억 원(150억 원 - 82억 원) - 자기자본 12.24억 원으로 세전 68억 원 이익	

써 많은 투자자들의 귀감이 됐다.

이렇듯 법인명의로 꼬마빌딩을 신축하여 부동산 차익을 노리는 투자는 여전히 가능하다. 지금은 2020년처럼 부동산 상승기나 활황기는 아니기에 대출 비중이 저렇게 클 수는 없지만, 대출이 부족한 경우 대표이사의 신용이나 소득을 기반으로 법인대출 금액을 높이기도 하고 대표이사가 보유 중인 아파트를 담보로 추가 대출을 받기도 한다. 법인을 활용한 꼬마빌딩 투자 역시 입지만 뒷받침된다면 여전히 수익성이 높은 사업임이 분명하다.

06

다주택자의 투자 돌파구, 매매사업자

 매매사업자 투자가 좋은 이유

매매사업자란 반복적으로 부동산을 매매하는 사업자를 말한다. 일시적인 매매로는 매매사업자라고 볼 수 없으며, 적어도 사업상의 목적으로 6개월 이내에 부동산을 1회 이상 취득 후 2회 이상 매도하는 사업자를 의미한다.

매매사업자로 투자하면 어떤 점이 좋을까? 결론적으로 말하면 매매사업자는 세금 측면의 이점이 커 단기 투자에 최적화되어 있다. 다주택자는 단기 투자 후 매도 시 지방세를 포함한 양도세 77% 때문에 실제 손에 쥐게 되는 금액이 적다. 하지만 매매사업자가 주택을 매수한 후 1~2년 내 단기에 매도하면 종합소득세의 기본세율이 적용되므로, 매매 시 세율 측면에서 개인 양도세를 내는 것보다 훨씬 유리하다.

예를 들어 2024년 1월 비규제지역 25평 아파트를 시세 4억 원에 취득하여 2024년 6월 5억 원에 매도했다고 가정해보자. 부동산 거래에 수반된 필요경비(대출이자, 건보료, 재산세 등)가 4,000만 원 이상 발생했다면 세금을 제하고 최종 남는 수익은 얼마 정도 될까? 우선 개인명의로 취득했을 때 취득세, 공과금 등 매수에 필요한 비용이 500만 원 정도 발생했다면, 양도차익은 매도가 5억 원에서 4억 500만 원을 제외한 9,500만 원이 될 것이다. 그러나 개인은 단기에 취득하게 된 이 9,500만 원에 대한 양도세 77%를 내야 하므로 총 납부 세액만 7,000만 원이 넘게 된다. 심지어 개인은 필요경비도 비용 처리를 받지 못하기에 이 세금을 오롯이 다 내야 한다.

그러나 이 경우 개인 매매사업자로 투자하면 수익이 드라마틱하게 달라진다. 우선 매매사업자는 1년 이내 매매 시 종합소득세의 기본세율이 적용되므로 이 경우 24%만 내면 되어 단기 양도세보다 절감 효과가 훨씬 크다. 지방세를 낸다고 하더라도 매매사업자는 필요경비도 비용처리 받을 수 있어 세금 납부액이 총 1,000만 원도 되지 않는다. 즉 매수에 필요한 경비 500만 원에 덧붙여 필요경비 4,000만 원이 모두 비용처리 되기에 매도가 5억에서 4억 4,500만 원을 제한 금액인 5,500만 원의 24% 정도만 세금을 내면 된다. 여기에 종합소득세 기본소득공제까지 더해지면 내야 할 세금은 더 줄어든다. 개인이 양도했을 때 적용되는 단기 양도세보다 6,200만 원은 절감할 수 있는 것이다.

단기매도대출이라고도 불리는 이 매매사업자대출은 특히 이자가 많이 나올 때도 유리하다. 개인 매매사업자는 대출 관련 이자비용이 많을 경우 종합소득세 신고 시 필요경비로 모두 인정받을 수 있기 때문이다. 심지어 사업자 접대비나 재산세, 종합부동산세 등도 경비 처리 가능하기에 다주택자 개인명의로 투자하는 것보다 이점이 훨씬 많다.

DSR을 극복하는 매매사업자대출과 주의점

매매사업자에 대해서는 DSR을 보지 않고 LTV만 체크하여 대출이 나간다. 규제지역은 LTV 30%, 비규제지역은 LTV 60%까지 대출을 받을 수 있다. 이때 방공제는 필수이며 방공제를 하고 싶지 않다면 앞서 배운 신탁 방식으로 대출하여 60%까지 대출을 받으면 된다. 사업자대출은 MCI, MCG 보증보험 가입이 불가하기에 신탁대출로 실행해야만 방공제를 하지 않을 수 있기 때문이다. 앞의 사례를 다시 보면 매매사업자의 비규제지역 아파트 구매이므로 신탁대출로 취급할 경우 4억 원의 60%인 2억 4,000만 원까지가 나온다.

매매사업자 대출규제가 있었던 시절에는 이렇게 구매 시에 받는 매매사업자의 매매잔금대출은 아예 불가했는데 지금은 시설자금대출도 가능해졌다. 이는 기존 부채가 많거나 DSR 한도가 이미 다 차서 개인명의 대출이 막힌 다주택자의 투자에 날개를 달아줄 또 하나의 방법이다. 스트레스 DSR이 강화되어도 매매사업자는 DSR에서 자유롭기에 매매사업자대출을 받아 추가로 주택을 몇 개 구매해도 상관이 없다.

다만 기존 집에서 생활안정자금대출을 받아 '추가 매수금지 약정'에 걸린 상태라면 해당 금액은 개인 매매사업자의 주택 취득에 사용하면 안 된다. 설사 해당 금액을 개인 매매사업자의 잔금으로 사용하지 않는다고 해도 이미 주택을 추가로 구입하지 않겠다고 은행과 약정했기에 개인 매매사업자 명의로 주택을 취급하면 안 된다. **생활안정자금대출에서는 개인뿐만 아니라 개인 매매사업자로서 취득한 것도 주택 수에 포함**하기 때문이다. 이 경우 법인 매매사업자 명의로 주택을 취득하는 것은 상관없다. 매매사업자도 크게 개인 매매사업자와 법인 매매사업자로 나뉘는데 **법인 매매사업자의 주택 취득은 개인명의 취득으로 보지 않기 때문이다.**

　전세자금대출에서는 개인 매매사업자가 취득한 것을 주택 수 계산에 포함한다. 예를 들어 1주택자가 전세자금대출을 받고 있는데 이후 개인 매매사업자 명의로 주택을 취득했다면, 다주택자가 되어 기존 전세대출이 회수되니 주의해야 한다. 1금융권 은행에선 다주택자에 대한 전세대출이 불가하므로 1주택자 전세대출을 받고 있는 차주는 개인 매매사업자 주택 취득에 조심해야 함을 잊지 말자.

토지담보대출
많이 받는 비법

다주택자가 아파트 다음으로 많이 하는 투자 대상 중 하나가 바로 토지다. 부동산 침체기일수록 역설적으로 토지에 투자하기가 가장 좋다고도 한다. '불황도 비켜 가는 토지 투자'라는 말이 괜히 나오는 게 아니다. 특히 2025년 현재는 앞으로 2026년에 오를 땅을 가장 좋은 가격에 살 기회라고도 한다. 토지 투자의 정점을 찍을 토지대출에 관해 자세히 살펴보자.

 ## 감정평가가 특히 중요한 토지

여러 비주택이 마찬가지겠지만 토지담보대출은 감정평가 금액이 특히 중요하다. 농지·임야 등의 토지는 시세가 정해져 있지 않고 거래 사례가 적기 때문에 감정가를 매기기가 쉽지 않고, 지역별·용도별로

플팩의 상급지로 가는 대출력

LTV가 모두 개별 적용되어 매우 복잡하다. 즉 토지는 은행마다 선정하는 감정평가 금액이 천차만별인 대표적인 비주택에 속해 대출가능금액도 은행마다 확연히 차이가 난다. 거래가 잘되는 토지는 감정가가 잘 나오기도 하는데 실무적으론 물건지 근처의 농협과 새마을금고·산림조합·신협 등 조합에서 많이 다루며, 특히 이 중 농협이 토지대출에 특화된 편이다.

 ## 토지 투자가 어렵다면 이렇게 하라

사전에 가설계를 준비해 승인율을 높인다

사실 토지 투자가 처음이거나 익숙하지 않은 사람이 은행이 원하는 서류를 알아서 잘 만들어 가서 토지의 가치를 전문적으로 설명하긴 힘들다. 그러므로 토지를 구입하기 전에 해당 토지가 얼마나 괜찮은지를 판단하기 위해 비용이 좀 발생하더라도 건축사 사무소 등에서 가설계를 받아보는 것이 좋다.

가설계란 건물의 규모 등을 파악하기 위해 기본적인 건축 법규 검토를 기반으로 실시하는 임시 설계로, 본설계를 하기 전에 간략하게 설계를 해보는 것을 의미한다. 가설계를 해보면 토지의 수익성을 개략적으로 분석할 수 있다. 눈으로만 봤을 땐 몰랐던 부분들도 판별할 수 있어 토지를 매수하기 전 이 땅이 좋은지 아닌지 분명한 기준을 얻을 수 있으므로 본설계 전 가설계는 필수적으로 하는 것이 좋다.

용도 변경을 최대한 활용한다

토지는 설정된 용도에 따라 대출한도가 달라진다. 예를 들어 그 땅에 빌딩을 건축하려고 했는데 토지 지목이 다르게 설정되어 있어 건축 제한에 걸리는 경우가 종종 있다. 이 경우 토지 용도 변경 신청을 하여 승인이 떨어지면 건축이 가능한 땅으로 변모하기에 담보가치가 달라져 대출이 가능해진다. 물론 하천, 염전, 광천지 등과 같이 용도 변경이 불가한 지목도 있지만, 대지나 잡종지 등과 같은 땅은 용도가 다양하기에 시도해볼 수 있다.

토지 실사를 같이 나간다

은행에서 감정평가나 현장방문 등 실제 사업 조사를 나갈 때, 가능하면 차주도 동행하여 실제 준비한 서류들을 바탕으로 잘 설명하는 것도 대출 승인율을 높이는 방법이다. 사실 은행원들도 토지 투자의 대가가 아닌 이상 토지의 가치를 잘 판단하기는 힘들다. 해당 토지의 가치와 향후 시세차익의 가능성까지도 어필하고 설명을 잘하면 안 나가려 했던 대출이 나가기도 한다. 은행원의 재량에 따라 승인과 부결이 왔다 갔다 하는 것이다.

예를 들어 도로가 없는 맹지는 승인율이 현격히 떨어진다. 맹지라고 하면 은행원들이 보수적으로 보고 바로 부결시키는 경향이 강하다. 하지만 실사를 같이 나가서 "맹지에 접해 있는 논이나 밭의 개발 가능성이 충분해서 맹지와 함께 묶어 건축할 수 있으므로 향후 시세차익이 어마어마할 것입니다"라고 부연 설명을 해준다면 승인율을 높일 수 있다.

또한 토지지분대출은 농막이나 농기구 보관 창고 등으로 사용하는 미등기건물이 전체 면적의 20% 이상을 초과하면 대출이 불가하다. 원칙적으로 건물이 아무것도 없어야 하며, 합법적인 대지가 되려면 일반도로보다는 높아야 유리하다. 그런데 막상 실사를 나가보니 무허가 건물과 같은 허름한 집이 조금이라도 남아 있다면 바로 부결이다. 이럴 때 "해당 건물은 토지대출을 받을 수 있다면 반드시 철거하고, 대지도 일반도로보다 높이겠습니다"라고 약속하면 멸실 조건으로 승인을 내주기도 한다.

 ## 토지대출에 관한 여러 가지 질문

토지는 2금융권에서만 대출이 되나요?

꼭 그렇지만은 않다. 토지를 매입하여 대출을 받아 그곳에서 실제로 사업을 하겠다고 하면 사업 목적 증빙이 확실히 되기 때문에, 그럴 경우엔 1금융권 은행에서도 토지대출을 받을 수 있다. 다만 토지대출도 차주명의를 개인명의로 하면 DSR이 적용되는 비주택대출에 속하여 원금을 일괄 8로 나누어 계산하기 때문에 개인부채가 많은 사람은 은행권에서 어차피 대출이 잘 나오지 않는다. 그래서 농지담보대출이나 토지지분대출은 통상 DSR 보지 않는 사업자로 풀어 LTV 최대 80%까지 승인받는다.

2금융권에서는 토지대출이 다 잘 나오나요?

토지는 은행에서 일괄적으로 해당 지역의 낙찰가율에 따라 LTV를 선정하기엔 거래 사례가 적기 때문에 개별성이 강하고, 향후 토지의 가치를 어떻게 판별해야 할지가 모호한 것이 사실이다. 쉽게 말해 아파트는 차주가 대출을 못 갚으면 경매라도 넘기면 되는데, 토지는 낙찰가율 자체도 떨어지므로 채권 회수가 필요하다고 판단될 때 처리 불가능한 애물단지가 될 수 있다. 이런 이유로 2금융권에서도 토지대출 승인 자체를 쉽게 내주진 않는다.

따라서 토지대출 승인율을 높이려면 대출 심사 승인을 넣을 때부터 해당 토지의 가치와 명확한 목적을 잘 설명해야 한다. 예를 들면 토지를 예쁘게 다듬어 필지를 나누어 분양하겠다, 해당 토지를 매입하여 건물을 올리겠다, 신사옥을 짓겠다, 창고나 공장으로 쓰겠다 등으로 말이다. 맨땅 그대로 대출해달라고 하면 부결될 가능성이 크므로 토지이용계획, 사업계획서 등 은행에서 요구하는 서류를 면밀히 준비해서 대출을 신청하면 대출 승인율이 올라간다.

어떤 토지가 대출이 잘 나오나요?

토지는 상가와 달리 임차인이 없기에 경매로 낙찰받아도 최우선변제금을 제하지 않고 경매 감정가의 LTV 비율과 낙찰가의 90% 중 낮은 금액을 대출받을 수 있다. 따라서 대출이 잘 나오는 토지를 경매를 통해 낙찰받으면 수익률을 높일 수 있다.

차량이 다닐 수 있는 도로가 있는 토지가 대출도 잘 나온다. 토지대출 승인율을 높이려면 향후 시세차익이 높은 토지라는 것을 인식시켜주는 것이 좋다고 했다. 공사 차량이 진입하기 쉬운 도로가 있는 토지는 추후 개발 가능성이 크기 때문에 담보가치도 높게 평가받아 대출이 잘 나오는 편이다. 반대로 도로가 없다면 맹지로 취급되어 담보가치가 크게 떨어진다. 맹지란 도로에 접하지 않은 토지를 말한다. 건물을 짓기 위해선 땅이 도로에 접해 있어야 효용성이 있는데 맹지는 그렇지 않기에 대출이 거의 불가하다.

또한 개발제한구역에 속하는 토지도 대부분 은행은 대출을 취급하지 않으려 한다. 예를 들어 산림 및 들판과 같은 보전산지 임야는 대출이 거의 나오지 않는다. 임야는 보전산지와 준보전산지로 나뉘는데 개발이 가능한 임야를 준보전산지, 개발이 불가능한 임야를 보전산지라고 한다. 그렇다고 준보전산지가 대출이 쉬운 것도 아니다. 지적도를 통해 준보전산지로 구별된다고 하더라도 경사가 가파르거나 수목이 많아 실질적으로 개발이 어렵다고 판단되면 대출이 어려워진다. 이는 경락잔금대출에서도 마찬가지이므로 제한 사항이 많은 임야는 되도록 피하는 것이 좋다.

정부지원금과 정책자금대출

현금흐름의 결정판은 역시나 사업소득일 것이다. 고시원 창업, 무인 카페 열풍, 각종 프랜차이즈 사업 활황 등이 그런 흐름을 방증한다. 처음 사업을 시작할 때 내 자본만이 아니라 타인의 자본을 최대한 활용하여 창업비용을 최대한 줄일 수 있다면, 심지어 플피로 시작할 수 있다면 심리적으로도 부담을 덜고 예산의 효율적인 집행을 통해 현금흐름을 훨씬 빨리 만들어낼 수 있을 것이다.

하지만 실사업자라고 하더라도 사업 초창기에는 매출이 많지 않기 때문에 원하는 만큼의 대출을 받기가 쉽지 않다. 특히 예비 창업자 중에는 학생이나 무직인 사람들도 많다. 창업은 하고 싶은데 돈도 경력도 없어 애로 사항이 많을 때 가장 많이 찾아보는 것이 바로 정부 지원사업이다.

정부 지원사업에는 갚지 않아도 되는 '정부지원금' 형태와 금융 융자 형태인 '정책자금대출'이 있다.

플팩의 상급지로 가는 대출력

정부지원금

정부지원금은 세금을 기반으로 하는 정부 지원 금융정책 중 하나다. 심지어 정부지원금은 융자와 달리 갚지 않아도 된다는 큰 이점이 있다. 놀라운 것은 매년 지원 폭이 늘어난다는 점이다. 요즘 우리나라 경기가 좋지 못한데 특히 중소기업이나 스타트업 소상공인들의 어려움은 더 심하다. 기업들이 살아야 경제가 활성화되고 일자리도 많이 창출되기에 기업 격려 차원에서도 정부 지원은 줄어들 수가 없는 구조다.

정부 지원사업은 한 곳에서만 하는 것이 아니라 여러 부처에서 시행한다. 각 광역지자체나 기초지자체에도 예산이 배정되고 중소벤처기업부·과학기술부 등에도 예산이 배정되는데, 1년 안에 해당 금액을 모두 소진해야 해당 부처는 일을 잘 한 것으로 보고된다. 그래서 어떻게든지 조건만 되면 지원해주려 하는 것이다.

정부지원금은 매출이 없어도 경력이 없어도 사업계획서만 잘 작성하면 선정될 수 있다. 한번 사업계획서가 통과된 기업은 매년 연차를 거듭하면서 더 큰 금액도 받아 갈 수 있다. 심지어 몇십억씩 받아 가는 사람도 있다. 예를 들어 교육부에서 지원하는 몇백만 원 수준의 창업 지원금을 받았을 때, 그 이후에는 어떻게 하면 지원금을 더 받을 수 있는지 노하우가 터득되니 지원금을 계속 받아 가는 구조가 된다(조건이 되는데도 모르는 사람은 계속 몰라서 못 받는다).

정부지원금 대상 기업으로 선정되려면

금융(융자)과는 다르게 갚지 않아도 되는 이런 정부지원금은 선정되기가 굉장히 까다롭지만 합격 노하우는 분명 존재한다.

나라에서 보는 창업의 형태는 생계형, 기회형, 승계형 등 크게 세 가지로 나뉜다. 승계형은 금수저처럼 기업을 이어받는 형태이고, 생계형은 우리나라에서 가장 많은 창업 형태로 노동집약적인 성격을 띠는 창업을 의미한다. '기회형'이 나라에서 가장 선호하는 창업 형태인데, 초기 단계의 기회를 포착해서 나중에 더 크게 성장할 수 있는 기업들을 선별하여 지원해주고자 하기 때문이다. 사업 초기 단계에는 사실 돈도 없고 경력도 부족하기에 아이디어와 열정 등을 중점적으로 본다. 기회형은 아이디어를 기반으로 사업을 크게 키우는 회사들이기 때문에 아이디어와 기술, 콘텐츠 등에 힘을 실어야 한다.

이때 중요한 것이 사업계획서다. 사업계획서는 자기소개서와 비슷하다고 보면 되는데, 현재 상태가 아닌 미래에 우리 회사가 얼마나 성장해 있을지에 초점을 맞춰 작성해야 합격률이 높아진다. 해당 사업을 통해 일자리를 늘려가고 세금도 많이 내겠다고 하면 합격률은 더 높아진다. 예를 들어 똑같은 분식집을 운영해도 콘텐츠, 기술, 아이디어까지 접목해 우리나라를 대표하는 푸드테크로 키우겠다고 하면 생계형이 아닌 기회형 사업으로 간주돼 선정될 확률이 높아진다.

또한 사업계획서를 줄글로만 표현하는 것은 좋지 못하다. 설명에 덧붙여 사진과 이미지, 표 등을 중간중간 배치해 도식화를 잘 해내는 것이 합격률을 높이는 노하우다. '챗GPT'나 사업계획서의 표나 이미지 도식화를 도와주는 '냅킨AI'도 적극 활용하길 추천한다.

정책자금대출

정책자금대출은 정부지원금과는 달리 갚아야 하는 융자 형태의 정책성 사업자대출 상품이다.

정책자금대출은 공공기관이나 지방자치단체 등이 은행과의 협약을 통해 제공하는 대출로, 세금을 재원으로 한다. 특히 연초인 1월부터 3월까지가 정책자금대출을 받기 가장 좋은 시즌인데, 상반기에 보통 예산의 70% 이상을 배정하기 때문이다. 따라서 선정 조건이 덜 까다로워 사업자가 누릴 수 있는 혜택이 많다.

정책자금대출도 사업자대출이기에 DSR을 보지 않는 대출인 데다가 일반 사업자대출보다 금리도 낮은 편이라(1~4%대) 가능하면 정책자금대출을 먼저 받는 것이 이자비용을 줄이는 방법이다. 신사업 육성, 생산성 향상, 기술개발 촉진 등 정부의 정책 목적 달성을 위해 정부나 공공기관 등에서 대출 대상자로 추천된 사업자에 대해 대출이 나가는데, 정부지원금과는 달리 사업체에 매출이 있어야 선정된다.

사업자대출 중 '보증대출'도 사업자들이 많이 이용하는데 신용보증기금, 기술보증기금, 지역의 신용보증재단 등 보증기관에서 발급한 보증서를 기반으로 은행에서 실행하는 대출이기에 일반적으로 금리가 낮은 편이다. 보증대출은 보증서 범위 내의 금액을 대출받을 수 있으며, 별다른 결격사유가 없다면 매출액에 대비해서 대출한도가 설정된다.

정책자금대출에는 소상공인을 위한 성장기반자금, 일반경영안정자금, 특별경영안정자금 등이 있다. 본인의 사업장에 해당하는 정책자금대출에는 어떤 것이 있는지를 여러 사이트나 지자체에서 제공하는 정보들을 바탕으로 파악하여 신청하면 된다. 직접대출과 대리대출 등의 형태로도 지원할 수 있다. 그러면 기관에서 사업계획서, 매출액 증빙서류, 신용등급 확인서 등의 서류를 바탕으로 사업의 타당성·적합성 등의 심사를 거쳐 최종 선정한다.

정책자금대출에서도 사업계획서 작성이 굉장히 중요하다. 사업의 목적, 내용, 기대 효과 등을 객관적인 자료를 첨부하여 작성하면 선정될 가능성이 크다. 목표 매출액, 수익률 등을 도식화하여 제출하되 정부지원금보다는 좀 더 현실적인 내용을 추가하여 사업계획서에 담아내는 것이 합격률을 높이는 방법이다.

 정부지원금과 정책자금대출 참고 사이트

정부지원금과 정책자금대출에 관한 상세한 내용과 공고문, 지원 방법들은 다음 사이트를 참고하자. 사이트별로 특성이 있으니 취사선택하여 정보를 취합하면 된다.

플팩의 상급지로 가는 대출력

K-Startup(k-startup.go.kr)

예비 창업자와 창업 기업을 위한 정부 창업지원사업을 부처별·지역별로 쉽게 찾을 수 있도록 정보를 제공한다. 특히 창업내비게이션 메뉴를 활용하면 '창업단계, 창업연령, 관심분야'를 설정해 매주 올라오는 창업공고를 확인할 수 있다. '관심분야' 중 '사업화'는 융자와 달리 갚지 않아도 되는 사업지원금을 안내하는 메뉴이므로, 모집공고를 잘 확인하고 조건이 된다면 적극적으로 지원해보는 것이 좋다.

기업마당(bizinfo.go.kr)

중소벤처기업의 지원사업을 총망라한 정보가 많다. 지원사업 공고문을 클릭하여 분야별·지역별로 내게 해당하는 기업을 선정하여 필요한 정보를 찾아볼 수 있다. 예를 들어 '창업'을 클릭하고 들어가면 대출과는 다르게 갚지 않아도 되는 '창업지원금' 성격의 분야가 많기에 모집공고를 잘 확인하고 지원하면 된다. 지자체에서 지원하는 사업은 중소벤처기업부 등에서 지원하는 사업보다 경쟁률이 낮은 편이니 적극적으로 도전해보는 것을 추천한다.

소상공인마당(sbiz.or.kr)

소상공인에 좀 더 특화되어 창업지원 등을 안내해주는 사이트다. 소상공인들의 창업 성공을 위한 '상권정보시스템'이나 혁신적인 아이디어로 준비된 창업자에게 '신사업 창업사관학교'를 제공하여 체계적인 창업 준비를 할 수 있게 도와주기도 한다. 소상공인 정책자금 대출에 관한 금융 정보도 많으니 적극적으로 활용하자.

중소벤처기업부 (mss.go.kr)

중소기업에 관한 포괄적인 정보와 지원사업을 총망라한 사이트로, 중소벤처기업부에서 운영하는 '왔다'라는 앱을 통해서도 편리하게 정보를 얻을 수 있다. 수많은 모집공고가 계속 업데이트되는데, 지원사업의 모집 기간은 보통 한 달 이내로 제한되어 있기 때문에 모집공고를 보고 조건에 맞으면 바로 준비를 하는 게 좋다.

09

세금과 대출 동시에 잡는
동산대출

정책자금대출이나 정부지원금 외에 사업 초창기에 활용할 수 있는 대출은 또 없을까? 심지어 기존에 사업자대출이 있어도 추가로 대출을 받을 수 있다면 창업 시 현금흐름을 원활하게 할 수 있을 것이다. 덧붙여 사업소득을 온전히 순수익으로 가져오게끔 세금 혜택까지 받을 수 있는 대출은 없을까?

예를 들어 개원하는 전문의라면 병원자재, 가구, 각종 의료기기, 고가의 장비 등 많은 창업비용이 들기 마련이다. 개원 전문의들은 보통 닥터론과 같은 특화된 대출을 받는데, 문제는 대출한도가 한정적일뿐더러 설사 대출을 잘 받았다고 하더라도 워낙 고소득자이므로 수입이 세금으로 많이 차감된다는 것이다. 그래서 경비처리가 잘 안 되면 실질적으로 통장 실수령액이 적어 소득이 줄어드는 결과가 나타난다. 대출에서는 이자 부분을 경비로 처리받는데, 닥터론에서는 그 부분이 미약해 실제 얻게 되는 수익이 실제 수입에 비해 적을 수밖에 없다.

　이를 보완하여 서울보증보험과 단독협약을 맺어 출시된 대출이 바로 '동산대출(렌털)'이다.

플피로 시작하는 창업

동산대출은 렌털 개념으로 기존 할부 및 리스 시스템과는 다르게 금융권 대출로 등재되지 않으므로 추가 금융권 거래도 가능하고 신용도 하락도 없다. 창업비용 전체를 동산대출로 진행하여 임대로 계약하는 프로세스를 거치면 심지어 창업비용이 전혀 들지 않아 몇억 원의 지원을 받고 시작할 수도 있다. 여기에 금융권 대출이 추가된다면 플피로 창업할 수도 있다.

　실제로 부산의 모 병원에서 의료장비 및 의료용 집기류 등 각종 동산 제품을 진행하기 원한 사례가 있다. 그분은 전 금융사에서 대출 불가 통보를 받았다고 한다. 결국 이 병원은 비금융 할부 솔루션인 동산대출을 통해 최대 13억 원을 받았고, 더불어 병원 리모델링을 통해 인지도를 높임으로써 매출까지 증가하는 효과를 누렸다. 비단 병원뿐만 아니라 제조공장, 각종 프랜차이즈업, 무인카페, 스터디 카페 등에서도 동산대출을 활용할 수 있다.

　더욱 좋은 것은 매월 납부금은 전자세금계산서로 처리되고 할부 금액 전체를 경비처리 받기에 세금 측면에서 굉장히 유리해진다는 점이다. 예를 들어 개인 종합소득세 40% 세율 구간에서 1억 비용처리

시 연간 4,000만 원의 절세 효과를 보게 된다. 동산대출의 금리가 일반 대출보다 다소 높다고 하더라도 금리차를 헤지하고도 남을 만큼 실수령액이 크다. 만약 경비처리 받을 금액이 더 크다면 마이너스 금리도 될 수 있다.

이렇게 우리가 흔히 알고 있는 사업자 창업대출과 달리 플피로 시작하는 창업 세계도 있다. 이는 원활한 사업자금 흐름으로 이어져 세금과 대출의 이점을 모두 아우르는 신사업 개념을 창출한다. 그야말로 대출로 현금흐름을 만들어내는 결정판이다.

동산대출과 함께 플피로 개원한 사례

한 개원의가 사업자대출을 알아봤는데 일반 시중은행에서 닥터론 명목으로 최대 5억 원 정도까지 실행해준다는 얘기를 들었다고 한다. 추후 신용보증기금에서도 사업자대출을 이용할 예정인데, 1억 원 이상은 자기자본 증명도 해야 하기에 여러 가지로 번거롭고 어려웠다고 했다. 더욱이 생각보다 초기 창업비용도 많이 들어 고민이 많았는데, 동산대출(렌탈)로 그 고민이 말끔히 해결됐다.

법률상 모든 동산 제품(기계, 간판, 가구, 가전, 에어컨 등)은 렌탈로 해결할 수 있기에 개원의가 원하는 정형화된 제품과 비정형화된 제품을 모두 심사에 올려 통과되는 보증서 범위 내까지 할부 구매를 할 수 있었다. 병원 내 의료기기와 고가의 장비뿐만 아니라 병원에서 사용하는 가구, 가전제품 등도 모두 동산대출로 처리한 것이다.

○○의원 동산대출 사례		
구분	일시불 기준	가격
의료기기	MRI, CT 등	4억 원
가전제품	TV, 시스템 에어컨, 냉장고, 세탁기, 건조기, PC 등	2억 원
가구	환자 침대, 상두대, 책상, 의자 등	1억 원
합계	창업비 7억 원(전체 금액 할부 진행)	

구분	동산대출(렌탈) 기준	가격
의료기기	MRI, CT 등	임대료 계약
가전제품	TV, 시스템 에어컨, 냉장고, 세탁기, 건조기, PC 등	
가구	환자 침대, 상두대, 책상, 의자 등	
합계	창업비 0원	

    기존 은행권 사업자대출을 받아 이 동산 제품들을 사는 것이 아니라 추가로 동산대출을 받았지만, 금융권 부채에는 기록이 되지 않았기에 추후 신용보증기금 추가 대출도 받을 수 있었다. 또한 동산대출은 대출 금액 전체가 경비처리 되고, 동산대출의 매월 납부금도 전자세금계산서로 처리돼 경비처리가 이뤄졌다. 그 덕에 세금 절감 효과를 얻어 실수령액이 늘어나고 현금흐름에도 큰 도움이 됐다고 한다.

플팩의 상급지로 가는 대출력

노력하는 한 방황하게 되어 있다.

이 길이 맞는지, 저 길이 맞는지 길을 물으며 찾아가야 하기 때문이다.

그러나 그 방황 자체가 성장의 과정이며, 끊임없이 길을 찾는

노력 속에서 비로소 자신만의 방향을 발견하게 된다.

이 책을 통해 대출력을 알고 다양한 사례와 방법을 익히면서 많은 사람들이 대출력을 활용해 상급지로 가길 원할 것이다. 그 과정에서 현실의 벽에 부딪혀 본인의 주거래 은행에서는 원하는 대출을 받지 못하거나 좋은 조건으로 대출이 실행되지 않는 경우를 만날 수도 있다. 전국의 수백 개가 넘는 금융기관에 연결해 자신과 가장 맞는 조건의 금융사를 찾는 일은 개개인이 하기에는 쉽지 않다.

독자들의 수고를 덜어드리고 안전하게, 가장 좋은 조건의 금리와 한도로 은행 대출을 실행할 수 있도록 특별한 혜택을 드리고자 준비했다.

대출 실행을 앞두고 있는 독자들 중 가장 좋은 조건의 은행 연결과 대출 상담이 필요한 분들은 다음의 QR 코드를 통해 접수 양식에 맞춰 내용을 보내면 무료 전화 상담으로 도와드릴 것이다(대출을 받을 물건지가 정해진 분들 중 계약하기 전 상담을 의뢰하면 된다). 부디 이 책을 읽고 얻은 대출력을 실전에서도 쓸 수 있기를 응원한다.

자신의 속도대로
꽃을 피우자

정말 불안하고 숨이 넘어갈 듯한 고통 속에 있을 때, 겨우 잠을 청하면 어김없이 찾아오는 끔찍한 악몽이 있다. 또다시 입시에 실패하여 대학에 들어가지 못하고 세상과 단절된, 바로 그 흑암 속 악몽.

고3 수시 때 호기롭게 준비한 경찰대학교를 보기 좋게 떨어진 후 안 그래도 단단하지 못했던 내 유리 멘탈이 더욱 흔들려버렸다. 정시로 수능을 보고 부산대학교에 합격하긴 했지만 인서울 하고 싶다는 욕망 때문에 재수의 길을 택했고, 서울대 갈 머리는 아니라는 걸 알았음에도 대학 욕심을 내려놓지 못해 20대 초반 참 고생을 많이 했다. 결국 수능을 가장 망친 그해에 서울 이문동에 있는 한국외대 베트남어과에 겨우 입학했다. 늦깎이도 한참 늦깎이 신입생이었다.

끊임없이 따라다니던 입시 패배감을 극복하고자 선택한 하노이에서의 어학연수는 호치민 대학교로 교환학생을 가는 데까지 이어졌으며, 그곳에서 인생의 새로운 전환점을 맞이했다. 베트남어를 가장 못하던 내가 단기간에 놀라운 발전을 이루어 올 A+를 받았고, 이를 발판으로 졸업 마지막 학기부터 우리은행 호치민 지점에 인턴사원으로 근무하게 되었다.

금융인으로서 사회에 첫발을 내디디면서 내 인생의 꽃길이 시작되었다. 당시 한국은 베트남에 각종 지원 사업을 확장하고 여러 금융회사에서도 지점을 개설하고 있는 시점이었기에 베트남어 전공자는 어디를 가나 좋은 대우를 받을 수 있었다. 다른 대학 다 떨어지고 마지막에 겨우 합격한 한국외대 베트남어과를 졸업한 덕에 나이가 많았음에도 취업의 벽을 수월하게 넘을 수 있었던 것이다.

한국으로 돌아온 나는 가장 먼저 날 합격시켜준 국민은행과 기업은행 중 당시 여자들에게 인기가 더 많았던 국책은행인 기업은행을 선택했다. 기업은행에 들어가서도 전체 동기들 중 반장을 하며 기업은행 내에서도 본점 직행이라는 영광을 누렸다. 여기서 그치지 않고 지점에서도 차장급 이상만 받는다는 '전국 외환왕'을 수상했고, 2년 뒤 누구나 가고 싶어 하는 본점의 외환사업부에 입성했다. 그곳에서 해외 투자, 외국인 투자, 한국은행 보고서 업무 등을 한 후 은행 생활을 마무리했다.

그때의 이력 덕분에 금융권 경력직들로 구성된 국내 최고의 대출팀(론피티)과 협업하며 단기간에 가장 많은 대출을 실행한 대출상담사로 인정받았으며, 현재 대한민국에서 수강생들이 가장 많이 찾고 만족하는 대출 강사이자 여신금융 전문가가 되었다고 자부한다.

대학도 제때 가고 취직도 잘되고 결혼도 잘하고 애도 잘 낳아 기르고 부자로 떵떵거리며 살다가 아이들 교육 잘 시켜 대학도 잘 보내고 평안한 노후를 보내는 것은 누구나 꿈꾸는 소망일 것이다. 난 이 소망이 나쁘다고 생각하지 않는다. 열심히 살아가게 하는 동력이 되니까.

하지만 늘 그렇듯 인생은 원하는 대로 흘러가지 않는다(그래서 다행일지도 모른다). 돌이켜보니 내 인생이 그랬다. 만약 내가 한국외대 베트남어과를 가지 않았다면? 나이 많은 나를 우대해줄 곳은 솔직히 많지 않았을 것이다. 막상 은행에 들어가 보니 내가 가고 싶어 했던 각 대학 출신의 은행원 선배님들이 포진해 있었다. 그럼에도 내가 가장 먼저 본점 발령을 받았다. 그러니 혹 수능을 망쳐 원하는 대학에 못 가더라도 절대 좌절하지 말길 바란다. 나처럼 고난이 오히려 길을 만들어 삶이 역전될지도 모르니까.

이렇게 역전된 인생이 계속 잘 나아갔으면 좋으련만 고난은 또다시 찾아왔다. 집을 잃어버리고 난 후에 다시 시작된 그때의 악몽은 사실 지금도 떨쳐내지 못했다. 아직 난 이전의 우리 집을 찾아올 정도로 부자가 되지 못했고 부자가 되어가는 과정이니까. 시장 상황이 예상치 못한 방향으로 흘러가거나 부자가 되는 이 지난한 과정에 회의감이 들 때면, 그냥 여기서 그만두고 싶고 좌절을 선택하고 싶어진다. 하지만 그럴 때마다 신기하게 날 다시 일으켜 세워준 것은 대출력 강의에서 만난 수강생들의 열정이었다.

이 책은 그 열정들이 만들어낸 집합체라고 해도 과언이 아니다. 강의를 하고 나면 이어지는 상담 등에 진이 다 빠지는데 육체는 피곤할지언정 정신적으로는 충만함이 느껴져 잠을 못 이룬 적도 많았다. 그저 날 찾아오는 그 애정 어린 눈빛들과 에너지들이 너무 좋았다. 내 강의를 듣고 몇십 년 만에 누구나 살고 싶어 하는 곳에 내 집 마련을 해냈다는 후기를 접하거나 인생 중 가장 잘한 일이 플팩님이 알려주신 방법대로 대출을 활용하여 집을 산 일이라고 말해줄 때마다 뭐라 형용할 수 없는 희열과 보람을 느낀다.

　지금도 가끔 찾아오는 우울증과 악몽에 시달리는 날 일으켜 세워주는 건 아이러니하게도 수많은 스케줄 속의 강의들과 방송, 그리고 좋은 만남들이다. 나에게 가장 특별했던 만남은 이 책이 세상에 나올 수 있게 끊임없이 동기부여를 하고 도움을 주신 나의 스승 훨훨 박성혜 대표님과의 만남이다. 부동산 투자에 입문할 당시 나는 벼락거지로 주저앉은 나 자신이 너무 초라하게 느껴져 자존감이 바닥을 치고 있었다. 훨훨님은 그런 나를 보며 이렇게 말씀해주셨다. "전 플팩님의 10년 뒤를 알아요." 나조차도 믿기지 않고 우리 가정의 미래가 그려지지 않는데 내 10년 뒤가 보인다고? 나보다 나를 더 믿어주신 그 말씀은 내내 머릿속을 떠나지 않고 내 가슴속 깊이 내려와 강력히 박혔다. 그래 10년만 버텨보자. 대입 수험생활도 10년 넘게 했는데, 부동산 공부는 서울대 가는 것보다 몇 배는 쉽지 않겠는가.

　그때부터 훨훨님의 강의를 몇 년간 계속 들었다. 같은 수업을 재수강하는 사람들은 많지만 나처럼 몇 년을 연속으로 이어 듣는 수강생은 드물었다. 바닥에서의 좌절감은 내가 나태해지려 할 때마다 정신 차리게 해주는 삶의 동력이 되었다. 수업을 들으러 가는 날엔 일부러 잃어버린 아파트의 지하 주차장에 주차를 하고 다짐했다. 지금 느껴지는 이 슬픔과 상실감을 오히려 동력 삼아 활기차고 밝은 미래로 만들어보자. 때론 넘어지고 쓰러지기도 했지만 그때의 그 믿음은 좋은 방향을 거듭해 나아가며 회복탄력성을 더해 내 길을 만들어갔다. 어차피 난 성공할거니까. 지금은 과정일 뿐이니까. 지나고 보면 지금 이 시간이 제일 반짝거리는 순간이었다고 말하게 될 거라고 수없이 되뇌었다. 결국 나의 약점이 나의 가장 강점이 된 스토리가 되었다.

진심 어린 응원의 말에는 힘이 있다. 가르쳐주신 대로 임장하고 걷고 또 걸으며 지역을 넓혀가자 내 안의 부정적인 에너지가 점차 줄어들었다. 부동산 공부를 하면서 무엇보다 좋았던 점은 내 가난한 사고가 청산되고 긍정적인 사고가 장착된다는 것이었다. 긍정적인 에너지는 자연스럽게 흘러간다. 사람들은 그 긍정의 에너지를 수혈받기 원한다. 한 사람이 꽃을 피우는 건 아무도 알아주지 않을 때 혼자 고독하게 몸부림치는 시간, 본인도 의식하지 못하는 인고의 시간이 쌓이고 쌓인 결과물이다. 마침내 꽃봉오리가 터지면 꽃향기가 주변으로 퍼져 나가고, 사람들은 그 꽃향기를 맡고 찾아올 뿐이다. 나도 모르게 내게선 향기가 났고 사람들이 찾아왔다.

모든 사람에게는 저마다의 속도가 있고 시즌이 있다. 지금 초라해 보이고 빛나지 않아도, 내가 제일 못나 보이는 것 같아도 각자의 속도와 방향에 맞게 꽃을 피우고 아름다운 열매를 맺는다. 좀 느리면 어떤가. 천천히 가면 된다. 오히려 좀 더 깊어지는 기회가 될 수 있으니 꿋꿋이 공부하다 보면 내게도 기회가 올 것이다. 보이지 않아도, 여전히 믿음으로만 바라봐야 한다고 해도 괜찮다. 때론 쉬는 것도 능력이듯이 투자하지 않고 공부하며 준비하는 것 역시 또 다른 투자다. 느리게 걷더라고 포기하지 않고, 부족해도 처음 마음먹었던 그 방향대로 걷고 있다면 그것으로 족하다. 이 책이 악몽을 꾸던 나처럼 절망 속에서 허우적거리는 당신에게 희망의 지렛대가 될 수 있다면 더할 나위 없겠다.

사실 아버님의 사업 실패로 집을 매도하면서 집까지 잃었던 아픈 사건이 없었다면, 난 결코 부동산에 관심을 갖지도, 입문하지도 않았을 것이다. 그럼 이 책도 세상에 나오지 못했을 것이다. 결국 아버님을 살리기 위해 선택한 거룩한 매도는 낭비가 아니라 오히려 내 인생을 빛나게 해준 가장 가치 있는 선택이었다. 덕분에 물질보다 귀중한 생명의 가치를 진정으로 깨달을 수 있었으니까. 아버님이 돌아가시면서 어머님의 집도 경매로 넘어가 사라져버렸지만 천하보다 귀한 어머님의 영혼은 구원받았으니 그저 감사할 뿐이다. 어머님의 헌신과 기도는 나를 끊임없이 나아가게 하는 원천이다. 본인의 힘듦은 늘 뒤로하고 나의 바닥부터 절정까지 모든 순간 모든 모습을 묵묵히 바라봐주는 사랑하는 남편에게도 존경과 감사를 전한다. 엄마의 바쁜 스케줄을 늘 이해해주어야 했던 세상에서 제일 예쁘고 사랑스러운 내 딸에게도 먹먹한 미안함과 고마움을 전하고 싶다. 무엇보다 자신의 꿈을 향해 포기하지 않고 오늘도 골문을 두드리며 기회를 찾아내는 아들에게 절대 희망을 잃지 말자고, 너의 빛나는 때가 올 때까지 힘차게 나아가자고 말해주고 싶다.

마지막으로 자의 반 타의 반으로 부동산에 입문시켜주고 떠나신 애증의 아버님을 이제는 마음에서 놓아드리려 한다. 그리고 말씀드리고 싶다. 아버님, 더는 미안해하지 않으셔도 됩니다. 사실 많이 보고 싶습니다. 잃어버렸던 아파트 등기 두 장 들고 꼭 다시 찾아뵐 때까지 하늘에서 응원해주세요.

플팩의 상급지로 가는 대출력

인서울 인강남을 위한 최고의 부동산 전략

제1판 1쇄 발행 | 2025년 3월 5일
제1판 3쇄 발행 | 2025년 3월 25일

지은이 | 플팩 (강연옥)
펴낸이 | 김수언
펴낸곳 | 한국경제신문 한경BP
책임편집 | 박혜정
교정교열 | 공순례
저작권 | 박정현
홍 보 | 서은실 · 이여진
마케팅 | 김규형 · 박도현
디자인 | 이승욱 · 권석중
본문 디자인 | 디자인 현

주   소 | 서울특별시 중구 청파로 463
기획출판팀 | 02-3604-556, 584
영업마케팅팀 | 02-3604-595, 562   FAX | 02-3604-599
H | http://bp.hankyung.com   E | bp@hankyung.com
F | www.facebook.com/hankyungbp
등   록 | 제 2-315(1967. 5. 15)

ISBN 978-89-475-0145-3 03320